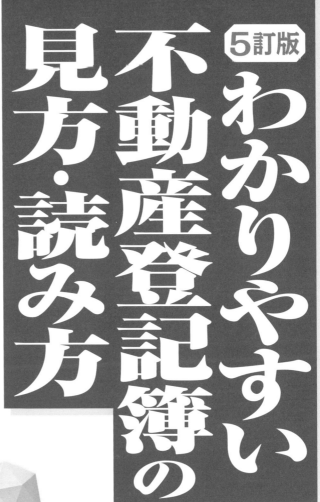

5訂版

わかりやすい不動産登記簿の見方・読み方

日本法令不動産登記研究会 編

JN048372

日本法令

はしがき

　今回、5訂版を刊行することができたのは読者の皆様のご支援のおかげです。今回の改訂の主な理由は、民法の改正、配偶者居住権が設定されたこと及び相続登記がされていない土地の対策として施行された「所有者不明土地の利用の円滑化等に関する特別措置法」（平成30年法律第49号）に伴い、不動産登記法の特例に関する省令が施行されたので、それに対応するためです。また、改訂の機会を利用して、他の記録例も増やし、より充実したものとなりました。

　不動産登記制度の目的は、取引をする不動産の物理的状況を正確に表現し、その不動産に設定されている権利関係を登記簿上明らかにして不動産の取引が安全かつ迅速にできるようにすることです。

　最近では不動産登記の申請を専門家に頼まずご自分でする方が増えています。これは、登記制度を理解してもらう良い機会でもありますが、同時に危ない面もあります。なぜなら、登記簿には、自分にとっては不都合な権利が設定されている場合があるからです。

　おそらく登記事項証明書を取得しても、そこに記録されている登記の意味がよくわからない方が多いのではないかと思います。登記事項証明書に記録されている登記の意味がわからなければ正しい登記を申請することができません。

　登記事項証明書に記録されている内容を理解するためには、多くの法律の知識が必要です。たとえば、不動産登記法、民法、信託法、破産法、民事執行法、土地区画整理法などの法律的知識が必要とされる場合があります。これらの法律知識を取得することは容易ではありませんが、本書を読むことによって、必要な法律的知識がある程度身に付き登記事項証明書に登記されていることの意味がわかるようになるものと考えております。

　終わりに、本書の発行までに株式会社日本法令の八木正尚氏及び田村和美氏には大変お世話になり5訂版刊行の運びになったことを感謝しております。なお、本書の執筆にあたりましては、元東京法務局登記官の玉山一男氏のご協力を得ました。記して御礼申し上げます。

令和2年7月

日本法令不動産登記研究会

Contents

第3章　甲区欄の見方

第4章 乙区欄の見方

第5章	区分建物に関する登記

第6章	土地区画整理に関する登記

第8章　所有者不明土地の利用の円滑化等に関する特別措置法等の施行に伴う登記

凡 例　　本書の法令等の略語は、次のとおりです。

法	不動産登記法（平成 16 年 6 月 18 日法律第 123 号）
令	不動産登記令（平成 16 年 12 月 1 日政令第 379 号）
規則	不動産登記規則（平成 17 年 2 月 18 日法務省令第 18 号）
準則	不動産登記事務取扱手続準則（平成 17 年 2 月 25 日法務省民二第 456 号通達）
区分所有法	建物の区分所有等に関する法律（昭和 37 年 4 月 4 日法律第 69 号）
旧準則	不動産登記事務取扱手続準則（昭和 52 年 9 月 3 日法務省民三第 4473 号通達）
記録例集	平成 28 年 6 月 8 日法務省民二第 386 号民事局長通達
登記研究	株式会社テイハン発行の月刊誌
改訂先例・通達集	『改訂版実務に役立つ不動産登記先例・通達集』（日本法令）

第 1 章

総　論

1 | 登記記録の構成

　従前、登記は紙の登記簿に記載されていましたが、登記事務がコンピュータ化され、現在では登記事項はすべてコンピュータに記録されることになりました。この記録されたものを「登記記録」といいます。

　不動産の登記記録は、一筆の土地または一個の建物ごとに表題部及び権利部に区分して作成されます（法2条5号、12条）。区分建物の表題部は、「一棟の建物の表題部」と「区分建物の表題部」の二つから成り立っています。

　権利部は、甲区・乙区に区分され、甲区には所有権に関する登記の登記事項、乙区には所有権以外の権利に関する登記の登記事項が記録されます（規則4条4項）。

■登記簿の構成

表　題　部
権利部：（甲区）所有権に関する事項
権利部：（乙区）所有権以外の権利に関する事項

1　表題部（区分建物を除く）

　土地の表題部には、物件を特定するため、また、物件の客観的状態がわかるようにするために、「不動産番号」、「所在」、「地番」、「地目」、「地積」等が記録されます（法34条1項）。

▶　記録例1：土地の表題部

表題部（土地の表示）	調製	余白	不動産番号	（※1）
地図番号　A11−1	筆界特定	余白		
所　在　甲市乙町二丁目			余白	
①地番	②地目	③地積　　　㎡	原因及びその日付〔登記の日付〕	
13番7	宅地	330：00	不詳〔令和○年○月○日〕	
所有者　　甲市乙町二丁目1番5号　甲野太郎（※2）				

　※1　不動産番号は、不動産を識別するために付けられるもので、13桁の数字で記録されています。

　※2　ここに記録される所有者のことを「表題部所有者」といいます（法2条10号）。コンピュータ化後に表題登記がされた場合には、表題部所有者が記録され、その後、所有権の登記がされると所有者の表示に下線が引かれます。しかし、土地の場合には、表題登記をする事例が少なく、また、ほとんどの土地がコンピュータ化前に所有権の登記がされています。その場合は、表題部所有者の事項はコンピュータに移記されなかったため、表題部所有者の表示を見る機会は少ないです。

　建物（区分建物を除く。なお、区分建物とは、マンションなどの建物のことをいいます）の表題部には、物件を特定するため、また、物件の客観的状態がわかるようにするために、「不動産番号」、「所在」、「家屋番号」、「建物の種類」、「建物の構造」、「床面積」等が記録されます。また、附属建物がある場合には、附属建物の表示が記録されます（法44条1項）。そ

の場合、主である建物と附属建物の新築年月日が異なる場合には、附属建物の新築年月日も記録されます。

▶▶ 記録例2：建物の表題部

表題部（主である建物の表示）		調 製	余白	不動産番号	（※1）
所在図番号	余白				
所　在	甲市乙町二丁目　13番地7			余白	
家屋番号	13番7			余白	
①種類	②構造	③床面積　㎡		原因及びその日付〔登記の日付〕	
居宅	木造亜鉛メッキ鋼板・かわらぶき2階建	1階　115｜70 2階　 99｜17		令和○年○月○日新築 〔令和○年○月○日〕	
表　題　部	（附属建物の表示）				
符　号	①種類	②構造	③床面積　㎡	原因及びその日付〔登記の日付〕	
1	物置	木造亜鉛メッキ鋼板ぶき平家建	13｜22	〔令和○年○月○日〕	
所有者	甲市乙町二丁目1番5号　甲野太郎（※2）				

※1　13桁の不動産番号が記録されています。

※2　所有権の保存登記がされると、所有者の表示には下線が引かれます。

MEMO

　表題登記がされると、表題部所有者の事項が記録されます。その後、所有権の登記がされると、表題部所有者の表示に下線を引くのが現在の取扱いです。この取扱いは、コンピュータ化前の紙の登記簿の時代も同じでした（ただし、表題部所有者の表示には朱抹する取扱いでした）。

　従前の紙の登記簿からコンピュータへ移記するときには、所有権の登記がないとき（甲区欄がない場合）は表題部所有者の事項も移記しましたが、所有権の登記がある場合には表題部所有者の事項は移記されませんでした。したがって、コンピュータ化前に登記された土地、建物の登記簿がコンピュータに移記された場合には表題部所有者の記録がないのが一般的です。

　コンピュータ化後においては、建物は土地と異なり、新築による表題登記が多く申請されるため、建物の表題部に表題部所有者の事項が記録されている例を多く見ることができます。

2　甲　　区

甲区には、所有権に関する登記事項が記録されています（規則4条4項）。所有権に関する登記には、具体的には、「所有権保存登記」、「所有権移転登記」、「所有権に関する信託登記」、所有権に対する差押え等の「処分の制限の登記」等があります。

▶ **記録例：甲区**

権　利　部　（甲区）	（所有権に関する事項）		
順位番号	登記の目的	受付年月日・受付番号	権利者その他の事項
1	所有権保存	平成20年1月5日第123号	所有者　甲市乙町二丁目1番5号　甲野太郎
2	所有権移転	平成23年5月7日第1200号	原因　平成23年5月6日売買　所有者　○市○町○番○号　乙川次郎
付記1号	2番登記名義人住所変更	平成28年6月6日第1500号	原因　平成28年6月1日住所移転　住所　埼玉県草加市○町○番地
3	差押	令和○年○月○日第○号	原因　令和○年○月○日地方裁判所担保不動産競売開始決定　債権者　○市○町○番○号　株式会社A

順位番号1番：甲野太郎の建物について、はじめて所有権の登記がされたことが記録されています。はじめて所有権の登記を行う場合、登記の目的は「所有権保存」となります。

順位番号2番：平成23年5月6日に乙川次郎が当該建物を買い、その旨の登記を5月7日に申請して登記されたことが記録されています。所有権が移転した場合でも、前の所有者に関する記録は抹消しません。

順位番号2番の付記1号：乙川次郎が平成28年6月1日に住所を移転し、6月6日に住所移転の登記をしたことが記録されています。この登

記がされると、順位番号2番に記録されている住所（変更前の住所）に下線が引かれます。

順位番号3番：担保権者である株式会社Aの申立てにより〇地方裁判所が差し押さえたことが記録されています。

---

3 乙 区

乙区には、所有権以外の権利に関する登記事項、たとえば、地上権、永小作権、地役権、先取特権、質権、抵当権、根抵当権、賃借権、配偶者居住権※、採石権等に関する保存、設定、移転、変更、処分の制限または消滅の登記が記録されます（法3条、規則4条4項）。

▶ **記録例：乙区**

| 権利部（乙区）（所有権以外の権利に関する事項）			
順位番号	登記の目的	受付年月日・受付番号	権利者その他の事項
1	抵当権設定	平成20年1月5日 第124号	原因　平成19年12月23日保証 　　　委託契約による求償債権平成20 　　　年1月5日設定 債権額　金2,000万円 損害金　年14% 債務者　〇市〇町一丁目1番1号 　　　　甲野太郎 抵当権者　中央区〇町二丁目〇番〇号 　　　　　〇〇保証株式会社 共同担保　目録（て）第〇号
2	根抵当権設定	平成23年6月23日 第1800号	原因　平成23年5月15日設定 極度額　金3,000万円 債権の範囲　銀行取引　手形債権 　　　　　　小切手債権 債務者　埼玉県草加市〇町〇番地 　　　　乙川株式会社 根抵当権者　〇市〇町〇番〇号 　　　　　　株式会社A 共同担保　目録（と）第〇号

順位番号 1 番：甲野太郎を債務者、○○保証株式会社を抵当権者とする抵当権が設定されたことが記録されています。この抵当権は甲野太郎が所有者の時に設定されたということが、甲区に記録された登記の受付年月日からわかります。

順位番号 2 番：平成 23 年 6 月 23 日に根抵当権設定登記を申請しています。甲区の記録によると、この時点で既に所有権が乙川次郎に移転していますので、根抵当権設定者は乙川次郎であることがわかります。

　※　配偶者居住権の施行日は令和 2 年 4 月 1 日です。

4　区分建物の表題部

　マンションなどの建物を「区分建物」といいます。区分建物には、一棟の建物の表題部と区分建物の表題部があります。

　一棟の建物の表題部には、全部の専有部分の家屋番号と区分建物全体の建物の表示（所在、構造、床面積等）が記録されます。

　専有部分とは、マンションでいうところの各部屋のことです。区分建物の表題部には、専有部分の建物の表示（不動産番号、家屋番号、種類、構造、床面積等）が記録され、建物の名称及び敷地権がある場合にはそれらの表示も記録されます。

　次ページに示す記録例 1 は敷地権付き区分建物の一棟の建物の表題部、記録例 2 は区分建物の表題部です。

　なお、記録例 2 において、敷地権の種類及び割合ならびに原因及びその日付が同一の場合は、まとめて記録することができます。

▶▶ 記録例1：一棟の建物の表題部

専有部分の家屋番号	8-1-1　8-1-101～8-1-110　8-1-201～ 8-1-210　8-1-301～8-1-305				

表題部（一棟の建物の表示）		調製	余白	所在図番号	余白
所　在	○区○町三丁目　8番地1、8番地2	余白			
建物の名称	○○マンション			余白	

①構造	②床面積　　　　　㎡		原因及びその日付〔登記の日付〕	
鉄筋コンクリート造陸 屋根地下1階付き3階 建	1階　1000 2階　1000 3階　　700 地下1階　700	72 72 03 00	〔平成○年3月6日〕	

表　題　部（敷地権の目的である土地の表示）					
①土地の符号	②所在及び地番	③地目	④地積　　㎡		登記の日付
1	○区○三丁目8番1	宅地	1000	00	平成○年3月6日
2	○区○三丁目8番2	宅地	500	00	平成○年3月6日
3	○区○三丁目9番	雑種地	390		平成○年3月6日

▶▶ 記録例2：区分建物の表題部

表題部（専有部分の建物の表示）			不動産番号	13桁の番号
家屋番号	○町三丁目8番1の101		余白	
建物の名称	101			

①種類	②構造	③床面積　　　㎡		原因及びその日付〔登記の日付〕
居宅	鉄筋コンクリート 造1階建	1階部分　45	70	平成○年3月1日新築 〔平成○年3月6日〕

表題部（敷地権の表示）			
①土地の符号	②敷地権の種類	③敷地権の割合	原因及びその日付〔登記の日付〕
1・2	所有権	1000分の7	平成○年3月1日敷地権 〔平成○年3月6日〕
3	賃借権	50分の1	平成○年3月1日敷地権 〔平成○年3月6日〕
所有者	甲市乙町二丁目1番5号　株式会社甲建設		

5 共同担保目録

　二個以上の不動産に対して一つの担保権を設定するとき、たとえば、同一債権の担保のために土地と建物に抵当権を設定する登記申請があった場合には、登記官は共同担保目録を作成しなければなりません（規則 166条）。共同担保の関係である旨の登記をしないと、民法 392条（共同抵当における代価の配当）の法律関係に立つものであることの公示を欠くことになり、取引に支障を生ずるおそれがあります。

　この共同担保目録の制度は、抵当権のほか、根抵当権、先取特権、質権の設定登記においても同様の取扱いとなります。

　共同担保目録の交付を受けるには、登記事項証明書の請求の際に、共同担保目録を付けるよう請求してください。なお、共同担保目録だけの請求はできません。

▶　記録例：共同担保目録

共同担保目録				
記号及び番号	（て）第○号		調製	平成○年○月○日
番号	担保の目的である権利の表示	順位番号	予備	
1	甲市乙町二丁目　１３番７の土地	1	余白	
2	甲市乙町二丁目　１３番地７　家屋番号　１３番７の建物	1	余白	

2 | 登記の順位

　登記の順位とは、権利に関する登記相互間の優先順位の関係のことです。

　物権は、物に対する排他的な権利であり、物権が一個成立すると、同一物について同一内容の物権は重ねて成立しません。たとえば、A所有の土地の上にはBの所有権は重ねて成立しないということです（ただし、C銀行が抵当権を設定している土地に、D銀行が重ねて抵当権を設定することは可能です）。

　不動産に関する物権の得喪及び変更は、登記を備えていなければ第三者に対抗することができません（民法177条）。すなわち、時間的に先に物権変動が生じていても、先に登記をしなければその優先権を第三者に主張できないということです。したがって、同一の不動産を目的とする数個の矛盾する権利の登記がある場合には、これらの権利の優先順位を定める必要があります。

　そこで、不動産登記法では、同一の不動産に関する権利の登記の順位については、法令に別段の定め（民法329条、331条、336条、339条、361条、374条、398条の14第1項ただし書）がある場合を除き、登記の前後によるとしています（法4条1項）。登記の前後は、登記記録の同一の区（甲区、乙区のこと）にした登記相互間については順位番号により、別の区にした登記相互間については受付番号によるとされています（規則2条1項）。

　なお、付記登記の順位は主登記の順位により、同一の主登記に係る付記登記の順位はその前後によるとされています（法4条2項）。また、仮登記をした場合において、その本登記をするときの順位は仮登記の順位番号

と同一の順位番号を用いなければならないとされており（規則 179 条 2 項）、優先順位の関係が明確にされています。

MEMO

〈主登記と付記登記〉

　主登記とは付記登記の対象となる既にされた権利に関する登記のことをいいます（法 4 条 2 項）。付記登記とは、権利に関する登記のうち、既にされた権利に関する登記についてする登記であって、その既にされた権利に関する登記を変更し、もしくは更正し、または所有権以外の権利にあってはこれを移転し、もしくはこれを目的とする権利の保存等をするもので、その既にされた権利に関する登記と一体のものとして公示する必要があるものをいいます。

　登記記録例でいうと、「付記 1 号」と記録されているものが付記登記であり、それが付記されているものが主登記ということになります。付記登記でしなければならない登記は規則 3 条で規定されています。

〈仮登記と本登記〉

　仮登記とは、将来なされる本登記のために順位を保全するための登記です (法 105 条)。本登記は仮登記に対立する概念にすぎません。したがって、単に「登記」といえば、「本登記」のことです。仮登記については第 3 章 7 を参照してください。

3 | 登記事項証明書

1 登記事項証明書と謄本・抄本

　登記簿の全部を謄写して、それに登記簿の謄本である旨の登記官の認証文を付けたのが登記簿謄本です。登記簿の一部を謄写して、それに登記簿の抄本である旨の登記官の認証文を付けたのが抄本です。

　以前は、土地・建物の権利関係を調べるためには登記簿謄本・抄本を請求するのが一般的でした。しかし、現在では、登記所のコンピュータ化に伴い、登記はすべてコンピュータに記録されることとなって、従前の登記簿の簿冊は閉鎖されています。こうした閉鎖登記簿は、土地登記簿で50年間（規則28条4号）、建物登記簿で30年間（同条5号）保存され、希望すれば閲覧したり謄本の交付を受けたりすることもできますが、新しい登記の記録はされませんので、現在の権利関係を調べるのには適しません。

　したがって、土地・建物に関する現在の権利関係を調べるためには、「登記事項証明書」または「登記事項要約書」を請求することになります。コンピュータに移記される前に消滅した権利関係等を調べるためには、閉鎖登記簿謄本を請求するか、閉鎖登記簿を閲覧することになります。

2 登記事項証明書の記載事項

　登記事項証明書には、その種類に応じて、次の事項が記載されています（規則 196 条）。

種　類	記載されている事項
全部事項証明書	登記記録（閉鎖登記記録を除く）に記録されている事項の全部
現在事項証明書	登記記録（閉鎖登記記録を除く）に記録されている事項のうち現に効力を有するもの
何区何番事項証明書	権利部の相当区に記録されている事項のうち請求に係る部分
所有者証明書	登記記録（閉鎖登記記録を除く）に記録されている現在の所有権の登記名義人の氏名または名称及び住所並びに持分
一棟建物全部事項証明書	一棟の建物に属するすべての区分建物である建物の登記記録（閉鎖登記記録を除く）に記録されている事項の全部
一棟建物現在事項証明書	一棟の建物に属するすべての区分建物である建物の登記記録（閉鎖登記記録を除く）に記録されている事項のうち現に効力を有するもの
閉鎖事項証明書	全部事項証明書、何区何番事項証明書、一棟建物全部事項証明書についての閉鎖登記記録に係るもの

3 登記事項証明書等の交付

　不動産登記制度は、不動産の表示及び不動産に関する権利関係を公開して、不動産取引が安全、かつ円滑にされることを目的とするものです。したがって、不動産の登記簿の内容を記載した登記事項証明書の交付は誰でも、手数料を納付すれば請求することができます（法 119 条 1 項）。請

求できる不動産は、自己所有の不動産はもちろん、他人所有の不動産の登記事項証明書の交付も請求することができます。不動産登記制度の趣旨からすると、登記事項証明書の交付制度は、他人所有の不動産の権利関係を調査するためにあるものといえます。

(1) 請求方法

請求は、窓口ではもちろん、郵送またはオンラインによる請求もすることができます。郵送による請求の場合には返信用封筒を同封してください。オンラインによる請求方法については、法務省の「登記・供託オンライン申請システムホームページ」を参照してください。

登記事項証明書を請求する際に共同担保目録または信託目録も求めるときは、交付請求書にその旨を記載してください。その場合、共同担保目録または信託目録のみの請求はできません。

(2) 他管轄の不動産の請求

登記事項証明書は、管轄する登記所以外の不動産についても請求することができます。たとえば、川崎市の不動産を東京法務局で請求することもできます。

(3) 手数料

登記所の窓口に提出または郵送する方法による場合の手数料は1通600円（オンライン請求の場合は480円または500円）となります。ただし、1通の枚数が50枚を超える場合には、以後50枚ごとに100円加算されます（登記手数料令2条1項）。手数料は、交付請求書に収入印紙を貼って納付します。

4　登記事項要約書

　登記記録に記録されている事項の概要を記録した書面を、「登記事項要約書」または単に「要約書」といいます。この要約書は、誰でも、手数料を納付して交付を請求することができます（法 119 条 2 項）。ただし、要約書については郵送及びオンラインによる請求は認められておらず、また、他の管轄の不動産の要約書の請求もできません。

　要約書は登記事項証明書と異なり登記官による認証文がないため、官庁または金融機関等に提出する資料には向いていません。また、登記記録の概要しか記録されませんので、たとえば、その不動産を取得した原因、抵当権の設定原因、抵当権の利息、損害金、根抵当権の債権の範囲等は記録されません。

　手数料は、1 登記記録につき 450 円となります。ただし、1 登記記録に関する記載の部分の枚数が 50 枚を超える場合においては、超える枚数 50 枚までごとに 50 円が追加されます（登記手数料令 2 条 2 項）。

5　コンピュータへの移記

　登記簿からコンピュータへ移記されたものである場合には、登記事項証明書及び閉鎖登記簿謄本に「昭和 63 年法務省令第 37 号附則第 2 条第 2 項の規定により移記」と記録されています。この場合、土地登記簿の表題部に記録されている地番、地目及び地積に係る登記を除き、現に効力を有しない登記を省略することができます。

●昭和63年法務省令第37号附則
第2条（不動産の登記簿の改正）
1 　指定登記所は、第1条による改正後の不動産登記法施行細則（以下「新細則」という。）第72条の規定によりその登記事務を電子情報処理組織によって取り扱うべき不動産について、その登記簿を不動産登記法第151条ノ2第1項の登記簿に改製しなければならない。ただし、電子情報処理組織による取扱いに適合しないものは、この限りでない。
2 　前項の規定による登記簿の改製は、登記用紙にされている登記を登記記録に移してするものとする。この場合においては、土地登記簿の表題部にされている地番、地目及び地積に係る登記を除き、現に効力を有しない登記を省略することができる。
（3項及び4項省略）

※この附則は、改正前の不動産登記法施行細則の附則です。

▶▶ 記録例：コンピュータへ移記された不動産の土地の表題部

表題部（土地の表示）		調製	（※1）	不動産番号	（※2）	
地図番号	余白	筆界特定	余白			
所　在	○区○町六丁目			余白		
①地番	②地目	③地積　　　　㎡		原因及びその日付〔登記の日付〕		
13番7	宅地	330	00	13番から分筆〔昭和54年8月22日〕		
余白	余白	余白		昭和63年法務省令第37号附則第2条第2項の規定により移記平成8年9月26日（※1）		

※1 　コンピュータ化された日が記録されています。
※2 　13桁の不動産番号が記録されています。

■登記事項証明書見本（土地）

表　題　部　（土地の表示）		調製	（省略）	不動産番号	（省略）	
地図番号	余白		筆界特定	余白		
所　　在	宇都宮市○町三丁目			余白		
①地番	②地目	③地積　　　　㎡		原因及びその日付〔登記の日付〕		
３４番２	宅地	３３０｜００		３４番から分筆〔昭和５４年８月２２日〕		
余白	余白	余白		昭和６３年法務省令第３７号附則第２条第２項の規定により移記　平成８年９月２６日		

権　利　部　（甲区）　　（所有権に関する事項）			
順位番号	登記の目的	受付年月日・受付番号	権利者その他の事項
1	所有権移転	昭和５４年８月２７日第３７８３号	原因　昭和５４年８月２４日売買　所有者　○県○市○町○番○号　甲野太郎　順位２番の登記を移記
	余白	余白	昭和６３年法務省令第３７号附則第２条第２項の規定により移記　平成８年９月２６日

権　利　部　（乙区）　　（所有権以外の権利に関する事項）			
順位番号	登記の目的	受付年月日・受付番号	権利者その他の事項
1	抵当権設定	平成○年３月２９日第５２０４号	原因　平成○年３月２４日保証委託契約による求償債権同日設定　債権額　金２，５００万円　損害金　年15％（年365日日割計算）　債務者　○県○市○町○番○号　甲野太郎　抵当権者　大宮市○町一丁目２番３号　○○保証株式会社　共同担保　目録（あ）第１１６６号

＊　下線のあるものは抹消事項であることを示す。

整理番号Ｋ３８７９２（１／２）　　　１／２

これは登記記録に記録されている事項の全部を証明した書面である。
（宇都宮地方法務局管轄）
令和○年７月１日
千葉地方法務局松戸支局　　　　　登記官　　　　　○○○○

＊　　下線のあるものは抹消事項であることを示す。
　　　　　　　　　　　　　　　　整理番号Ｋ３８７９２（1／2）　　　2／2

登記
官印

編者注：この証明書は、宇都宮地方法務局の管轄である土地の登記事項証明書を他管
　　轄である千葉地方法務局松戸支局に交付請求して取得したものの見本です。

■登記事項証明書見本（建物）

表題部（主である建物の表示）	調製	（省略）	不動産番号	（省略）

所在図番号	余白

所　　　在	宇都宮市○町三丁目３４番地２	余白

家屋番号	３４番２	余白

①種類	②構造	③床面積　　㎡	原因及びその日付〔登記の日付〕
居宅	木造亜鉛メッキ鋼板・かわらぶき２階建	1階　　８５　14 2階　　８５　14	平成○年３月１１日新築 〔平成○年３月１５日〕

所有者	○県○市○町○番○号　甲野太郎

権　利　部　（甲区）	（所有権に関する事項）		
順位番号	登記の目的	受付年月日・受付番号	権利者その他の事項
1	所有権保存	平成○年３月２９日 第５２０３号	所有者　○県○市○町○番○号 　　甲野太郎

権　利　部　（乙区）	（所有権以外の権利に関する事項）		
順位番号	登記の目的	受付年月日・受付番号	権利者その他の事項
1	抵当権設定	平成○年３月２９日 第５２０４号	原因　平成○年３月２４日保証委託契 　　約による求償債権同日設定 債権額　金２，５００万円 損害金　年15％（年365日日割計算） 債務者　○県○市○町○番○号 　　甲野太郎 抵当権者　大宮市○町一丁目２番３号 　　○○保証株式会社 共同担保　目録（あ）第１１６６号

共同担保目録				
記号及び番号	（あ）１１６６号		調製	平成○年３月２９日
番号	担保の目的である権利の表示	順位番号	予備	
1	宇都宮市○町三丁目３４番２の土地	1	余白	
2	宇都宮市○町三丁目３４番地２　家屋番号　３４番２の建物	1	余白	

＊　下線のあるものは抹消事項であることを示す。

整理番号Ｋ３８７９２（2／2）　　　　1／2

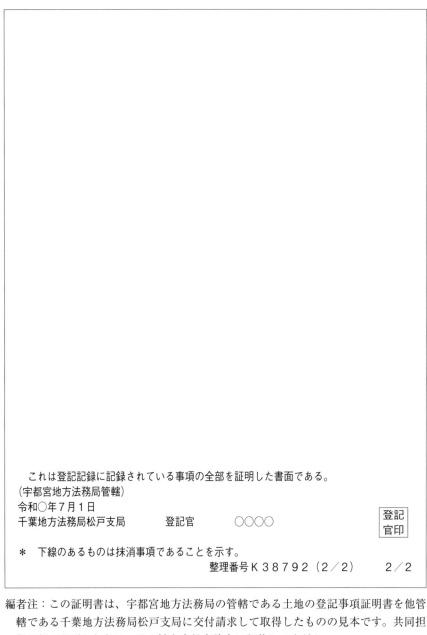

　これは登記記録に記録されている事項の全部を証明した書面である。
（宇都宮地方法務局管轄）
令和○年７月１日
千葉地方法務局松戸支局　　　　　登記官　　　　○○○○

＊　下線のあるものは抹消事項であることを示す。
　　　　　　　　　　　　　　　　整理番号Ｋ３８７９２（２／２）　　　２／２

編者注：この証明書は、宇都宮地方法務局の管轄である土地の登記事項証明書を他管
　　轄である千葉地方法務局松戸支局に交付請求して取得したものの見本です。共同担
　　保目録が必要なときは、その旨を交付申請書に記載してください。

■登記事項証明書見本（敷地権付き区分建物）

専有部分の家屋番号	29-1-1 ～ 29-1-27						

表題部（一棟の建物の表示）			調製	（省略）	所在図番号	余白

所　　在	草加市○町七丁目　29番地1	余白

建物の名称	○○マンション	余白

①構造	②床面積	㎡	原因及びその日付〔登記の日付〕
鉄筋コンクリート造スレート葺5階建	1階　　496 2階　　496 3階　　496 4階　　496 5階　　352	72 72 72 72 80	〔平成○年7月1日〕

表題部（敷地権の目的である土地の表示）					
①土地の符号	②所在及び地番	③地目	④地積　㎡		登記の日付
1	草加市○町七丁目29番1	宅地	1000	00	平成○年7月1日

表題部（専有部分の建物の表示）			不動産番号	（省略）
家屋番号	○町七丁目29番1の20		余白	
建物の名称	402		余白	

①種類	②構造	③床面積	㎡	原因及びその日付〔登記の日付〕
居宅	鉄筋コンクリート造1階建	4階部分　80	04	平成○年6月20日新築 〔平成○年7月1日〕

表題部（敷地権の表示）			
①土地の符号	②敷地権の種類	③敷地権の割合	原因及びその日付〔登記の日付〕
1	所有権	1000分の7	平成○年6月20日　敷地権 〔平成○年7月1日〕

所有者	甲市乙町二丁目1番5号　株式会社甲建設

権利部（甲区）（所有権に関する事項）			
順位番号	登記の目的	受付年月日・受付番号	権利者その他の事項
1	所有権保存	平成○年7月29日 第5203号	原因　平成○年7月2日売買 所有者　○県草加市○町七丁目○番○号 　　　　甲野太郎

*　下線のあるものは抹消事項であることを示す。

整理番号Ｈ25593（1／1）　　　1／2

権利部（乙区）（所有権以外の権利に関する事項）			
順位番号	登記の目的	受付年月日・受付番号	権利者その他の事項
1	抵当権設定	平成○年7月29日 第5204号	原因　平成○年6月20日保証委託契約 　　　による求償債権平成○年7月29日設 　　　定 債権額　金4,000万円 損害金　年15%（年365日日割計算） 債務者　○県草加市○町七丁目○番○号 　　　甲野太郎 抵当権者　大宮市○町一丁目2番3号 　　　○○保証株式会社

　　これは登記記録に記録されている事項の全部を証明した書面である。
　令和○年7月1日
　　　さいたま地方法務局草加出張所　　　登記官　　　○○○○

＊　下線のあるものは抹消事項であることを示す。
　　　　　　　　　　　整理番号Ｈ２５５９３（1／1）

登記 官印

2／2

編者注：この証明書は敷地権付き区分建物の登記事項証明書の見本です。

第 2 章

表題部の見方

1 | 土地の表示に関する登記

I 土地表題部の登記事項

▶▶ 記録例：土地の表題部

表題部（土地の表示）		調製	余白	不動産番号	（※）	
地図番号	A11－1	筆界特定	余白			
所　在	甲市乙町二丁目			余白		
①地番	②地目	③地積　　　㎡		原因及びその日付〔登記の日付〕		
13番7	宅地	330｜00		令和○年○月○日公有水面埋立〔令和○年○月○日〕		
所有者	甲市乙町二丁目1番5号　甲野太郎					

　※　13桁の不動産番号が記録されています。

　土地の表題部には、「不動産番号」、「所在（しょざい）」、「地番（ちばん）」、「地目（ちもく）」、「地積（ちせき）」、「原因及びその日付」、「登記の日付」が記録されています。そのほかに「所有者」が記録されている場合もあります。

1 不動産番号

　不動産番号とは、不動産を識別するために法務省令（規則34条2項）で定められたものであり（令6条1項本文）、13桁（けた）の数字で記録されています。この不動産番号を登記の申請書に記載すれば、令6条1項1号に掲げる事項を申請書に表示することを省略することができます。

2　所　　在

　所在欄には、土地の所在の市・区・郡・町・村及び字が記録されています（法34条1項1号）。

　土地の所在とは、行政区画を基準として市・区・郡・町・村及び字をもって表示される土地の存在する場所のことで、その土地を特定するためのものです。都道府県名は原則として記録されません。

3　地　　番

　地番とは、土地一筆ごとに付けられる番号のことです（法35条）。地番は、登記所が、地番区域（たとえば、渋谷区○○一丁目）を定めてその地番区域ごとに定めます（規則98条1項）。また、地番は土地の位置がわかりやすいものとなるように定めなければならないとされています（同2項）。

　地番の定め方については、次のとおり定められています（準則67条1項各号）。

---

①　**同じ地番区域の中では同一の地番は付けられない（1号）**

　　登記官は、同一の地番区域内の二筆以上の土地に同一の地番が重複して定められているときは、地番を変更しなければなりません。ただし、変更することができない特段の事情があるときは、この限りではありません（準則67条3項）。

②　**抹消、滅失または合筆により登記記録が閉鎖された土地の地番は、特別の事情がない限り、再使用しない（2号）**

③　**土地区画整理事業を施行した地域等においては、ブロック（街区）地番を付けることができる（8号）**

---

④ **地番の支号には数字を使い、支号の支号は使用しない（9号）**

　　支号に数字を使うということは、カタカナ等の符号は使用しないということです。登記官は、従来の地番に数字でない符号または支号の支号を使用したものがある場合には、その土地の表題部の登記事項に関する変更の登記もしくは更正の登記または土地の登記記録の移記もしくは改製をする時に、当該地番を変更しなければなりません。ただし、変更することができない特段の事情があるときはこの限りではありません（準則67条2項）。

　その他、分筆または合筆の際の地番の付け方については、その項で説明します。

　地番と似たものとして「住所」がありますが、地番と住所とは違いますので注意してください。特に、住居表示が実施されている地域では地番と住所が一致しないのが一般的です。

4　地　　目

　地目とは、土地の利用状況による区分の方法であって、土地を特定するための要素です。しかし、地目を変更しているにもかかわらず変更登記を申請していない場合など、実際の利用状況と違うこともありますので注意してください。

　地目は、土地の主な用途により、次の23種類のいずれかに区分しなければなりません（規則99条）。すなわち、この23種類以外の地目を定めることはできないということです。

> 田・畑・宅地・学校用地・鉄道用地・塩田・鉱泉地・池沼・山林・牧場・原野・墓地・境内地・運河用地・水道用地・用悪水路・ため池・堤・井溝・保安林・公衆用道路・公園・雑種地

それぞれの意味と内容は次のとおりです（準則 68 条）。

(1)　**田**　農耕地で用水を利用して耕作する土地のこと。ただし、家庭菜園は農地とはいいません。

(2)　**畑**　農耕地で用水を利用しないで耕作する土地のこと。牧草栽培地は畑とします（準則 69 条 1 号）。ただし、牧場地域内にあるものは牧場とします（同 4 号）。

(3)　**宅地**　建物の敷地及びその維持もしくは効用を果たすために必要な土地のこと。

　①　海産物を乾燥する場所の区域内に永久的設備と認められる建物がある場合には、その敷地の区域に属する部分だけを宅地とします（準則 69 条 2 号）。

　②　耕作地の区域内にある農具小屋等の敷地は、その建物が永久的設備と認められるものに限り宅地とします（同 3 号）。

　③　遊園地、運動場、ゴルフ場または飛行場については、

　　ア　建物の利用を主とする建物敷地以外の部分が建物に附随する庭園に過ぎない場合には、その全部を一団として宅地とします（同 6 号）。

　　イ　一部に建物がある場合でも、建物敷地以外の土地の利用を主とし、建物はその附随的なものに過ぎない場合は、その全部を一団として雑種地とします（同 7 号）。ただし、道路、溝、堀その他により建物敷地として判然区分できる状況にあるものは、これを区分して宅地とすることもできます（同号ただし書）。

④　競馬場内の土地については、事務所、観覧席及びきゅう舎等永久的
　設備と認められる建物の敷地及びその附属する土地は宅地とし、馬場
　は雑種地とし、その他の土地は現況に応じてその地目を定めます（同
　8号）。

⑤　テニスコートまたはプールについては、宅地に接続しているものは
　宅地とし、その他は雑種地とします（同9号）。

⑥　ガスタンク敷地または石油タンク敷地は、宅地とします（同10号）。

⑦　工場または営業場に接続する物干場またはさらし場は、宅地としま
　す（同11号）。

⑧　火葬場については、その構内に建物の設備がある場合には構内全部
　を宅地とし、建物の設備のない場合には雑種地とします（同12号）。

⑨　陶器かまどの設けられた土地については、永久的設備と認められる
　雨覆いがある場合には宅地とし、その設備がない場合には雑種地とし
　ます（同17号）。

(4)　**学校用地**　校舎、附属施設の敷地及び運動場のこと。

(5)　**鉄道用地**　鉄道の駅舎、附属施設及び路線の敷地のこと。

(6)　**塩田**　海水を引き入れて塩を採取する土地のこと。

(7)　**鉱泉地**　鉱泉（温泉を含む）の湧出口及びその維持に必要な土地の
　こと。

(8)　**池沼**　かんがい用水でない水の貯留池のこと。

(9)　**山林**　耕作の方法によらないで竹木の生育する土地のこと。

(10)　**牧場**　家畜を放牧する土地のこと。

(11)　**原野**　耕作の方法によらないで雑草、かん木類の生育する土地のこ
　と。

(12)　**墓地**　人の遺体または遺骨を埋葬する土地のこと。動物の遺骸または
　遺骨のみを埋める私有地は、登記の実務では雑種地とされています（『登
　記研究』42号質疑応答）。

(13)　**境内地**　境内に属する土地であって、宗教法人法3条2号及び3号に

掲げる土地（宗教法人の所有に属しないものを含む）のこと。

　宗教法人法 3 条 2 号に掲げる土地とは、本殿、拝殿、本堂、会堂、僧堂、僧院、信者修行所、社務所、庫裏、教職舎、宗務庁、教務院、教団事務所その他宗教法人の目的達成のために供される建物及び工作物がある土地をいいます。

　宗教法人法 3 条 3 号に掲げる土地とは、参道として利用されている土地をいいます。

⑭　**運河用地**　運河法 12 条 1 項 1 号または 2 号に掲げる土地のこと。すなわち、水路用地、運河に属する道路、橋梁、堤防、護岸、物揚場、繋船場の築設に要する土地ならびに運河用通信、信号に要する土地をいいます。

⑮　**水道用地**　専ら給水の目的で敷設する水道の水源地、貯水池、ろ水場（汚れた水をろ過する施設）または水道線路に要する土地のこと。

⑯　**用悪水路**　かんがい用または悪水はいせつ用の水路のこと。

⑰　**ため池**　耕地かんがい用の用水貯留池のこと。

⑱　**堤**　防水のために築造した堤防のこと。

⑲　**井溝**　田畝（田畑）または村落の間にある通水路のこと。

⑳　**保安林**　森林法に基づき農林水産大臣が保安林として指定した土地のこと。地目が保安林とされている土地は、保安林の指定が解除されないと他の地目に変更することはできません（昭和 51 年 12 月 25 日民三第 6529 号第三課長依命回答『改訂先例・通達集』97 頁、『登記研究』356 号）。

㉑　**公衆用道路**　一般交通の用に供する道路のこと。道路法による道路であるか、また、私道か公道かを問いません。道路法による道路から数筆の土地のために設けられた歩行路で、袋小路であっても差し支えないとされています（昭和 37 年 6 月 20 日民甲第 1605 号民事局長回答『登記研究』177 号）。

㉒　**公園**　公衆の遊楽のために供する土地のこと。

⑵ **雑種地**　以上のいずれにも該当しない土地のこと。

① 　水力発電のための水路または排水路は、雑種地とします（準則69
条5号）。

② 　高圧線の下の土地で他の目的に使用することができない区域は、雑
種地とします（同13号）。

③ 　鉄塔敷地または変電所敷地は、雑種地とします（同14号）。

④ 　坑口またはやぐら敷地は、雑種地とします（同15号）。

⑤ 　製錬所の煙道敷地は、雑種地とします（同16号）。

⑥ 　木場（木ぼり）の区域内の土地は、建物がない限り、雑種地としま
す（同18号）。

5 　地　　積

　地積とは、一筆の土地の面積のことをいいます。地積は、その土地の境
界線を一定の水平面上に投影したときの投影図の面積（水平投影面積）に
よって、平方メートルを単位として定め、1平方メートルの100分の1（宅
地及び鉱泉地以外の土地で10平方メートルを超えるものについては、1
平方メートル）未満の端数は切り捨てます（規則100条）。

〈地積が10平方メートルを超える場合〉

　宅地と鉱泉地は、「○○.○○平方メートル」と、小数点以下2位まで出
します。それ以外の地目の場合は、「○○平方メートル」とします。

　たとえば、ある土地の地積の実測が399.6923平方メートルの場合、そ
れが宅地及び鉱泉地の場合には「399.69平方メートル」と記録します。宅
地と鉱泉地以外の場合には、「399平方メートル」と記録します（「399.00
平方メートル」とはしません）。

〈地積が 10 平方メートル以下の場合〉

　地目に関係なく、小数点以下 2 位まで出します。たとえば、実測が 9.9923 平方メートルの場合には、「9.99 平方メートル」と記録します。

6　原因及びその日付

　新たに土地が生じた場合に、土地表題登記により登記記録が作成された場合には、登記原因とその日付を記録します（規則 89 条）。

　分筆、合筆、地目変更、地積の変更または更正により、登記記録の記録に変更があった場合には、登記原因を記録します。分筆、合筆、合併の登記は登記官が登記をすることによって効力が生じますので、原因日付は記録しません（準則 74 条参照）。

7　登記の日付

　表示に関する登記の場合には、登記の年月日を記録します（法 27 条 2 号）。「登記の日付」欄に、登記完了の年月日を記録します（準則 66 条）。表示に関する登記の場合には、実際に登記完了した日が登記の日として記録されますので、登記申請受付の日付と登記の日付が相違することがあります。表示に関する登記は、原則として実地調査を行った後、登記を実行するとされているため（規則 93 条）、即日処理ができない場合があるからです。

8　所 有 者

　所有権の登記がない場合には、表題部に所有者の住所、氏名（会社の場合には本店及び商号）が記録されますが、この所有者のことを「表題部所有者」といいます。所有者が二人以上の場合には、その所有者ごとの持分

31

も記録されます（法27条3号）。所有権の登記がない場合とは、甲区事項欄に所有権保存登記または所有権移転登記がされていない場合です。

コンピュータ化後に表題登記がされた場合には、表題部に所有者が記録されています。しかし、コンピュータ化以前に表題登記と所有権保存登記がされている場合には、表題部に所有者の記録はされません。

表題登記後、所有権の保存登記がされると、表題部所有者の住所、氏名または名称に下線が引かれます。土地の表題登記の申請件数は少なく、また、所有権の保存登記がされないで表題登記のままである土地は少ないので、表題部に所有者の住所、氏名が記録されている土地の登記事項証明書はあまり見ることはありません。

Ⅱ　土地の表題登記

登記のうち、最初にされる登記のことを「表題登記」（ひょうだいとうき）といいます（法2条20号）。土地の表題登記をすることによって初めて土地の「表題部」が設けられます。表題部は、登記簿の表紙のようなものですので、この表題部が設けられていない場合には、甲区欄及び乙区欄もありません。

土地の表題登記をする場合とは、公有水面を埋め立てて新たな土地が生じた場合または土地は存在していたが、表題登記がされていなかった場合などがあります。

新たに生じた土地または表題登記がない土地の所有権を取得した者は、その所有権取得の日から1か月以内に、表題登記を申請しなければなりません（法36条）。この申請を怠（おこた）ったときは、10万円以下の過料（かりょう）に処されます（法164条）。

▶ **記録例：従来から存する土地で共有の場合**

表題部（土地の表示）			調製	余白	不動産番号	（※ 1）
地図番号	余白		筆界特定	余白		
所　在	甲市乙町二丁目				余白	
①地番	②地目	③地積　　　㎡			原因及びその日付〔登記の日付〕	
３１番	宅地	１００｜００			不詳 〔令和○年○月○日〕（※ 2）	
所有者	甲市乙町二丁目２番８号　持分３分の２　甲野太郎 甲市乙町二丁目２番８号　持分３分の１　甲野次郎					

※ 1　13 桁の不動産番号が記録されています。

※ 2　登記の日付は、登記の申請日ではなく、登記完了日です。

　記録例は、従来から存在するが登記がされていなかった土地（たとえば、水路だったところを国から売買、寄付等によって取得した場合など）で、いつ土地が生じたか不明の場合の例です。

　原因及びその日付：登記原因及びその日付が明らかでない場合には、記録例のように単に「不詳」と記録されています。たとえば公有水面を埋め立てて新たな土地が生じた場合には、令和○年○月○日公有水面埋立」のように記録されます。

Ⅲ　土地の表題部の変更または更正の登記

　土地の表題部に記録されている登記事項のうち、所在、地目、地積について変更が生じた場合または誤りがある場合に、これを現況と一致させるのが、土地の表題部の変更または更正の登記です。その場合、表題部所有者または所有権の登記名義人は、地目または地積について変更があった日

から1か月以内に変更の登記を申請しなければなりません（法37条1項）。

　地目または地積の変更後に表題部所有者または所有権の登記名義人がその変更登記をしないうちに、表題部所有者の更正登記により新たに表題部所有者になった者または所有権の保存または所有権の移転の登記により所有権の登記名義人となった者は、その者についての表題部所有者についての更正の登記または所有権の登記があった日から1か月以内に変更の登記を申請しなければなりません（同2項）。この申請を怠った場合には、10万円以下の過料に処せられます（法164条）。

1 所在の変更

▶ 記録例：行政区画の名称の変更

表題部（土地の表示）		調製	余白	不動産番号	（※）
地図番号	余白	筆界特定	余白		
所　在	甲市乙町一丁目			余白	
	甲市丙町二丁目			平成○年4月1日変更 平成○年4月1日登記	
①地番	②地目	③地積　　　㎡		原因及びその日付〔登記の日付〕	
（省略）	（省略）	（省略）		（省略）	

　　※　13桁の不動産番号が記録されています。

　記録例は、行政区画の名称が変更された場合の例です。行政区画またはその名称に変更があった場合には、登記官は速やかに、表題部に記録した行政区画もしくは字またはこれらの名称を変更しなければなりません（規則92条2項）。その場合、変更前の所在には下線を引き、変更したことがわかるようにします。

2 地目の変更または更正

▶ 記録例1：地目の変更

表題部（土地の表示）		調製	余白	不動産番号	（※1）
地図番号	余白	筆界特定	余白		
所　在	甲市乙町二丁目			余白	
①地番	②地目	③地積　　　㎡		原因及びその日付〔登記の日付〕	
50番	山林	150		余白	
余白	雑種地	余白		②令和○年6月1日地目変更 〔令和○年7月7日〕（※2）	

　※1　13桁の不動産番号が記録されています。

　※2　登記の日付は、登記の申請日ではなく、登記完了日です。

記録例1は、地目を山林から雑種地に変更した場合の例です。

原因及びその日付：「②令和○年6月1日地目変更」とは、欄②の地目
　が令和○年6月1日に変更したことを意味しています。変更前の地目
　には下線が引かれ、変更したことがわかるようになっています。

地目が、当初から誤った地目で登記されている場合には、地目の更正登
記を申請しますが、その場合には、「②錯誤」とされ、原因の日付は記録
されません。

MEMO　表示の更正登記と申請義務の有無

　表示の更正の登記については1か月以内にしなければいけないという義
務はありません。その理由は、変更登記の場合にはその変更年月日が登記
されているためいつ変更したか客観的にわかりますが、更正登記の場合は、
原因日付が登記されませんので、いつから1か月以内なのかを特定するこ
とができないからだと思われます。

▶▶ 記録例2：地目の変更により地積の表示が変更になる場合

表題部（土地の表示）		調製	余白	不動産番号	（※1）
地図番号	余白	筆界特定	余白		
所　在	甲市乙町二丁目			余白	
①地番	②地目	③地積　　　㎡		原因及びその日付〔登記の日付〕	
31番	畑	990		余白	
余白	宅地	990	50	②③平成○年1月26日地目変更 〔平成○年○月○日〕（※2）	

※1　13桁の不動産番号が記録されています。

※2　登記の日付は、登記の申請日ではなく、登記完了日です。

Q & A	地目変更に伴う地積の表示変更

Q.　地目が変わっただけなのに、なぜ地積も変わるのですか。

- -

A.　地目の変更の内容によっては地積の表示方法が変わることがありますが、実際の地積に増減が生じるわけではありません。

　　記録例2のように、畑を宅地に変更した場合について考えてみましょう。畑の場合には1平方メートル未満の端数は切り捨てられて記録されますが、宅地の場合は1平方メートルの100分の1未満を切り捨てて小数点以下2位まで記録することになり、地積の表示方法が変わります。

　　宅地と鉱泉地は「○○.○○平方メートル」、それ以外の地目の場合は「○○平方メートル」と記録しますので、表示方法の異なる地目に変更した場合には、地積の記録も変更されます。

　　なお、宅地と鉱泉地以外の土地でも10平方メートル以下の土地については、1平方メートルの100分の1まで記録することになります。

　記録例 2 は、地目が畑から宅地に変更し、それにあわせて地積の表示が990㎡から 990.50㎡に変更した場合の例です。

　原因及びその日付：「②③」とは、地目と地積のことです。すなわち、「欄
　　②の地目と欄③の地積の記録は、平成○年 1 月 26 日地目変更により
　　変わりました」、ということを意味しています。

　　　原因日付は、実際に地目が変更した日となりますが、宅地への地目
　　変更の場合は、通常は当該地の上に建てられた建物の新築日と同じに
　　なるでしょう。

　なお、農地を農地以外の地目に変更する場合には都道府県知事等の許可が必要となりますので（農地法 4 条、5 条）、その場合の登記申請書には知事等の許可書の添付が必要となります。知事等の許可書の添付がない場合には、登記官は、関係農業委員会に対し、当該土地についての農地法 4条もしくは 5 条の許可（または届出）の有無、対象土地の現況その他の農地の転用に関する事実について照会をしたうえで処理するものとされています（昭和 56 年 8 月 28 日民三第 5402 号民事局長通達『改訂先例・通達集』89 頁、『登記研究』405 号）。照会後 2 週間以内に農業委員会から回答がない場合には、登記官は、実地調査をしたうえで、申請内容に照らして処理を行います。

3　地積の変更または更正

　地積変更または更正の登記は、表題部所有者または所有権の登記名義人が申請人となりますが（法 37 条、38 条）、土地が共有の場合には、共有者の一人から保存行為として申請することができます（大正 8 年 8 月 1 日民第 2926 号民事局長回答）。

　地積変更または更正登記の申請の際には、地積測量図を提出します（令別表の 6 の項添付情報欄）。

▶▶ 記録例1：地積の変更

表題部（土地の表示）		調製	余白	不動産番号	（※1）	
地図番号	余白	筆界特定	余白			
所　在	甲市乙町二丁目			余白		
①地番	②地目	③地積　　　㎡		原因及びその日付〔登記の日付〕		
50番	宅地	495	68	余白		
余白	余白	446	28	③令和○年6月1日一部海没〔令和○年7月7日〕（※2）		

※1　13桁の不動産番号が記録されています。

※2　登記の日付は、登記の申請日ではなく、登記完了日です。

　記録例1は、土地の一部の海没により地積が減少した場合の例です。

　原因及びその日付：「③令和○年6月1日一部海没」とは、欄③の地積が令和○年6月1日に一部海没したことにより変更したことを意味しています。

　地積の変更は、海底隆起、土砂の堆積等によってできる寄洲（よりす）等によって地積が増加する場合と、土地の一部が海没等によって地積が減少する場合が考えられます。ただし、一筆の土地の境界は客観的に定まっているのであるから、海底隆起または寄洲等の場合には、地積の変更登記ではなく、新たに土地が生じたものとして土地の表題登記をするべきであるという考えがあります。登記の実務では、寄洲については土地が付着して陸地となったものは、民法242条の付合した土地の一部であるから地積の変更登記として取り扱っています（昭和36年6月6日民三第459号第三課長回答『登記研究』166号）。海底隆起については、「その根拠である民法242条は、不動産に動産が付合する場合に関する規定であると解されているから、海底隆起の場合までこの規定を持ち出すことは疑問が残る」（研修教材『不動産登記法』（表示に関する登記・第六版）法務総合研究所、21頁）という意見があります。

▶ **記録例2：地積の更正**

表題部（土地の表示）		調製	余白	不動産番号	（※1）	
地図番号	余白	筆界特定	余白			
所　在	甲市乙町二丁目			余白		
①地番	②地目	③地積　　　㎡		原因及びその日付〔登記の日付〕		
４７番３	宅地	97	23	余白		
余白	余白	100	50	③錯誤 〔令和○年○月○日〕（※2）		

※1　13桁の不動産番号が記録されています。

※2　登記の日付は、登記の申請日ではなく、登記完了日です。

　記録例2は、地積の表示が登記の当初から実際の地積と異なっているために、土地の所有者から地積更正登記の申請がされた場合の例です。

　原因及びその日付：原因は、地積欄の番号「③」を冠記して「③錯誤」と記録されています。原因が錯誤の場合には、日付の記録はありません。

> **MEMO**
>
> 　土地を測量した結果、登記されている地積と測量の結果が相違する場合には、土地の表題部所有者または所有権の登記名義人は、更正後の地積測量図を提出して地積の更正登記を申請することができます。その場合、登記簿には「③錯誤」と記録されます。一方、登記官が誤って申請書の記載と異なる地積を登記した場合にも、「③錯誤」と記録されている例が多いです。このため、登記簿の外観からすると、「③錯誤」の意味がどちらの意味か不明であり、その土地について更正後の地積測量図が提出されているかどうかは判然としないことになります。登記官の過誤による場合の記録方法については、何らかの工夫が必要かと考えます。

Ⅳ 分　　筆

　分筆とは、申請に基づき一筆の土地を分割して数筆の土地にすることをいい、その効果は登記官が登記をしてはじめて生じます。

　分筆登記は、表題部所有者または所有権の登記名義人が申請人となって申請します（法 39 条 1 項）。土地が共有の場合には、共有者全員が申請人となります（昭和 37 年 3 月 13 日民三第 214 号第三課長電報回答『登記研究』174 号）。ただし、土地の一部が別地目となった場合にする「一部地目変更及び分筆の登記」の場合には、分割する範囲が明らかであるため共有者の一人からの申請も認められています（『登記研究』367 号質疑応答）。

　土地が分筆されると、分筆後の土地には新たな地番が付され、新たな登記記録が作成されます。地番は登記所が定めます。たとえば、25 番の土地を二筆に分筆したときは、25 番 1、25 番 2 とします。25 番 1 のように支号のある土地を二筆に分筆する場合は、元地の 25 番 1 はそのままにして、25 番 3（本番の最終の支号を付ける）とします（準則 67 条 1 項 4 号）。

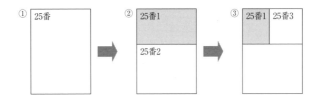

　以下の記録例は、一筆の土地 A（25 番）を A・B の二筆に分筆し、その後、さらに A を A・C の二筆に分筆した場合の例です。ここでは、わかりやすいように、次のように地番が定められたとします。

▶ **記録例1：A地表題部**

表題部（土地の表示）		調製	余白	不動産番号	（※1）
地図番号	余白	筆界特定	余白		
所　在	甲市乙町二丁目			余白	
①地番	②地目	③地積　　　㎡		原因及びその日付〔登記の日付〕	
25番	宅地	240	45	余白	
25番1	余白	76	23	①③25番1、25番2に分筆（※2）〔平成○年4月1日〕（※3）	
余白	余白	43	77	③25番1、25番3に分筆〔平成○年5月7日〕	

※1　13桁の不動産番号が記録されています。

※2　三筆以上に分筆する場合には、たとえば「①25番1ないし25番5に分筆」のようになります。

※3　登記の日付は、登記の申請日ではなく、登記完了日です。

　記録例1は、A地（元地）の記録例です。

〈25番地の土地の分筆の記録〉

　地番：A地の地番が25番から25番1に変更しますので、新しい地番（25番1）が記録され、従前の地番（25番）には下線が引かれます。

　地積：変更後の地積が記録され、変更前の地積には下線が引かれます。

　原因及びその日付：分筆登記は、その登記をすることによってはじめて効果が生じるため、原因の日付は記録されません。原因は、分筆によって変更される地番欄と地積欄の番号を冠記して「①③25番1、25番2に分筆」と記録されています。

〈25番1の土地の分筆の記録〉

　地番：A地には既に支号がついていますので、さらに分筆してもA地の地番は変わりません。変更がないので、地番欄への記録はありません。

地積：変更後の地積が記録され、変更前の地積には下線が引かれます。

原因及びその日付：原因の日付は記録されません。原因は、分筆によって変更される地積欄の番号を冠記して、「③25番1、25番3に分筆」と記録されています。

▶ **記録例2：A地甲区**

順位番号	登記の目的	受付年月日・受付番号	権利者その他の事項
		権利部（甲区）（所有権に関する事項）	
1	所有権移転	平成○年○月○日 第○号	原因　平成○年○月○日売買 所有者　○市○町○番○号 　　甲野太郎
2	所有権移転	平成12年3月30日 第9086号	原因　平成12年3月30日売買 所有者　港区○五丁目1番23号 　　株式会社A

　記録例2は、A地の甲区の記録例です。分筆をしても、新たな登記事項はありません。

▶ **記録例3：A地乙区**

分筆によって共同抵当になった場合

順位番号	登記の目的	受付年月日・受付番号	権利者その他の事項
		権利部（乙区）（所有権以外の権利に関する事項）	
1 付記1号	抵当権設定	（省略）	（省略）
	1番抵当権変更	余白	共同担保　目録（あ）第○号 平成○年4月1日付記

　※　付記登記の年月日は分筆登記の年月日です。

　記録例3は、A地のみに抵当権が設定されていたところ、分筆登記によって抵当物件が複数となったため、共同担保になった例です。そのため、

登記官の職権により共同担保目録が作成され、付記1号の「権利者その他の事項」欄に、共同担保目録の記号及び目録番号が記録されています（規則102条3項）。なお、分筆前に共同担保になっている場合には、この付記1号の登記はしません。

▶ **記録例4：共同担保目録**

共同担保目録				
記号及び番号	（あ）第○号		調製	平成○年○月○日
番号	担保の目的である権利の表示	順位番号	予　　備	
1	甲市乙町二丁目　25番1の土地	1	余白	
2	甲市乙町二丁目　25番2の土地	1	余白	

　記録例4は、分筆登記の際に、登記官によって作成された共同担保目録の例です。

▶ **記録例5：A地乙区**

A地について抵当権消滅承諾があった場合の職権付記

権利部（乙区）（所有権以外の権利に関する事項）			
順位番号	登記の目的	受付年月日・受付番号	権利者その他の事項
1	抵当権設定	（省略）	（省略）
付記1号	1番抵当権抹消	余白	原因　消滅承諾 平成○年4月1日付記

　※　付記登記の年月日は分筆登記の年月日です。

　記録例5は、A地について抵当権の消滅承諾があった場合、A地についてする抵当権が消滅した旨を職権で付記した例です（規則104条3項）。B地の登記簿には、A地の登記簿に記録されている抵当権の事項が転写さ

れます（規則102条1項）。

▶▶▶ **記録例6：A地乙区**

B地の抵当権消滅承諾があった場合にA地についてする職権付記

権利部（乙区）（所有権以外の権利に関する事項）			
順位番号	登記の目的	受付年月日・受付番号	権利者その他の事項
3	抵当権設定	（省略）	（省略）
付記1号	分筆後の25番2の土地につき3番抵当権消滅	余白	平成○年4月1日付記

　※　付記登記の年月日は分筆登記の年月日です。

　抵当権設定登記がされている土地を分筆すると、分筆後の土地にも抵当権が及ぶのが原則です。しかし、分筆後のいずれかの土地に抵当権を及ばせたくない場合、抵当権者の消滅承諾書（印鑑証明書付き）を添付すれば、分筆後の土地に抵当権を及ばせないことができます（法40条）。

　記録例6は、B地について抵当権が消滅する例です。この登記は申請によってされるのではなく、登記官の職権で登記しますので、受付年月日及び受付番号は記録されず、権利者その他の事項欄には付記登記した旨が記録されています。なお、B地の登記簿には、A地の登記簿に記録されている抵当権の事項は転写されません（規則104条2項）。

▶ **記録例 7： B 地表題部**

表題部（土地の表示）			調製	余白	不動産番号	（※ 1）	
地図番号	余白		筆界特定	余白			
所　在	甲市乙町二丁目				余白		
①地番	②地目	③地積　　㎡			原因及びその日付〔登記の日付〕		
25番2	宅地	164	21		25番から分筆〔平成○年4月1日〕（※ 2）		

　　※ 1　13 桁の不動産番号が記録されています。

　　※ 2　登記の日付は、登記の申請日ではなく、登記完了日です。

　記録例 7 は、B 地について新しく作成された登記簿の記録例です。

　原因及びその日付：分筆登記は、その登記をすることによってはじめて
　　効果が生じるため、原因の日付は記録されません。原因は、「25 番か
　　ら分筆」と記録されています。

▶ **記録例 8： B 地甲区**

権利部（甲区）（所有権に関する事項）			
順位番号	登記の目的	受付年月日・受付番号	権利者その他の事項
1	所有権移転	平成12年3月30日第9086号	原因　平成12年3月30日売買所有者　港区○五丁目1番23号　　株式会社A順位2番の登記を転写平成○年3月28日受付第23099号

　記録例 8 は、分筆登記により、A 地に記録されている事項を B 地の登記
簿に転写した例です。この場合、転写されるのは、現在効力のある登記事
項（今回の事例の場合は順位番号 2 番の登記事項）のみです（規則 5 条）。

権利者その他の事項：「順位2番の登記を転写」とは、A地の登記簿に記録されている甲区順位番号2番の登記事項を転写したという意味です。その次に記録されている「平成○年3月28日受付第23099号」は、分筆登記の申請の受付年月日と受付番号です（規則102条1項）。

▶▶ **記録例9：B地乙区**

権利部（乙区）（所有権以外の権利に関する事項）			
順位番号	登記の目的	受付年月日・受付番号	権利者その他の事項
1	抵当権設定	（省略）	（前略） 順位1番の登記を転写 共同担保　目録（あ）第○号 平成○年3月28日受付 第23099号

　記録例9は、A地に記録されている抵当権の登記をB地の登記簿に転写した例です。

権利者その他の事項：「順位1番の登記を転写」とは、A地の登記簿に記録されている乙区順位番号1番の登記事項を転写したという意味です。分筆登記によって共同担保になった場合には、転写した権利の登記の末尾にその共同担保目録の記号及び目録番号が記録されます（規則102条1項）。その次に記録されている「平成○年3月28日受付第23099号」は、分筆登記の申請の受付年月日と受付番号です（同項）。

▶ **記録例 10：C 地表題部**

表題部（土地の表示）		調製	余白	不動産番号	（※ 1）
地図番号	余白	筆界特定	余白		
所　在	甲市乙町二丁目			余白	
①地番	②地目	③地積　　　　㎡		原因及びその日付〔登記の日付〕	
25番3	宅地	32	46	25番1から分筆〔平成○年5月7日〕（※ 2）	

※ 1　13桁の不動産番号が記録されています。

※ 2　登記の日付は、登記の申請日ではなく、登記完了日が記録されます。

記録例 10 は、C 地について新しく作成された登記簿の例です。

原因及びその日付：分筆登記は、その登記をすることによってはじめて効果が生じるため、原因の日付は記録されません。原因は、「25 番 1 から分筆」と記録されています。

Q & A　分筆前と後の地積の相違

Q.　25 番 1（43.77 ㎡）、25 番 2（164.21 ㎡）、25 番 3（32.46 ㎡）を合計すると 240.44㎡で、当初の地積 240.45㎡より少なくなってしまいますが、どうしてですか？

A.　地目が宅地である土地の場合、登記簿には、測量した地積の 1㎡の 100 分の 1 未満を切り捨てた地積が記録されますので（規則 100 条）、登記簿に記録されている地積を合計すると当初の地積と相違することもあります。たとえば、25 番 1 の地積の実測値が 43.7723㎡、25 番 2 は 164.2180㎡、25 番 3 は 32.4642㎡だとすると、合計は 240.4545㎡となりますが、1㎡の 100 分の 1 未満を切り捨てた数値を合計すると 240.44㎡になります。

Ⅴ 合　筆

　「合筆」は、「がっぴつ」または「ごうひつ」と読みます。合筆とは、数筆の土地を合併して一筆の土地にすることをいいます。合筆の効果は登記が完了してはじめて生じます。

　合筆には制限があり、次のような合筆の登記はすることができません（法41条）。

---

①　相互に接続していない土地の合筆の登記

②　地目または地番区域が相互に異なる土地の合筆の登記

③　表題部所有者または所有権の登記名義人が相互に異なる土地の合筆の登記

④　表題部所有者または所有権の登記名義人の持分が相互に異なる土地の合筆の登記

⑤　所有権の登記がない土地と所有権の登記がある土地との合筆の登記

⑥　所有権の登記以外の権利に関する登記がある土地の合筆の登記

　　ただし、権利に関する登記であって、合筆後の土地の登記記録に登記することができるものとして法務省令（規則105条）で定めるものがある土地を除きます。

　所有権の登記以外の権利に関する登記には、所有権の仮登記（昭和35年7月4日民甲第1594号民事局長通達『登記研究』154号）、処分の制限の登記、財団に属したる旨の登記（昭和35年7月4日民甲第1594号民事局長通達）などがあります。これらの登記がある土地との合筆の登記はできません。なお、信託の登記がある場合でも、法97条1項各号に掲げる

●規則 105 条（合筆の登記の制限の特例）

　法第 41 条第 6 号の合筆後の土地の登記記録に登記することができる権利に関する登記は、次に掲げる登記とする。

　一　承役地についてする地役権の登記

　二　担保権の登記であって、登記の目的、申請の受付の年月日及び受付番号並びに登記原因及びその日付が同一のもの

　三　信託の登記であって、法第 97 条第 1 項各号に掲げる登記事項が同一のもの

　四　鉱害賠償登録令（昭和 30 年政令第 27 号）第 26 条に規定する鉱害賠償登録に関する登記であって、鉱害賠償登録規則（昭和 30 年法務省令第 47 号）第 2 条に規定する登録番号が同一のもの

登記事項が同一のものは合筆の登記はできます。

　合筆した土地については、合筆前の首位の地番をもって合筆後の地番とします（準則 67 条 1 項 6 号）。なお、首位の地番以外の登記記録は閉鎖され、この地番は特別の事情がない限り再使用されません。

　たとえば、25 番、26 番、27 番の土地を合筆すると、合筆後の地番は「25番」となります。また、支号がある地番の場合、たとえば、1 番 1、1 番 2、1 番 3 を合筆すると、合筆後の地番は「1 番 1」となります。

　ただし、特別の事情があるときは、これらと異なった方法で地番を定めても差し支えないとされています（準則 67 条 1 項 7 号）。

　合筆の登記は、表題部所有者または所有権の登記名義人が申請人となります（法 39 条 1 項）。

　合筆の登記を申請する場合には、次の添付情報を提供しなければなりません。なお、合筆の登記の申請の場合には、合筆後の地積測量図は提出しませんので、合筆後の地積測量図は登記所にはありません。

① 登記識別情報または登記済証

　所有権の登記のある土地の合筆登記の申請書には、合筆前のいずれか一筆の土地の所有権の登記識別情報または登記済証を提供します（令8条2項1号）。

② 地役権の登記がある承役地の合筆の登記を申請する場合において、地役権設定の範囲が合筆後の土地の一部であるときは、当該地役権設定の範囲を証する地役権者が作成した情報または当該地役権者に対抗することができる裁判があったことを証する情報及び地役権図面（令別表の9の項添付情報欄）

　以下の記録例は、土地A（3番）と土地B（4番）を合筆した場合の例です。

MEMO　支号がある土地の合筆後の地番のつけ方

　支号とは、いわゆる「枝番（えだばん）」といわれるものです。たとえば、1番1、1番2、1番3というように、本番である1番に支号のついた土地を合筆した場合の合筆後の地番は、合筆前の首位の地番とすることになっていますから（準則67条6号）、この場合は、「1番1」となります。この取扱いは、同一の本番に支号の付いた土地の全部を合筆した場合も同じです。しかし、不動産登記法が改正される前（平成17年3月7日前）は、同一の本番に支号の付いた土地の全部を合筆した場合には、その支号を除き、本番のみをもって合筆した土地の地番とする取扱いでした（旧準則116条1項5号）。

　すなわち、1番1、1番2、1番3の土地があり、そのほかに1番に支号の付く土地（たとえば、1番4など）がない場合において1番1から1番3の土地を合筆することは、同一の本番である1番に支号を付けた土地の全部を合筆することになりますから、その場合には合筆後の土地の地番には支号を付けないで「1番」とする取扱いでした。

　合筆した土地の地番は合筆前の首位の地番となりますので、合筆後の地番は「3番」となります。4番の土地の登記記録は閉鎖されます。

▶ 記録例1：A地表題部

B地をA地に合筆する場合

表題部（土地の表示）		調製	余白	不動産番号	（※1）
地図番号	余白	筆界特定	余白		
所　在	甲市乙町一丁目		余白		
①地番	②地目	③地積　　㎡		原因及びその日付〔登記の日付〕	
3番	宅地	550	50	余白	
余白	余白	826	00	③4番を合筆〔令和○年○月○日〕（※2）	

　※1　13桁の不動産番号が記録されています。

　※2　登記の日付は、登記の申請日ではなく、登記完了日です。

地番：合筆前の首位の地番であったA地の地番が合筆後の地番となりますので、A地については地番の変更はありません。

地積：合筆後の地積が記録され、合筆前の地積には下線が引かれます。

原因及びその日付：合筆登記は、その登記をすることによってはじめて効果が生じるため、原因の日付は記録されません。原因は、合筆によって変更される地積欄の番号を冠記して、「③4番を合筆」と記録されています。なお、三筆以上を合併する場合には、たとえば「③4番ないし6番を合筆」と記録されています。

▶ **記録例2：A地甲区**

権利部（甲区）（所有権に関する事項）			
順位番号	登記の目的	受付年月日・受付番号	権利者その他の事項
5	合併による所有権登記	令和○年○月○日第○号	所有者　○市○町○番○号　甲野太郎

　記録例2は、A地の甲区の記録例です。

　所有権の登記のある土地について合筆の登記をすると、登記官は「合併による所有権登記」をします（規則107条1項1号）。その際に記録される受付年月日及び受付番号は、今回申請した合筆登記の受付年月日と受付番号です（同3号）。

▶ **記録例3：A地乙区**

権利部（乙区）（所有権以外の権利に関する事項）			
順位番号	登記の目的	受付年月日・受付番号	権利者その他の事項
1	抵当権設定	（省略）	（省略）
付記1号	1番登記は合併後の土地の全部に関する	余白	令和○年○月○日付記

　記録例3は、抵当権が設定されている土地を合筆した例です。

　抵当権が設定されている土地の合筆は、合筆登記の制限の緩和（法41条6号、規則105条2号）に伴い、規定されたものです。合筆する土地について、登記原因と日付、登記の目的及び受付番号が同一である先取特権、質権または抵当権、根抵当権がある場合には、合筆により存続するA地の登記簿にあるこれらの担保権の登記に、その登記が合筆後の土地の全部に関する旨を付記します（規則107条6項）。付記の日付は登記完了の日です。

　なお、従前は、登記の目的は「何番登記は合併後の土地全部に関する」と記録されていました（旧法 85 条 4 項）。規則 107 条 6 項では「合併」が「合筆」に変わったので「何番登記は合筆後の土地の全部に関する」と記録されるべきと考えますが、実際には、従前のとおり「合併」と記録している例が多いでしょう。また、民事局の記録例集でも、この部分について「合併」とされていますので、本書もそれに従いました。

Q & A　合併と合筆の相違

Q.　「合併」と「合筆」はどう違うのですか？

A.　いくつかの土地を「合併」という処分行為をすることで、一筆の土地とすることを「合筆」といいます。「合筆」の登記をすることにより合併の効力が生じます。本書では、厳密に「合併」と「合筆」の用語を使い分けせずに、土地の場合にはなるべく「合筆」の用語を使用しています。

MEMO　合筆登記の制限の緩和

　合筆する土地に所有権以外の権利に関する登記がある場合には、合筆はすることができないのが原則です（法 41 条 6 号）。これを認めると、合筆後の土地についてどの部分に権利があるのか不明となり、権利関係が複雑になるからです。しかし、抵当権のような担保権の登記であって、その登記の目的、申請の受付年月日、受付番号、登記原因及びその日付が同一のものが合筆する土地全部に登記されている場合には、合筆後の担保権は合筆後の土地全部に及ぶこととなり権利関係が複雑になることはないので、合筆が認められています（規則 105 条 2 号）。

▶▶ 記録例4：B地表題部

表題部（土地の表示）		調製	余白	不動産番号	（※1）
地図番号	余白	筆界特定	余白		
所　在	甲市乙町一丁目			余白	
①地番	②地目	③地積　　　　㎡		原因及びその日付〔登記の日付〕	
4番	宅地	275:50		余白	
余白	余白	余白		3番に合筆 〔令和○年○月○日 同日閉鎖〕（※2）	

※1　13桁の不動産番号が記録されています。

※2　登記の日付は、登記の申請日ではなく、登記完了日です。

　記録例4は、B地の閉鎖事項証明書の例です。合筆前の首位の地番であったA地の地番が合筆後の地番となり、B地の登記記録は閉鎖されます。

　原因及びその日付：合筆登記は、その登記をすることによってはじめて効果が生じるため、原因の日付は記録されません。原因は、3番の土地に合筆されて登記記録が閉鎖されたため、「3番に合筆」と記録されています。

2 | 建物（区分建物を除く）の表示に関する登記

　建物とは、屋根及び周壁またはこれらに類するものを有し、土地に定着した建造物であって、その目的とする用途に供しうる状態にあるものでなければならないとされています（規則111条）。

　建物として取り扱うかの認定にあたっては、次の例示から類推し、その利用状況等を勘案して判定するものとされています（準則77条）。

〈建物として取り扱うもの〉

① 停車場の乗降場または荷物積卸場。ただし、上屋を有する場合に限る。

② 野球場または競馬場の観覧席。ただし、屋根を有する部分に限る。

③ ガード下を利用して築造した店舗、倉庫等の建造物

④ 地下停車場、地下駐車場または地下街の建造物

⑤ 園芸または農耕用の温床施設。ただし、半永久的な建造物と認められるものに限る。

〈建物として取り扱わないもの〉

① ガスタンク、石油タンクまたは給水タンク

② 機械上に建設した建造物。ただし、地上に基脚を有し、または支柱を施したものを除く。

③ 浮船を利用したもの。ただし、固定したものを除く。

④ アーケード付き街路（公衆用道路上に屋根覆いを施した部分）

⑤ 容易に運搬することができる切符売場または入場券売場等

建物を新築したときは、所有者は1か月以内に建物の表題登記を申請しなければなりません（法47条1項）。また、区分建物以外の建物で、新築された建物の表題登記をしないうちに建物の所有権を取得した者は、その所有権の取得の日から1か月以内に建物の表題登記の申請をしなければなりません（同項）。この申請を怠ったときは、10万円以下の過料に処されます（法164条）。

建物が共有の場合には、共有者の一人からも表題登記を申請することができます（大正8年8月1日民第2926号民事局長回答）。

Ⅰ 建物表題部の登記事項

▶▶ 記録例：附属建物があるとき

表題部（主である建物の表示）		調製	余白		不動産番号	（※）
所在図番号	余白					
所　在	甲市乙町二丁目　２４番地２				余白	
家屋番号	２４番２の１				余白	
①種類	②構造		③床面積　　　㎡		原因及びその日付〔登記の日付〕	
居宅	木造亜鉛メッキ鋼板・かわらぶき２階建		1階　１１５｜７０ 2階　　９９｜１７		平成○年３月２日新築 〔平成○年３月２５日〕	
表題部（附属建物の表示）						
符号	①種類	②構造	③床面積　　㎡		原因及びその日付〔登記の日付〕	
1	物置	木造亜鉛メッキ鋼板ぶき平家建		13｜22	〔平成○年３月２５日〕	
2	車庫	木造亜鉛メッキ鋼板ぶき平家建		12｜00	〔平成○年３月２５日〕	
3	物置	木造ビニール板ぶき平家建		10｜00	平成○年７月１日新築 〔平成○年７月７日〕	
所　有　者	甲市乙町二丁目１番５号　甲　某					

※　13桁の不動産番号が記録されています。

　建物の登記簿の表題部には、「不動産番号」、「所在」、「家屋番号」、「種類」、「構造」、「床面積」、「原因及びその日付」、「登記の日付」と、「所有者」が記録されます。附属建物がある場合には、附属建物の表示として、「符号」、「種類」、「構造」、「床面積」、「原因及びその日付」、「登記の日付」が記録されます。主である建物と附属建物の新築年月日を異にする建物の表題登記の申請があった場合には、附属建物の新築年月日も記録されます。なお、建物の名称を定めた場合には「建物の名称」も記録されます。

1　不動産番号

　不動産番号とは、不動産を識別するために法務省令（規則 34 条 2 項）で定められたものであり（令 6 条 1 項本文）、13 桁の数字で記録されています。この不動産番号を登記の申請書に記載すれば、令 6 条 1 項 2 号、3 号に掲げる事項を申請書に表示することを省略することができます。

2　所　　在

　所在欄には、建物の存在する土地の市・区・郡・町・村・字（地番区域でない「小字」を含む）の名称と、その土地の地番が記録されます（法 44 条 1 項 1 号）。

　所在の記録方法は、次のように規定されています（準則 88 条各項）。

---

①　都道府県名の記録は必要ないが、建物が二つ以上の都道府県にまたがって建っている場合には、都道府県名も記録する（1 項）

②　二筆以上の土地にまたがって建っている建物の所在を記録する場合には、その全部の土地の地番を記録する（2 項）

　この場合、建物の床面積の多い部分から先に記録します。主であ

る建物と附属建物がある場合には、主である建物がある土地の地番から先に記録します。

　土地の地番は、たとえば「6番地、4番地、8番地」のように記録し、「6、4、8番地」のように簡略化して記録することはできません。ただし、建物の所在する土地の地番のうちに連続する地番（ただし、支号のあるものを除く）がある場合には、その連続する地番を、たとえば「5番地ないし7番地」のように略して記録してもかまいません（準則88条3項）。

③　**建物が永久的な施設としてのさん橋の上にある場合または固定した浮船を利用したものである場合には、もっとも近い土地の地番を用いて「何番地先」のように記録する（4項）**

　敷地の地番を表示することができないため、このような記録がされます。

Q & A　「番地」の「地」はどんな意味？

Q.　土地の地番はたとえば「24番」のように表示されるのに、建物の所在は、「24番地」のように「地」が付くのはなぜですか。

A.　建物を特定するためには、その建物の建っている敷地である土地の地番を表示します。たとえば地番は「24番」のように表示されますので、本来ならば建物の所在地番も「24番」と表示すれば足りるのかもしれません。しかし、「24番地」とは建物の所在する場所が「24番の土地」であることを意味しますので（『登記研究』583号15頁）、建物の所在を表示する場合には「地」を付けて、「24番の土地」に建っていることを表示します。なお、建物の所在する土地の地番が「5番2」のように支号が付く場合には、「5番2地」とするのではなく、「5番地2」とします（『登記研究』321号質疑応答）。

3 | 家屋番号

　家屋番号とは、登記した建物を特定するために登記所において定める番号のことです。一個の建物ごとに家屋番号を付けなければなりません（法45条）。

　家屋番号は、地番区域ごとに建物の敷地の地番と同一の番号をもって定めるものとされており（規則112条1項）、次の基準によって定めるものとされています（準則79条各号）。

---

① **一筆の土地の上に建物が一個の場合には敷地と同じ番号を定める（1号）**

　たとえば、敷地の地番が「24番」であれば、家屋番号は「24番」となります。「25番2」のように支号がある場合には、「25番2」となります。

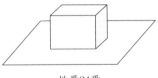

家屋番号24番

地番24番

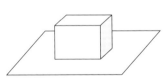

家屋番号25番2

地番25番2

② **一筆の土地の上に数個の建物がある場合には、その敷地の地番と同一の番号に「1」「2」「3」等の支号を付ける（2号）**

　たとえば、地番が「5番」である場合は、「5番の1」、「5番の2」のように定めます。「6番1」のように支号がある場合は、「6番1の1」、「6番1の2」のように定めます。

　ただし、既に敷地の地番と同じ家屋番号の建物がある場合に、同じ敷地内に建物の登記をするときには、敷地の地番に「2」「3」等

の支号を付けた番号を定めます。たとえば、6番の土地に既に家屋番号「6番」の建物がある場合に、同じ6番の敷地内に建物を建てた場合には、家屋番号は「6番の2」「6番の3」等になります。なお、家屋番号「6番」の建物の家屋番号を「6番の1」とする変更をする必要はありません（準則79条7号）。

また、地番に「7番1」のように支号が付いていて、既に家屋番号「7番1」の建物がある場合には、「7番1の2」「7番1の3」のようになります。

③ 数筆の土地にまたがって一個の建物が建っている場合には、建物の床面積の多い部分が存する敷地と同じ番号をもって定める（3号）

たとえば次の図のように5番と6番の土地にまたがって建っている建物の場合、建物の床面積は6番の土地に存する部分のほうが多いので、家屋番号は「6番」とします。

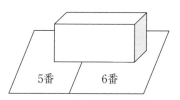

附属建物がある場合は、主である建物がある敷地の地番と同じ番号にします。なお、建物が管轄登記所を異にする土地にまたがって建っている場合には、管轄指定を受けた登記所の管轄する土地の地番によって定めます。

④ 数筆の土地にまたがって数個の建物が建っている場合には、②及び③の方法によって定める（4号）

たとえば、「5番」及び「6番」の土地にまたがって2個の建物が建っている場合、いずれも床面積の多い部分の存する土地が5番であるときは、「5番の1」、「5番の2」と定めます。

⑤　**敷地の地番が合併地番として表示されている場合には、上位の番号を用いて、前記①から③によって定める（旧準則138条5号）**

　たとえば、敷地の地番が「7番8番合併」と登記されているような場合には、上位の番号である「7番」が用いられていました。また、上位の番号によることが相当でないと認められる場合には、他の番号を用いても差し支えない取扱いでした。

⑥　**建物が永久的施設としてのさん橋の上に建っている場合、または固定した浮船を利用したものである場合には、その建物にもっとも近い土地の地番と同じ番号をもって定める（5号）**

⑦　**棟割長屋のような区分建物の場合、その一棟の建物が数筆の土地にまたがって建っている場合は、一棟の建物の床面積の多い部分が存する敷地の地番と同じ番号に支号を付けて定める（6号）**

⑧　**建物の分割または区分の登記をする場合には、前記各号に準じて定める（8号）**

⑨　**建物の合併の登記をする場合には、合併前の建物の家屋番号のうち、上位の番号をもって合併後の建物の家屋番号とする（9号）**

　ただし、これが相当でないと認められる場合には、他の番号を用いても差し支えないとされています。

⑩　**敷地地番の変更または更正による建物の所在の表示変更または更正の登記をした場合には、前記①〜⑨に準じて家屋番号を変更する（10号）**

　なお、家屋番号は、地番区域名、たとえば「○○一丁目」等を省略して記録して差し支えない取扱いです。ただし、旧準則150条の定めにより、区分建物の各建物の場合には地番区域を省略しない取扱いです。現在の準則には旧準則150条と同じ規定はありませんが、取扱いに変更はないということです。

4 種　　類

　建物の種類とは、建物の利用形態のことであり、建物を特定するための要素です。

　建物の種類は、建物の主な用途により、次に区分して定めます（規則113条1項）。

> 居宅・店舗・寄宿舎・共同住宅・事務所・旅館・料理店・工場・倉庫・車庫・発電所・変電所

　これらの区分に該当しない建物については、これに準じて定めるとされています（同項）。建物の主な用途が二つ以上ある場合には、その種類を、たとえば「居宅・店舗」、「店舗・事務所」のように表示します（同2項）。

　以上の種類に該当しない建物については、その建物の用途により次のように区分して定めることができます（準則80条1項）。

> 校舎・講堂・研究所・病院・診療所・集会所・公会堂・停車場・劇場・映画館・遊技場・競技場・野球場・競馬場・公衆浴場・火葬場・守衛所・茶室・温室・蚕室・物置・便所・鶏舎・酪農舎・給油所

　なお、これにも該当しない場合には、建物の用途により適当に定めるものとされています（同項）。

5 構　　造

　建物の構造とは、建物の物理的形態であり、建物を特定するための要素です。建物の構造は、建物の主な部分の構成材料、屋根の種類及び階数によって次のように区分して定めるものとされています（規則114条、準則81条）。

(1)　建物の主な部分の構成材料による区分

①　木造

②　土蔵造

③　石造

④　れんが造

⑤　コンクリートブロック造

⑥　鉄骨造

⑦　鉄筋コンクリート造

⑧　鉄骨鉄筋コンクリート造

⑨　木骨石造

⑩　木骨れんが造

⑪　軽量鉄骨造

　建物の主たる部分の構成材料が異なる場合には、たとえば「木・鉄骨造」のように表示します（準則81条2項）。

(2)　屋根の種類による区分

①　かわらぶき

②　スレートぶき

③　亜鉛メッキ鋼板ぶき

④　草ぶき

⑤　陸屋根（「ろくやね」または「りくやね」と読む。傾斜のない平面状の屋根のこと）

⑥　セメントかわらぶき

⑦　アルミニューム板ぶき

⑧　板ぶき

⑨　杉皮ぶき

⑩　石板ぶき

⑪　銅板ぶき

⑫　ルーフィングぶき

⑬　ビニール板ぶき

⑭　合金メッキ鋼板ぶき

　屋根の種類が異なる場合には、たとえば「かわら・亜鉛メッキ鋼板ぶき」のように表示します（準則81条2項）。

　マンションのように建物を階層的に区分してその一部を一個の建物とする場合において、建物の構造を記載するときは、屋根の種類を記載することを要しません（同3項）。

　なお、新不動産登記法施行（平成17年3月7日）前に登記した建物の屋根の表示は、たとえば「かわらぶき」は「瓦葺」のように、漢字で表記されています。

(3)　階数による区分

①　平家建（「平屋」ではなく「平家」と表示するが、意味は同じ）

②　2階建（3階以上はこれに準じ、たとえば「3階建」と表示する）

③　地下何階建

④　地上及び地階に階層を持つ建物については、「地下何階付き平家建」または「地下何階付き何階建」

⑤　ガード下にある建物については、「ガード下平家建」または「ガード下何階建」

⑥　渡廊下付きの一棟の建物については、「渡廊下付き平家建」または「渡廊下付き何階建」

　天井の高さ1.5メートル未満の地階及び屋階等（特殊階）は、階数に算入しません（準則81条4項）。

6　床 面 積

　床面積は、建物の広さ、大きさを表す、建物を特定するための要素です。床面積は、各階ごとに壁その他の区画の中心線（ただし、区分建物にあっては、壁その他の区画の内側線）で囲まれた部分の水平投影面積により、平方メートルを単位として定め、1平方メートルの100分の1未満の端数は切り捨てます（規則115条）。

(1)　床面積の計算方法

　床面積は、建物の構造により次のように計算します（昭和46年4月16日民三第1527号民事局長依命通知『登記研究』282号）。

①　**木造等の建物**　木造または土蔵造の建物は、柱の中心線で囲まれた部分をもって床面積とします。

②　**鉄骨造の建物**　鉄骨造、軽量鉄骨造の建物は、柱が覆（おお）われているかどうかで次の部分をもって床面積とします。

ア　柱の外側が被覆（ひふく）されている場合には、柱の外面を結ぶ線で囲まれた部分

イ　柱の外側に壁がある場合は、壁の中心線で囲まれた部分

ウ　柱の両面が被覆されている場合は、柱の中心線で囲まれた部分

エ　壁がない場合は、柱の中心線で囲まれた部分

③ **鉄筋コンクリート造の建物**　鉄筋コンクリート造、鉄骨鉄筋コンクリート造の建物は、壁の有無によって次の部分をもって床面積とします。

　ア　壁構造の場合は、壁（またはサッシ）の中心線で囲まれた部分
　イ　壁がない場合は、柱の中心線で囲まれた部分

なお、床面積の計算に際しては、次の点に留意してください（準則82条各号）。

① **天井の高さが1.5メートル未満の地階及び屋階（特殊階）は、床面積に算入しない（1号）**

　　ただし、一室の一部が天井の高さ1.5メートル未満であっても、その部分は、当該一室の面積に算入します。

② **停車場の上屋を有する乗降場及び荷物積卸場の床面積は、その上屋の占める部分の乗降場及び荷物積卸場の面積により計算する（2号）**

③ **野球場、競馬場またはこれらに類する施設の観覧席は、屋根の設備のある部分の面積を床面積として計算する（3号）**

④ **地下停車場、地下駐車場及び地下街の建物の床面積は、壁または柱等により区画された部分の面積により定める（4号）**

　　ただし、常時一般に開放されている通路及び階段の部分は除きます（準則82条4号だたし書）。また、停車場の地下道設備（地下停車場のものを含む）は、床面積に算入しません（同5号）。

⑤ **階段室、エレベーター室またはこれに準ずるものは、床を有するものとみなして各階の床面積に算入する（6号）**

⑥ **建物に附属する屋外の階段は、床面積に算入しない（7号）**

⑦ **建物の一部が上階まで吹抜になっている場合には、その吹抜の部分は、上階の床面積には算入しない（8号）**

⑧　柱または壁が傾斜している場合は、各階の床面の接着する壁その他の区画の中心線で囲まれた部分を床面積とする（9号）

⑨　建物の内部に煙突またはダストシュートがある場合（その一部が外側に及んでいるものを含む）には、その部分は各階の床面積に算入し、外側にあるときは算入しない（10号）

⑩　出窓は、その高さ1.5メートル以上のものでその下部が床面と同一の高さにあるものに限り、床面積に算入する（11号）

(2)　床面積の登記記録への記録方法

床面積の記録方法については、次のように定められています（準則91条各項）。

①　平家建以外の建物については、各階ごとに床面積を記録し、各階の床面積の合計は記録しない（1項）

②　地階の床面積は、地上階の床面積の記録の次に記録する（2項）

③　床面積に平方メートル未満の端数がないときであっても、平方メートル未満の表示として、「00」を記録する（3項）
　　たとえば「25.00」のように記録します。

7　原因及びその日付

新たに建物を新築した場合の原因は「新築」であり、建物の完成した日が記録されています。建物が取壊しによって滅失した場合には「取壊し」（旧法当時は「取毀」）として、建物が取り壊された日が記録されます。

表示に関する登記の場合には、登記の年月日を記録します（法27条2号）。登記の日付欄に、登記完了の年月日が記録されます（準則66条）。

表示に関する登記の場合には、実際に登記が完了した日が登記の日として記録されますので、登記申請受付の日付と登記の日付が相違することがあります。表示に関する登記は原則として実地調査を行った後、登記を実行するとされているため（規則93条）、即日処理ができない場合があるからです。

9 附属建物

母屋と物置、便所等の関係のように、物理的には別棟であっても効用上一体として利用される状態にある数棟の建物は、所有者の意思に反しない限り、一個の建物として取り扱われます。この場合の母屋を「主である建物」※、物置等を「附属建物」といいます。附属建物は、主である建物と同一の登記簿に登記されます。

附属建物がある場合には、附属建物の表示として、「符号」、「種類」、「構造」、「床面積」、「原因及びその日付」、「登記の日付」が記録されます。附属建物の符号は、附属建物の特定のために付けられるもので、順次番号を追って記録されます（規則112条2項）。主である建物と附属建物の新築の日が同一であるときは、附属建物の「原因及びその日付」の記録はされません（準則93条1項）。異なる場合は附属建物の新築の日が記録されます。

　※　準則では「主たる建物」と表記されていますが、記録例集では「主である建物」と表記されていますので、本書では「主である建物」に統一して表記します。

10　所 有 者

　所有権の登記がない場合には、表題部に所有者の住所、氏名（会社の場合には本店及び商号）が記録されますが、この所有者のことを「表題部所有者」といいます。所有者が二人以上の場合には、その所有者ごとの持分も記録されます（法27条3号）。所有権の登記がない場合とは、甲区事項欄に所有権保存登記または所有権移転登記がされていない場合です。

　登記簿のコンピュータ化後に表題登記がされた場合には、表題部に所有者が記録されています。しかし、コンピュータ化以前に表題登記と所有権保存登記がされている場合には、コンピュータに移記する際に表題部所有者の事項は移記されないので、表題部に所有者の記録はされていません。

Ⅱ　建物の表題登記

　建物の表題登記とは、建物が新築された後、その建物についてはじめてされる登記のことであり、この表題登記がされることにより表題部が設けられます。建物を新築したときは、所有者は、建物の所有権を取得した日から1か月以内に表題登記をしなければなりません。また、新築後、表題登記のされていない建物（区分建物を除く）の所有権を取得した者は、所有権を取得した日から1か月以内に表題登記をしなければなりません。この表題登記の申請を怠った場合には、10万円以下の過料に処せられます（法164条）。

▶▶▶ 記録例：建物の表題登記

表題部（主である建物の表示）	調製	余白		不動産番号	（※１）
所在図番号	余白				
所　在	渋谷区○○町１０番地３、１０番地１、１１番地５ 建物の名称○○ビル（※２）			余白	
家屋番号	１０番３			余白	
①種類	②構造	③床面積　　　　㎡		原因及びその日付〔登記の日付〕	

①種類	②構造	③床面積　　　㎡	原因及びその日付〔登記の日付〕
事務所 店舗	鉄骨・鉄筋コンクリート造陸屋根地下２階付き４階建	1階　213　52 2階　240　00 3階　240　00 4階　180　52 地下1階　300　00 地下2階　180　52	令和○年１２月１日新築 〔令和○年○月○日〕（※３）
所有者	渋谷区○○町６番３号　　持分２分の１　株式会社Ａ 千代田区○○町７番８号　持分２分の１　株式会社Ｂ		

※１　13桁の不動産番号が記録されています。

※２　区分建物でない建物の場合において、建物の名称があるときは、その名称が「所在欄」に記録されます（規則別表２主である建物の表示欄所在欄第二欄）。

※３　登記の日付は、登記の申請日ではなく、登記完了日です。

　記録例では、この建物が令和○年12月１日に新築されたことがわかります。また、表題部所有者の事項に下線が引かれていないことから、所有権の登記がされていないことがわかります。

Ⅲ　差押えのための表題登記

　差押えの登記をするためには、所有権の登記がされていなければなりません。また、所有権の登記をするためには、表題部が作成されていなければなりません。したがって、表題登記がされていない建物について差押えの登記が嘱託された場合には、まずはじめに表題登記をして、表題部を作成しなければなりません。

　以下の記録例は、表題登記がされていない建物（未登記建物）について裁判所書記官の嘱託により所有権の処分の制限の登記をする（法76条3項）ために、登記官の職権で建物の表題登記と所有権保存の登記をした場合の例です。

　未登記物件について差押え等の嘱託登記があった場合、登記官は実地調査をすることなく直ちに表題登記及び所有権保存登記を職権でした後、嘱託書に基づいて差押えの登記をします。その後、遅滞なく実地調査をすることになります（昭和36年10月23日民甲第2643号民事局長通達『登記研究』172号）。

▶ 記録例1：法76条3項の規定による場合

表題部（主である建物の表示）	調製	余白	不動産番号	（※1）
所在図番号	余白			
所　在	甲市乙町二丁目　24番地2		余白	
家屋番号	24番2		余白	
①種類	②構造	③床面積　㎡	原因及びその日付〔登記の日付〕	
居宅	木造かわらぶき2階建	1階　90：52 2階　93：00	差押の登記をするため〔令和○年7月1日〕（※2）	

　※1　13桁の不動産番号が記録されています。

　※2　登記の日付は登記の申請日ではなく、登記完了日です。

表題部には、表題部所有者に関する事項（所有者の氏名または名称及び住所）と登記原因及びその日付は登記されません（規則157条1項1号、2号）。原因として、「差押の登記をするため」と記録されます。

MEMO　　　**差押えのための表題登記の記録方法**

　差押えのための表題登記の場合には、表示に関する登記事項（法27条、44条）のうち、表題部所有者に関する事項、登記原因及びその日付及び敷地権付区分建物の場合には敷地権の登記原因及びその日付が登記されません（規則157条1項）。その理由としては次のことが挙げられます。

　表題部所有者を登記する理由として、所有権保存登記の申請適格者を公示すること（法74条1項1号）、固定資産税の納税者を明らかにすること（地方税法382条1項）などがありますが、差押えのための表題登記は、表題登記と所有権保存登記及び差押登記を同時にするため、表題部所有者の登記をする理由がなくなります。また、差押えのための表題登記は、当該建物の所有者ではない債権者が裁判所に差押えの申立てをすることによって、裁判所書記官から差押えの登記の嘱託（民事執行法48条1項）によってされるものですが、第三者である債権者は登記原因である当該建物の新築年月日等または敷地権の日付を知らないのが普通ですので、登記事項とされていないものと思われます。

▶▶▶ **記録例 2：甲区**

権利部（甲区）（所有権に関する事項）			
順位番号	登記の目的	受付年月日・受付番号	権利者その他の事項
1	所有権保存	余白	所有者　渋谷区○町 9 番 1 号 　　甲野太郎 令和○年 7 月 1 日順位 2 番の差押登記をするため登記
2	差押	令和○年 7 月 1 日 第○号	原因　令和○年 6 月 30 日○地方裁判所強制競売開始決定 債権者　○市○町○番○号 　　株式会社 A

　登記官は、所有権の登記がない不動産について嘱託による所有権の処分の制限の登記をするときは、登記記録の甲区に、所有者の氏名または名称及び住所ならびに処分の制限の登記の嘱託によって所有権の登記をする旨を記録しなければなりません（規則 157 条 3 項）。その場合、登記名義人が二人以上であるときは、当該所有者の登記名義人ごとの持分も記録します（同項）。

Ⅳ　建物の表題部の変更または更正登記

　建物の表題部の変更または更正登記とは、表題部に記録されている建物の表題部の登記事項について後発的事由により変更が生じた場合または当初より誤りがあった場合において、登記簿上の表示と現況を一致させるための登記です。

　建物の所在・建物の種類・構造・床面積・建物の名称、附属建物があるときは附属建物の種類・構造・床面積に変更があった場合には、表題部所

有者または所有権の登記名義人は、変更が生じた日から1か月以内に建物の表題部の変更登記を申請しなければなりません（法51条1項）。更正登記の場合には、1か月以内に更正登記の申請をしなければならないという規定はありません。

1 所在の変更

建物の所在が変更される場合としては、①建物を他の土地にえい行移転（建物を取り壊さずに他の土地に移転）した場合、②他の土地にまたがって増築した場合、③附属建物を他の土地に新築した場合、④数筆の土地にまたがる建物の一部を取り壊した場合などがあります。そのほかに、土地区画整理・土地改良・町名地番変更による変更、敷地地番の変更、敷地の分筆または合筆による地番変更などにより、建物の所在する位置に変更がなくても所在の表示に変更が生じる場合があります。

建物の所在が変更したことによる変更登記を申請する場合には、変更後の建物図面を添付します（令別表の14の項添付情報欄イ）。

▶▶▶ **記録例1：えい行移転による地番の変更**

表題部（主である建物の表示）	調製	余白	不動産番号	（※）
所在図番号	余白			
所　在	甲市乙町二丁目　5番地		余白	
	甲市乙町二丁目　6番地		令和○年○月○日えい行移転 令和○年○月○日登記	
家屋番号	5番		余白	
	6番		令和○年○月○日変更	
①種類	②構造	③床面積　㎡	原因及びその日付〔登記の日付〕	
（省略）	（省略）	（省略）	（省略）	

※　13桁の不動産番号が記録されています。

　記録例 1 は、建物をえい行移転した結果、敷地地番が変更した例です。この場合、えい行移転を行った旨が「令和○年○月○日えい行移転」と記録されます。その際、家屋番号は職権で変更されます（準則 79 条 10 号）。

▶ 記録例 2：分筆による地番の変更

表題部（主である建物の表示）		調製	余白	不動産番号	（※）
所在図番号	余白				
所　在	甲市乙町二丁目　　24番地2			余白	
	甲市乙町二丁目　　24番地10			令和○年○月○日地番変更 令和○年○月○日登記	
家屋番号	24番2の1			余白	
	24番10			令和○年○月○日変更	
①種類	②構造		③床面積　　㎡	原因及びその日付〔登記の日付〕	
（省略）	（省略）		（省略）	（省略）	

　※　13 桁の不動産番号が記録されています。

　記録例 2 は記録例集にはありませんが、分筆によって所在地番が変更した例です。その場合、分筆の登記のされた年月日と地番変更の旨が「令和○年○月○日地番変更」と記録されます（『不動産登記実務の手引き　表示編』六法出版、495 頁）。その際、家屋番号は職権で変更されます（準則 79 条 10 号）。

　なお、土地の分筆登記をしても建物の所在は自動的に変更されるものではないので、分筆によって建物の所在地番に変更が生じた場合には、1 か月以内に建物の所在変更の登記をしなければならないことに注意してください。

2 増 築

　増築とは、既存の建物の造作をして床面積を増やすことであり、既存の
建物と増築後の建物に同一性がなければなりません。

　既存の建物に増築をした場合には、表題部所有者または所有権の登記名
義人は、その増築の時から1か月以内に増築による変更登記を申請しなけ
ればなりません（法51条1項）。この申請を怠ったときは、10万円以下
の過料に処せられます（法164条）。

▶ 記録例：増築による床面積の変更

表題部（主である建物の表示）		調製	余白	不動産番号	（※1）
所在図番号	余白				
所　在	甲市乙町二丁目　24番地2			余白	
家屋番号	24番2			余白	
①種類	②構造	③床面積　㎡		原因及びその日付〔登記の日付〕	
居宅	木造スレートぶき平家建	95	00	平成○年6月6日新築〔平成○年6月10日〕（※2）	
余白	余白	118	17	③令和○年7月5日増築〔令和○年7月14日〕（※2）	

　※1　13桁の不動産番号が記録されています。

　※2　登記の日付は、登記の申請日ではなく、登記完了日です。

　記録例は、増築によって床面積が95.00㎡から118.17㎡に変更した場合
です。

　原因及びその日付：「③」は、「③床面積」の欄が変更になっていること
　を意味します。したがって、「③令和○年7月5日増築」とは、「床面
　積は令和○年7月5日増築により変更しました」という意味です。増
　築が数回にわたり行われている場合でも、床面積、原因及びその日付
　は最終の床面積と増築の日を記録すればよい取扱いです。

76

3 一部取壊しと増築

▶ **記録例：一部取壊しと増築による床面積の変更**

表題部（主である建物の表示）		調製	余白	不動産番号	（※1）
所在図番号	余白				
所　在	甲市乙町二丁目　２４番地２			余白	
家屋番号	２４番２			余白	
①種類	②構造	③床面積 ㎡		原因及びその日付〔登記の日付〕	
居宅	木造かわらぶき平家建	60	42	平成○年6月6日新築〔平成○年6月10日〕（※2）	
余白	余白	95	00	③令和○年7月5日一部取壊し、令和○年7月10日増築〔令和○年7月14日〕（※2）	

※1　13桁の不動産番号が記録されています。

※2　登記の日付は、登記の申請日ではなく、登記完了日です。

　記録例は、建物の一部を取り壊した後、増築した場合の例です。その場合、床面積は現在の床面積のみが記録されます。中間の、一部取壊し後の床面積は記録されません（準則84条参照）。

　原因及びその日付：「③」は、「③床面積」を意味します。したがって、「③令和○年7月5日一部取壊し、令和○年7月10日増築」とは、令和○年7月5日に一部を取り壊し、令和○年7月10日に増築したので、床面積が変更したことを意味しています。なお、変更原因とその日付が異なる場合には、記録例のように原因日付は省略せずに記録されます。原因日付が同じ場合には、「③令和○年○月○日一部取壊し、増築」と記録されます。

4 | 増築及び構造の変更

▶ 記録例：構造及び床面積の変更

表題部（主である建物の表示）	調製	余白	不動産番号	（※1）
所在図番号	余白			
所　在	甲市乙町二丁目　２４番地２		余白	
家屋番号	２４番２		余白	

①種類	②構造	③床面積　㎡		原因及びその日付〔登記の日付〕
居宅	木造かわらぶき平家建	６０	４２	平成○年６月６日新築〔平成○年６月１０日〕（※2）
余白	木造かわらぶき２階建	１階　９５ ２階　６６	００ １１	②③令和○年６月１５日変更、増築〔令和○年７月１４日〕（※2）

※1　13桁の不動産番号が記録されています。

※2　登記の日付は、登記の申請日ではなく、登記完了日です。

記録例は、建物の構造の変更と増築による床面積の変更の例です。

原因及びその日付：「②」は「②構造」、「③」は「③床面積」が変更されたという意味です。構造の変更の場合の原因は、単に「変更」と記録されます。構造と増築の原因日付が同じ場合は記録例のように「②③」とまとめて記録されますが、原因日付が異なる場合には、「②令和○年○月○日変更、③令和○年○月○日増築」と記録されます。

5　種類及び構造の変更

▶ 記録例

表題部（主である建物の表示）	調製	余白	不動産番号	（※ 1）
所在図番号	余白			
所　在	甲市乙町二丁目　２４番地２		余白	
家屋番号	２４番２		余白	
①種類	②構造	③床面積　㎡	原因及びその日付〔登記の日付〕	
倉庫	木造亜鉛メッキ鋼板ぶき平家建	６０ 42	平成○年６月６日新築〔平成○年６月１０日〕（※ 2）	
店舗	木造かわらぶき平家建	余白	①令和○年６月５日変更②令和○年７月６日変更〔令和○年７月１４日〕（※ 2）	

　　※ 1　13 桁の不動産番号が記録されています。

　　※ 2　登記の日付は、登記の申請日ではなく、登記完了日です。

記録例は、建物の種類と構造を変更した例です。

原因及びその日付：「①」は「①種類」、「②」は「②構造」が変更され
　たという意味です。原因は、いずれも「変更」とのみ記録されます。
　なお、変更年月日が同じ場合は、「①②令和○年○月○日変更」と記
　録されます。

▶ 記録例

表題部（主である建物の表示）		調製	余白	不動産番号	（※1）
所在図番号	余白				
所　在	甲市乙町二丁目　２４番地２			余白	
家屋番号	２４番２			余白	
①種類	②構造	③床面積㎡		原因及びその日付〔登記の日付〕	
居宅	木造亜鉛メッキ鋼板ぶき平家建	６０	４２	平成○年６月６日新築〔平成○年６月１０日〕（※2）	
余白	木造かわらぶき平家建	９２	００	②③錯誤〔令和○年７月１４日〕（※2）	

　　※1　13桁の不動産番号が記録されています。

　　※2　登記の日付は、登記の申請日ではなく、登記完了日です。

　記録例は、登記した当初から構造と床面積に誤りがあったため、誤りを訂正した場合の例です。

　原因及びその日付：「②」は「②構造」、「③」は「③床面積」を訂正したという意味です。原因は「錯誤」と記録され、その日付は記録されません。

第３章

甲区欄の見方

1 | 所有権の保存の登記

　所有権の保存登記とは、所有権の登記がされていない不動産について最初にされる所有権の登記のことをいいます（表題登記は、あくまでも不動産の状況を記録するだけの登記であって、所有権の登記をするものではありません）。この保存登記を基礎として、それ以降における所有権の移転その他の所有権に関する登記がなされます。

　保存登記をするかしないかは、所有者の自由意志に任されていますので、保存登記をしなかったからといって、法律上の制裁を受けることはありません。

　所有権の保存登記は、次に掲げる者以外は申請することができません（法74条）。

---

①　登記簿の表題部に所有者と記録されている者（表題部所有者）またはその相続人その他の一般承継人（1項1号）
②　所有権を有することが確定判決によって確認された者（1項2号）
③　収用によって所有権を取得した者（1項3号）
④　区分建物の場合には、表題部所有者から所有権を取得した者（2項）

---

① **表題部所有者またはその相続人その他の一般承継人からの申請**

　　表題部所有者は、いつでも保存登記を申請することができます。しかし、表題部所有者から売買等で取得した者は直接、自己のために保存登記をすることはできません（ただし、例外として、④参照）。いったん、表題部所有者が保存登記をした後に、売買等による所有権移転登記を行うことになります。

　　表題部所有者が保存登記をしないうちに死亡した場合は、その相続人から保存登記を申請することができます。直接、相続人名義で保存登記をすることもできますし、被相続人である表題部所有者の名義で保存登記をすることもできます。

　　会社が合併した場合には、直接、合併会社名義に保存登記を申請することができます。なお、表題部所有者が会社分割をした場合には、いったん、分割会社名義で保存登記をした後、会社分割を原因として承継会社または新設会社へ所有権移転登記を申請します（『登記研究』659 号質疑応答）（ただし、区分建物の場合については④参照）。

② **所有権を有することが確定判決によって確認された者からの申請**

　　確定判決によって土地または建物の所有権を認められた者は、表題部所有者でなくても、直接、自己名義で保存登記の申請ができます。

③ **収用によって所有権を取得した者からの申請**

　　土地収用法その他の法律の規定による収用によって所有権を取得した者は、直接、自己名義で保存登記を申請することができます。

④ **区分建物の場合に表題部所有者から所有権を取得した者からの申請**

　　区分建物についての所有権保存登記は、表題部所有者（原始取得者）から直接、所有権を取得した者（転得者）も申請することができます。この場合、当該区分建物が敷地権付き区分建物であるときは、当該敷地権の登記名義人の承諾を得なければなりません。

表題部（主である建物の表示）	調製	余白	不動産番号	（※）
所在図番号	余白			
所　在	甲市乙町二丁目　２４番地２		余白	
家屋番号	２４番２の１		余白	
①種類	②構造	③床面積　　　㎡	原因及びその日付〔登記の日付〕	
居宅	木造亜鉛メッキ鋼板・かわらぶき２階建	1階　　115：70 2階　　 99：17	令和○年○月○日新築 〔令和○年○月○日〕	
所有者	○市○町○番○号　甲野太郎			

※　13桁の不動産番号が記録されています。

　保存登記をすると、表題部所有者の氏名または名称及び住所に下線が引かれます。

権利部（甲区）（所有権に関する事項）			
順位番号	登記の目的	受付年月日・受付番号	権利者その他の事項
1	所有権保存	令和○年○月○日 第○号	所有者　○市○町○番○号 　　甲野太郎

　所有権の保存登記は最初の所有権の登記ですから、順位番号は１番になります。所有権の保存登記の場合、登記原因は記録されません（法76条1項本文）。ただし、敷地権付き区分建物について法74条2項の規定により所有権の保存登記をするときには、登記原因及びその日付が記録されます（記録例4参照）。

▶ 記録例 3 ：共有の場合

権利部（甲区）（所有権に関する事項）			
順位番号	登記の目的	受付年月日・受付番号	権利者その他の事項
1	所有権保存	令和○年○月○日 第○号	共有者 ○市○町○番○号 　持分５分の３ 　甲野太郎 ○市○町○番○号 　５分の１ 　甲野花子 ○市○町○番○号 　５分の１ 　甲野恵子

　記録例 3 は、所有者が複数いる場合の例です。その場合には、権利者の表記は「共有者」とし、各人の持分も記録します（法 59 条 4 号）。「持分」の表示は、筆頭の共有者のみについてする取扱いで差し支えないとされています。

▶ 記録例 4 ：敷地権付き区分建物の場合

権利部（甲区）（所有権に関する事項）			
順位番号	登記の目的	受付年月日・受付番号	権利者その他の事項
1	所有権保存	令和○年○月○日 第○号	原因　令和○年○月○日売買 所有者　○市○町○番○号 　甲野太郎

　敷地権付き区分建物の保存登記の場合には、表題部所有者から所有権を取得した原因及び日付も記録されます（法 76 条 1 項ただし書）。

2 | 所有権移転の登記

　所有権の移転登記とは、不動産について登記することができる権利である所有権が、相続、贈与、売買等により移転した結果を公示することです。所有権の移転登記をすることによって、所有者は自己がその不動産の所有者であることを第三者に主張することができます。このことを「対抗力」といいます。従前は、相続による権利の移転を第三者に対抗するためには登記を要しないとされていましたが（最判昭和 38 年 2 月 22 日民集 17 巻 1 号 235 頁）、民法の改正により法定相続分を超える部分については、登記等の対抗要件を備えなければ権利の取得を第三者に主張することができないことになりました（民法 899 条の 2 第 1 項）。

　この改正後の規定は、改正法の施行日の日（令和元年 7 月 1 日）以後に開始した相続について適用され、同日前に開始した相続については、なお従前の例によるとされました（改正法附則 2 条）。

I　相続による所有権移転

　不動産の所有者が死亡して相続が開始すると、相続人に所有権が移転します。相続した不動産を相続人名義に変更するために、所有権移転の登記（相続登記）を行います。

　相続は、被相続人の死亡によって開始します（民法 882 条）。被相続人の遺産を誰が相続するかは、遺言書がある場合には、遺言書に従います

（「遺言による相続」）。遺言書がない場合には、相続人全員の合意により遺産分割協議をして決めるのが一般的です（「遺産分割による相続」）。遺言書もなく、遺産分割協議もしていない場合には、民法で定める法定相続分の割合で相続をします（「法定相続」）。いずれの場合にも登記原因は「相続」となりますので、登記簿の記録からは、相続分がどのようにして決まったのかはわかりません。なお、登記の原因が「遺産分割」の場合がありますが、これは共同相続の登記をした後に共同相続人間で遺産分割協議が成立した場合です。

　相続権の順位は、次の順位によります（民法）。

第 1 順位：被相続人の子または代襲相続人（887 条）

　⇨被相続人の子が、相続の開始以前に死亡したとき、または民法891 条の規定による相続人の欠格事由に該当し、もしくは廃除（民法892 条）によって、その相続権を失ったときは、その者の子がこれを代襲して相続人となります。たとえば、被相続人Aが死亡した時にAの子Bが死亡していた場合には、Bの子Cが相続人となります。これを「代襲相続」といいます（同法 887 条 2 項）。Cも相続開始以前に死亡していたとき、または民法891 条の規定による相続人の欠格事由に該当し、もしくは廃除（同法892 条）によってその代襲相続権を失ったときは、Cの子Dが相続人となります。これを「再代襲相続」といいます（同法 887 条 3 項）。

第 2 順位：被相続人の直系尊属（889 条 1 項 1 号）

　⇨被相続人に子がいない場合には、被相続人の直系尊属が相続人となります。ただし、親等の異なる者の間では、その近い者を先にします。直系尊属とは、親、祖父、祖母のことです。親と祖父母が生きている場合には、親のみが相続人となります。親が死亡して、祖父母が生きている場合には、祖父母が相続人となります。

第3順位：被相続人の兄弟姉妹または代襲相続人（889条1項2号）

⇨子も直系尊属もいない場合には、被相続人の兄弟姉妹が相続人となります。被相続人の兄弟姉妹が、相続の開始以前に死亡したとき、または民法891条の規定による相続人の欠格事由に該当し、その相続権を失ったときは、その者の子がこれを代襲して相続人となります（民法889条2項）。ただし、兄弟姉妹の子の子は代襲相続しません。兄弟姉妹の代襲相続については、民法889条2項は887条2項だけを準用し、再代襲相続を規定する887条3項を準用していないからです。

被相続人の配偶者は、常に相続人となります。この場合において、相続権の順位は、民法887条または889条の規定により相続人となるべき者がいるときは、その者と同順位となります（同法890条）。

法定相続分は民法900条によって次のように定められています。

■法定相続分の具体例（昭和56年1月1日以降に相続が開始した場合）

相続人	配偶者	子	直系尊属	兄弟姉妹
①配偶者と子	2分の1	2分の1		
②配偶者と直系尊属	3分の2		3分の1	
③配偶者と兄弟姉妹	4分の3			4分の1

子、直系尊属または兄弟姉妹が数人あるときは、各自の相続分は、相等しいものとされています（民法900条4号）。ただし、父母の一方のみを同じくする兄弟姉妹の相続分は、父母の双方を同じくする兄弟姉妹の相続分の2分の1とされています（同ただし書）。

※　平成25年の民法の一部改正（平成25年12月11日施行）によって、非嫡出子の相続分は嫡出子の相続分と同等のものとされました。

1　単独相続

記録例

権利部（甲区）（所有権に関する事項）			
順位番号	登記の目的	受付年月日・受付番号	権利者その他の事項
2	所有権移転	平成○年○月○日 第○号	原因　平成○年○月○日売買 所有者　○市○町○番○号 　甲野花子
3	所有権移転	令和○年6月23日 第○号	原因　令和○年6月3日相続 所有者　○市○町○番○号 　甲野大輔

　記録例は、令和○年6月3日に甲野花子が死亡し、当該不動産を甲野大輔が単独で相続した場合の例です。順位番号3番の権利者その他の事項欄の原因日付は、被相続人（甲野花子）の死亡した日（ただし、失踪宣告に基づいて相続がなされた場合は、死亡したとみなされる日）であり、登記原因は「相続」となります。

　なお、所有権移転登記をしても、前所有者（甲野花子）の住所、氏名には下線を引きません。

2 共同相続

▶▶ 記録例

権利部（甲区）（所有権に関する事項）			
順位番号	登記の目的	受付年月日・受付番号	権利者その他の事項
2	所有権移転	平成○年○月○日 第○号	原因　平成○年○月○日売買 所有者　○市○町○番○号 　　　甲野一郎
3	所有権移転	平成○年6月23日 第○号	原因　平成○年4月5日相続 共有者 　　○市○町○番○号 　　持分3分の2 　　甲野太郎 　　○市○町○番○号 　　3分の1 　　甲野花子

　記録例は、平成○年4月5日に甲野一郎が死亡し、その遺産につき甲野太郎が持分3分の2、甲野花子が持分3分の1の割合で共同相続した場合の例です。

　順位番号3番の権利者その他の事項欄の原因日付は、被相続人（甲野一郎）の死亡した日であり、登記原因は「相続」となります。

　共有名義の場合は、権利者の表記は「共有者」とされ、各人の持分も記録されます（法59条4号）。「持分」の表示は、筆頭の共有者のみについてする取扱いで差し支えないとされています。

　なお、共同相続の場合には、共同相続人の一人が自己の持分のみの相続登記をすることはできません。ただし、共同相続人の一人が相続人全員のために相続登記をすることは可能です。ただし、その場合には、申請人とならない相続人には登記識別情報が通知されませんので注意を要します。

　所有権移転登記をしても、前所有者（甲野一郎）の住所、氏名には下線

を引きません。

3 数次相続

数次相続とは、被相続人が死亡して既に開始した相続による所有権移転登記が完了しない間に、その相続人等の死亡により第2の相続が開始したような場合を指します。

⑴ 中間の相続の登記が省略できる場合

本来ならば、いったん、中間の相続人の名義に所有権移転登記を行うべきですが、中間の相続が単独相続である場合には、1件の申請で最終の相続人名義にすることができます（昭和30年12月16日民甲第2670号民事局長通達『登録研究』98号）。

▶ **記録例**

権利部（甲区）（所有権に関する事項）			
順位番号	登記の目的	受付年月日・受付番号	権利者その他の事項
2	所有権移転	平成○年○月○日 第○号	原因　平成○年○月○日 所有者　○市○町○番○号 　　山川一郎
3	所有権移転	平成○年6月23日 第○号	原因　平成20年4月1日山川花子 　　　相続令和○年7月3日相続 共有者 　　○市○町○番○号 　　持分3分の2 　　山川次郎 　　○市○町○番○号 　　3分の1 　　赤石恵子

記録例は、平成20年4月1日に山川一郎が死亡したため当該不動産を山川花子が単独で相続したが、その登記をしないうちに山川花子が令和○年7月3日に死亡したため、さらに山川次郎と赤石恵子が共同でこれを相続した場合の例です。

　本来ならば、いったん、山川花子の名義に相続登記をすべきところですが、中間の相続が山川花子の単独相続なので、このような相続登記をすることができます（明治32年3月7日民刑局長回答、昭和30年12月16日民甲第2670号民事局長通達）。

⑵　中間の相続の登記が省略できない場合

　中間の相続が共同相続である場合には、中間の相続の登記を省略することはできません。

　たとえば、Aの死亡によりB・Cが相続したが、それが未登記の間にCが死亡してDが相続したような場合には、B・C共有名義の相続登記をした後に、Cの持分についてD名義への相続登記をします。

4　家督相続

▶ 記録例

権利部（甲区）（所有権に関する事項）			
順位番号	登記の目的	受付年月日・受付番号	権利者その他の事項
2	所有権移転	昭和○年○月○日 第○号	原因　昭和20年○月○日家督相続 所有者　○市○町○番○号 　　　　山川一郎

　記録例は、旧民法（明治31年法律9号）による家督相続によって所有権が移転した場合の例です。原因は「家督相続」であり、その日付は家督

相続の開始した日です。

　家督相続は、一人の者が戸主権のほかに戸主名義の財産も承継する制度です。ただし、前戸主の一身に専属するものは除かれます（旧民法986条）。現在の民法では認められていない、隠居等の生前相続も認められていました（同法964条）。

　家督相続の開始原因として、次の場合があります（同条）。

① 　戸主の死亡、隠居または国籍喪失

② 　戸主が婚姻または養子縁組の取消しによりその家を去ったとき

③ 　女戸主のための入夫婚姻により入夫が戸主となったときまたは入
　　夫が離婚したとき

　家督相続は、明治31年7月16日から昭和22年5月2日までの間に発生したものに限り認められていました。したがって、この期間内に家督相続が発生して、戸籍にその旨の記載がある場合には、家督相続を原因として所有権移転登記をします。

　家督相続の相続順位は、旧民法で次のとおり定められています。

第1順位：被相続人の家族である直系卑属（970条）

第2順位：被相続人によって指定された者（979条）

**第3順位：被相続人の父または母または親族会によって、家族の中か
　　　　　ら選定された者（982条）**

第4順位：家に在る直系尊属中、もっとも親等の近い者（984条）

**第5順位：親族会によって被相続人の親族、家族、分家戸主、本家ま
　　　　　たは分家の家族、他人の中から選定された者（985条）**

　　※旧民法の家族とは、戸主の親族にしてその家に在る者及びその配偶
　　　者をいいます（732条1項）。

　　※旧民法の親族とは、6親等内の血族、配偶者、3親等内の姻族をいい
　　　ます（725条）。

　　※直系卑属とは、子や孫のことをいいます。

---

5 遺産相続

▶▶ 記録例

権利部（甲区）（所有権に関する事項）			
順位番号	登記の目的	受付年月日・受付番号	権利者その他の事項
3	所有権移転	昭和○年６月２３日 第○号	原因　昭和２０年○月○日遺産相続 共有者 　○市○町○番○号 　持分２分の１ 　山川一郎 　○市○町○番○号 　２分の１ 　山川寅次郎

　記録例は、旧民法による遺産相続によって所有権移転した場合の例です。原因は「遺産相続」であり、その日付は遺産相続の開始した日です。

　遺産相続とは、戸主でない家族が所有している財産の承継をいいます。遺産相続は、被相続人の死亡によってのみ開始します（旧民法992条）。

　この遺産相続は、明治31年7月16日から昭和22年5月2日までの間に戸主以外の家族が死亡したことにより発生します。

　遺産相続の相続順位は、次のとおり定められています（旧民法）。

第１順位：直系卑属または代襲相続人（994条、995条）

第２順位：配偶者（996条１項１号）

第３順位：直系尊属（同２号）

第４順位：戸主（同３号）

　なお、被相続人の兄弟姉妹は相続人の資格を持っていませんでした（同法994条～996条）。

6 相続財産分離の場合

相続財産の分離とは、相続開始によって相続財産と相続人個人の財産とが混合するのを避けるためにされる制度です。

相続財産の分離の請求は次の 2 種類があります。

① 相続債権者または受遺者による財産分離請求（民法 941 条 1 項）

② 相続人の債権者による財産分離請求（民法 950 条 1 項）

(1) 相続債権者または受遺者による財産分離請求

相続債権者または受遺者は、相続開始の時から 3 か月以内または相続財産が相続人の固有財産と混合しない間に、相続人の財産の中から相続財産を分離することを家庭裁判所に請求することができます（民法 941 条 1 項）。

民法 941 条 1 項の規定する財産分離の制度は、相続財産と相続人の固有財産とが混合することによって相続債権者または受遺者（以下「相続債権者等」という）がその債権の回収について不利益を被ることを防止するために、相続財産と相続人の固有財産とを分離して、相続債権者等が、相続財産について相続人の債権者に先立って弁済を受けることができるようにしたものです。したがって、家庭裁判所は、相続人がその固有財産について債務超過の状態にありまたはそのような状態に陥るおそれがあることなどから、相続財産と相続人の固有財産とが混合することによって相続債権者等がその債権の全部または一部の弁済を受けることが困難となるおそれがあると認められる場合に、民法 941 条 1 項の規定に基づき、財産分離を命ずることができるものとされています（最高裁決定平成 29 年 11 月 28 日（平成 29 年（許）第 14 号）。決定全文は裁判所のホームページで検索できます）。

⑵ 相続人の債権者による財産分離請求

　相続人が限定承認をすることができる間または相続財産が相続人の固有財産と混合しない間は、相続人の債権者は、家庭裁判所に対して財産分離の請求をすることができます。

　これは、相続人に十分な財産があるが、相続財産が債務超過に陥っている場合において相続人が単純承認をすると、相続債権者が固有財産にかかってきて、相続人の債権者が不利益を受けるおそれがある場合に利用されます。

⑶ 審判の手続

　財産分離の審判の管轄は、相続が開始した地を管轄する家庭裁判所となります（家事事件手続法202条）。

　分離は審判によって決定され、家庭裁判所の審判が確定したときは、相続人は、相続財産の管理義務を負い（民法944条）、その処分行為は禁止されます。これに反してされた処分行為は、原則として無効です。しかし、この処分行為の禁止を第三者に対抗するためには、相続財産分離の登記が必要となります（民法945条）。

⑷ 登記手続

　この登記申請は、分離請求した者が、審判書の謄本（確定証明書付き）を添付して単独申請します。原因日付は、分離の審判の確定した日が記録され、権利者として、相続財産の分離を求めた権利者の氏名住所が記録されます。

▶ 記録例：相続財産分離の場合

権利部（甲区）（所有権に関する事項）			
順位番号	登記の目的	受付年月日・受付番号	権利者その他の事項
3	相続財産分離	令和○年○月○日 第○号	原因　令和○年○月○日相続財産分離 権利者　○市○町○番地 　　　　甲野太郎

　記録例は、相続が開始した土地または建物について相続財産分離の審判があったことを公示しています。

7　相続人が不存在の場合

　相続人のあることが明らかでないとき（たとえば、戸籍上において相続人がまったくいない場合、最終順位の相続人全員が相続放棄した場合、あるいは相続欠格・廃除により相続権を有しなくなった場合等）には、相続財産は法人となります（民法 951 条）。相続財産には家庭裁判所によって選任された相続財産管理人が置かれ（同法 952 条 1 項）、管理、清算の手続が進められます。相続人がいるかいないかわからない場合、相続人を探し出す必要がありますが、それと同時に、相続人が現れるまでの間、相続財産を管理しなければなりません。この二つの目的を実現しようとするのが相続人不存在の制度です。

▶▶ 記録例1：死亡時の住所と登記記録に記録されている住所とが同じとき

権利部（甲区）（所有権に関する事項）			
順位番号	登記の目的	受付年月日・受付番号	権利者その他の事項
2	所有権移転	平成○年○月○日 第○号	原因　平成○年○月○日売買 所有者　○市○町○番○号 　　　甲野太郎
付記1号	2番登記名義 人氏名変更	令和○年○月○日 第○号	原因　令和○年○月○日相続人不存 在 登記名義人　亡甲野太郎相続財産

　記録例1は、甲野太郎が死亡したが、相続人のあることが明らかでないので相続財産名義にする場合の例です。

　相続人不存在の登記は、移転の登記ではなくて、所有権の登記名義人を相続財産名義とする氏名変更登記により行います。原因は「相続人不存在」であり、その日付は被相続人の死亡した日です。この登記をした場合には、被相続人の氏名に下線が引かれます。

MEMO	相続財産法人

　権利の主体となることのできる地位または資格を「権利能力」または「人格」といいます（我妻栄『新訂民法総則（民法講義Ⅰ）』岩波書店、43頁）。民法において権利能力が認められているのは、自然人と法律によって認められた法人です。

　民法は、相続人のあることが明らかでないときは、相続財産それ自体が当然に法人になるものとしています（民法951条）。その趣旨は、相続人の存在が明らかでない場合には、その所有者がいなくなるため相続財産を管理する者がいなくなり、管理及び清算に不都合が生じるからです。なお、相続人のあることが明らかになったときは、法人は成立しなかったものとみなされます（同法955条本文）。しかし、相続財産管理人が権限内でした行為は有効とみなされます（同ただし書）。

　なお、相続人はいるが、その所在が不明であるという場合は、相続人不存在の問題ではなく、不在者の財産管理の問題となります。

▶▶ 記録例 2 ：被相続人の住所に変更がある場合

権利部（甲区）（所有権に関する事項）			
順位番号	登記の目的	受付年月日・受付番号	権利者その他の事
2	所有権移転	平成○年○月○日 第○号	原因　平成○年○月○日売買 所有者　渋谷区○町二丁目 3 番 3 号 　　甲野太郎
付記 1 号	2 番登記名義人住所、氏名変更	令和○年○月○日 第○号	原因　令和○年○月○日住所移転 　　　令和○年○月○日相続人不存在 登記名義人　港区○町一丁目 1 番 1号 　　亡甲野太郎相続財産

　記録例 2 は、被相続人の死亡時の住所が登記簿に記録されている被相続人の住所と異なる場合にする相続人不存在の登記の例です。この場合の登記の目的は「○番登記名義人住所、氏名変更」であり、登記名義人の死亡時の住所も記録されます（『登記研究』665 号 165 頁）。この登記をした場合には、被相続人の住所、氏名に下線が引かれます。

8 遺留分減殺の場合

⑴　民法の改正前の取扱い

　被相続人は、自らの財産を自由に処分する権利があります。したがって、全財産を生前に贈与することも遺贈することもできるし、相続分の指定によって特定の相続人に全財産を相続させることもできます。しかし、遺された家族の生活の保障と相続財産の公平な分配という相対立する要求の妥

協・調整の結果、相続財産の一定の割合を相続人に確保する制度が置かれました。それが遺留分の制度です。遺留分を有する者（遺留分権利者）は、兄弟姉妹を除く法定相続人、すなわち、配偶者、子、直系尊属です（民法1042条1項本文）。また、胎児や代襲者も含まれます。遺留分は、遺留分権利者全体に遺されるべき遺産全体に対する割合として、直系尊属のみが相続人となるときは被相続人の財産の3分の1、その他の場合は被相続人の財産の2分の1とされています（同条1項各号）。

被相続人が遺贈または贈与をしたため、相続人が遺留分を侵害された場合には、遺留分を保全するに必要な限度で、遺留分権利者及びその承継人は遺贈または贈与の減殺を受遺者または受贈者に請求することができるとされていました（改正前民法1031条）。これを、「遺留分減殺請求権」といいます。請求は、遺留分権利者の一方的な意思表示であり、裁判外でもすることができました。

(2)　改正民法での取扱い

民法が平成30年法律72号として改正されましたが、遺留分に関する規定も改正されました。施行日は各条文によって異なりますが遺留分に関する規定の施行日は令和元年（2019年）7月1日です。

改正前の民法の取扱いでは、遺留分に関する権利を行使すると、当然に物権的効果が生じ、遺留分を侵害する遺贈または贈与の全部または一部が無効となるものとされていたため、遺贈等の目的財産は遺留分権利者と遺贈等を受けた者との間で、共有になることが多く、記録例のように遺留分減殺を原因とする登記がされていました。しかし、これでは、遺留分権利者の生活保障の目的が達成されないため、遺留分権利者またはその承継人は受遺者または受贈者に対し、遺留分侵害額に相当する金銭債権が発生することとされました（民法1046条1項）。したがって、令和元年7月1日以後に開始した相続については遺留分減殺を登記原因とする所有権移転登

記の申請は受理されなくなりました。

▶ **記録例**

権利部（甲区）（所有権に関する事項）			
順位番号	登記の目的	受付年月日・受付番号	権利者その他の事項
3	所有権一部移転	平成○年○月○日第○号	原因　平成○年○月○日遺留分減殺 共有者 　○市○町○番○号 　持分4分の1 　山川一郎 　○市○町○番○号 　4分の1 　山川花子

　記録例は、被相続人が贈与または遺贈の登記をした後に遺留分減殺の請求があり、遺留分権利者名義に所有権移転の登記をした例です。原因の日付は、遺留分減殺の請求をした日です。

II　会社の合併等による所有権移転

　会社が合併した場合には、合併後の会社は被合併会社（合併された会社）の一切の権利を承継しますので、登記の形態は所有権移転登記となります。

▶▶▶ 記録例

権利部（甲区）（所有権に関する事項）			
順位番号	登記の目的	受付年月日・受付番号	権利者その他の事項
1	所有権保存	平成○年○月○日 第○号	所有者　○市○町○番○号 　　　　株式会社B
2	所有権移転	令和○年○月○日 第○号	原因　令和○年8月3日合併 所有者　○市○町○番○号 　　　　株式会社A

　記録例は、株式会社Aが株式会社Bを令和○年8月3日に合併した場合の例です。

　原因の日付は、合併した日です。会社合併には、新設合併と吸収合併がありますが、どちらも原因は「合併」とのみ記録されます。

　新設合併の新設会社は、その本店の所在地において設立の登記をすることによって成立しますので、その成立した日に新設合併消滅会社の権利義務を承継することになります（会社法922条、924条、49条、579条、754条1項、756条1項、764条1項、766条1項）。

　吸収合併の場合は、効力発生日を合併契約書において定めることとされ、吸収合併存続会社は、その効力発生日に吸収合併消滅会社の権利義務を承継することとされています（会社法750条1項、752条1項、759条1項、761条1項）。

2 特殊法人の権利義務の包括承継

▶ 記録例１：独立行政法人都市再生機構

権利部（甲区）（所有権に関する事項）			
順位番号	登記の目的	受付年月日・受付番号	権利者その他の事項
3	所有権移転	平成１１年１０月２９日第○号	原因　平成１１年１０月１日都市基盤整備公団法附則第６条第１項の権利承継（※１） 所有者　千代田区九段北一丁目１４番６号 都市基盤整備公団
4	所有権移転	平成１６年○月○日第○号	原因　平成１６年７月１日独立行政法人都市再生機構法附則第４条第１項の権利承継（※２） 所有者　横浜市中区本町六丁目５０番地１ 独立行政法人都市再生機構

※１　平成 11 年 9 月 28 日民三第 2090 号第三課長依命通知『登記研究』626 号

※２　平成 16 年 6 月 29 日民二第 1862 号第二課長依命通知『登記研究』681 号

　都市基盤整備公団が平成 11 年 10 月 1 日に設立されたことにより、都市基盤整備公団法附則 6 条 1 項に基づき、同日、住宅・都市整備公団は解散し、その権利及び義務が都市基盤整備公団に承継されました。順位番号 3 番の登記は、このことを示しています。

　また、平成 16 年 7 月 1 日に独立行政法人都市再生機構が設立されたことにより、都市基盤整備公団が解散し、独立行政法人都市再生機構にその権利及び義務が承継されました。順位番号 4 番の登記は、このことを示しています。

▶ 記録例2：年金資金運用基金

権利部（甲区）（所有権に関する事項）			
順位番号	登記の目的	受付年月日・受付番号	権利者その他の事項
3	所有権移転	平成13年○月○日 第○号	原因　平成13年4月1日年金福祉 　　事業団の解散及び業務の承継等に 　　関する法律第1条第1項により承 　　継（※1） 所有者　千代田区霞が関一丁目4番 　　1号 　　年金資金運用基金
4	所有権移転	平成18年○月○日 第○号	原因　平成18年4月1日年金積立 　　金管理運用独立行政法人法（平成 　　16年法律第105号）附則第3 　　条第1項により承継（※1） 所有者　港区虎ノ門四丁目3番13 　　号 　　独立行政法人福祉医療機構

※1　平成13年3月8日民二第663号民事局長回答
※2　平成18年7月4日民二第1496号第二課長依命通知『登記研究』707
　　号

　順位番号3番の記録例は、年金福祉事業団の解散により、その一切の権利及び義務が年金資金運用基金に承継された例です。
　順位番号4番の記録例は、年金資金運用基金の解散により、その一切の権利及び義務が独立行政法人福祉医療機構に承継された例です。

Ⅲ　売買による所有権移転

　不動産の所有権は、買主と売主の売買契約によって移転しますが、買主が所有権の取得を第三者に対して主張するためには、登記をする必要があります。

　売買による所有権移転登記は、所有権の登記名義人である売主が登記義務者、買主が登記権利者となり、共同で申請するのが原則です（法 60 条）。登記義務者である売主が登記の手続に協力しない場合は※、登記権利者である買主は、売主の所有権移転登記を命ずる確定判決を得たうえで、単独で申請することができます（法 63 条 1 項）。また、これとは逆に買主が登記手続に協力しない場合、売主は、登記手続上の登記権利者である買主に対して所有権移転登記手続を命ずる確定判決を得て、単独で登記を申請することができます（同項）。

　なお、所有権の登記名義人である A が B に売却して所有権が移転したが、B がその旨の登記をせずに C に売却したような場合には、いきなり A から C への所有権移転登記をすることはできません。当事者間の共同申請でなされる中間省略の登記の申請は認められていないからです（法 25 条 5 号・8 号・9 号）。ただし、中間省略登記を命ずる判決がされた場合には、その確定判決に基づく登記申請は受理されます（昭和 39 年 8 月 27 日民甲第 2885 号民事局長通達『登記研究』203 号）。

　B が A 所有の不動産を買う際、特約で、B の指定する第三者へ直接所有権を移転する旨の契約をすることもできます。これを「第三者のためにする契約」といいます（民法 537 条）。この場合、第三者の権利は、その第三者が契約の利益を享受する意思を表示した時に発生します。この第三者のためにする契約は従前から認められているものであり、これは実体上、所有権が直接、A から C へ移転するものであり、中間省略登記ではないので、当然に認められるものです（平成 18 年 12 月 22 日民二第 2878

号第二課長回答『登記研究』708 号）。

> ※　売買契約の売主は買主に対して、登記その他の売買の目的である権利
> の移転についての対抗要件を備えさせる義務を負うこととなりました
> （民法 560 条）。

1　所有権の全部移転（単独所有の場合）

▶▶▶ **記録例**

権利部（甲区）（所有権に関する事項）			
順位番号	登記の目的	受付年月日・受付番号	権利者その他の事項
2	所有権移転	平成○年○月○日 第○号	原因　平成○年○月○日売買 所有者　渋谷区○町○番○号 　　　　甲野太郎
3	所有権移転	令和○年8月6日 第○号	原因　令和○年8月6日売買 所有者　渋谷区○町○番○号 　　　　山田和夫

　記録例は、山田和夫が甲野太郎から令和○年 8 月 6 日に当該不動産を
買った例です。

　原因は「売買」であり、その日付は売買により所有権の移転した日、す
なわち、売買契約成立の日です。売買契約成立の日とは、通常は売買契約
の締結の日ですが、特約により売買代金の受領をもって契約成立とした場
合には、売買代金の受領の日となります。

　なお、所有権移転の登記をしても、前所有者（甲野太郎）の住所、氏名
には下線は引かれません。

2　所有権の一部移転

▶ 記録例 1：通常の所有権の一部移転

権利部（甲区）（所有権に関する事項）			
順位番号	登記の目的	受付年月日・受付番号	権利者その他の事項
2	所有権移転	平成○年○月○日 第○号	原因　平成○年○月○日売買 所有者　渋谷区○町○番○号 　甲野太郎
3	所有権一部 移転	令和○年6月10日 第○号	原因　令和○年6月9日売買 共有者　渋谷区○町一丁目2番3号 　持分4分の1 　山田和夫

　記録例1は、令和○年6月9日に甲野太郎が所有権の一部（4分の1）を山田和夫に売却し、その旨の登記を令和○年6月10日に申請した例です。その結果、当該不動産は、甲野太郎が持分4分の3、山田和夫が持分4分の1で共有されることになります。したがって、順位番号3番の権利者その他の事項欄の、権利者の表記は「共有者」と表記され、取得した持分が記録されています。甲野太郎の権利者の表記及び持分については、何の記録もされません。

▶ 記録例 2：共有物不分割の定めがある場合

権利部（甲区）（所有権に関する事項）			
順位番号	登記の目的	受付年月日・受付番号	権利者その他の事項
3	所 有 権 一 部 移転	令和○年○月○日 第○号	原因　令和○年○月○日売買 特約　○年間共有物不分割 共有者　○市○町○番○号 　持分2分の1 　甲野太郎

記録例 2 は、共有物不分割の特約をしたことが公示されています。

　各共有者は、いつでも共有物の分割を請求することができます。ただし、5 年以内の期間であれば分割をしない旨の契約をすることができます（民法 256 条 1 項）。共有物分割禁止の定めがある場合には、その旨を登記することができます（法 59 条 6 号）。

3 共有持分の全部移転

▶ 記録例 1 : 共有者持分全部移転

権利部（甲区）（所有権に関する事項）			
順位番号	登記の目的	受付年月日・受付番号	権利者その他の事項
3	所有権移転	平成○年○月○日 第○号	原因　平成○年○月○日売買 共有者 　○市○町○番○号 持分 3 分の 2 甲野太郎 　○市○町○番○号 3 分の 1 甲野花子
4	甲野太郎持分全部移転	令和○年 7 月 8 日 第○号	原因　令和○年 7 月 3 日売買 共有者　○市○町○番○号 持分 3 分の 2 乙川恵子

　※　前所有者（甲野太郎）の表記には下線を引きません。

　記録例 1 は、当該不動産の 3 分の 2 を所有していた甲野太郎が、その持分全部を令和○年 7 月 3 日に乙川恵子に売却した例です。

　順位番号 4 番の登記の目的欄の記録は、甲野太郎の所有する持分の全部を移転した、という意味です。権利者その他の事項欄には、登記原因と甲野太郎から買った所有者（乙川恵子）の住所、氏名と取得した持分が記録され、当該不動産は、甲野花子が持分 3 分の 1、乙川恵子が持分 3 分の 2

を共有していることを公示しています。

▶ **記録例 2：共有者の一人が残りの持分を取得して単独所有となった場合**

権利部（甲区）（所有権に関する事項）			
順位番号	登記の目的	受付年月日・受付番号	権利者その他の事項
3	所有権移転	平成○年○月○日 第○号	原因　平成○年○月○日売買 共有者 　○市○町○番○号 　持分3分の2 　甲野太郎 　○市○町○番○号 　3分の1 　甲野花子
4	甲野太郎持分全部移転	令和○年7月8日 第○号	原因　令和○年7月3日売買 所有者　○市○町○番○号 　持分3分の2 　甲野花子

※　前所有者（甲野太郎）の表記には下線を引きません。

　記録例 2 は、甲野花子が共有者甲野太郎の持分全部を取得して、単独所有になった例です。その場合、順位番号 4 番の権利者の表記は、「所有者」となります。ここで記録されている持分は、今回取得した持分（3分の2）です。

　なお、順位番号 3 番の甲野花子と順位番号 4 番の甲野花子の住所が相違する場合には、コンピュータは同一人物とみないで別人とみますので、甲野花子の住所が変更している場合には、4 番の登記をする前に、甲野花子の住所変更の登記を申請するのがよいでしょう。

4 共有持分の一部移転

▶▶ 記録例：持分一部移転

権利部（甲区）（所有権に関する事項）			
順位番号	登記の目的	受付年月日・受付番号	権利者その他の事項
3	所有権移転	平成○年○月○日 第○号	原因　平成○年○月○日売買 共有者 　○市○町○番○号 　持分2分の1 　甲野太郎 　○市○町○番○号 　2分の1 　乙川あゆみ
4	乙川あゆみ持分一部移転	令和○年7月8日 第○号	原因　令和○年7月3日売買 共有者　○市○町○番○号 　持分4分の1 　丙田次郎

　記録例は、令和○年7月3日に共有者乙川あゆみの持分の一部を丙田次郎に売却した例です。

　原因は「売買」であり、その日付は売買により所有権の移転した日、すなわち、通常は売買契約の成立した日です（特約により売買代金の受領をもって契約成立とした場合には、売買代金の受領の日となります）。

　順位番号4番の権利者その他の事項欄から丙田次郎が持分4分の1を取得したことがわかりますが、これは、当該不動産の4分の1という意味です。ここから、乙川あゆみの持分がわかります。

$$乙川あゆみの持分 \quad \frac{1}{2} - \frac{1}{4} = \frac{1}{4}$$

　したがって、記録例は、甲野太郎が持分2分の1、乙川あゆみが持分4分の1、丙田次郎が持分4分の1を共有していることを公示しています。

この場合、売主である乙川あゆみの持分の表示が「2分の1」のままですので注意が必要です。

5 　共有者全員持分全部移転

▶ 記録例：共有名義を単有名義とする移転

権利部（甲区）（所有権に関する事項）			
順位番号	登記の目的	受付年月日・受付番号	権利者その他の事項
2	所有権移転	平成○年○月○日 第○号	原因　平成○年○月○日売買 共有者 　○市○町○番○号 　持分2分の1 　甲野太郎 　○市○町○番○号 　2分の1 　乙川あゆみ
3	共有者全員 持分全部移 転	令和○年7月8日 第○号	原因　令和○年7月3日売買 所有者　○市○町○番○号 　　　株式会社A

※　前所有者の表記には下線を引きません。

　記録例は、令和○年7月3日に共有者全員である甲野太郎と乙川あゆみの持分全部を株式会社Aに売却した例です。その結果、当該不動産は単独所有となりますので、順位番号3番の権利者の表記は「共有者」ではなく、「所有者」となります。その場合、持分は記録されません。なぜならば、取得した持分が共有者全員の持分全部であり、株式会社Aの単独所有になるからです。持分が記録されるのは、登記名義人が二人以上いる場合です（法59条4号）。

　なお、共有者の一部について第三者の権利の登記がある場合には、共有者全員持分全部移転の登記の申請は受理されません。その場合の登記につ

いては、次の6の例を参照してください。

6 共有者の一人についてのみ抵当権が設定されている場合

　以下の記録例は、持分を目的とする第三者の権利の登記がある場合の共有名義を単有名義にする場合の例です。

▶▶ **記録例1：甲区**

\[権利部（甲区）（所有権に関する事項）\]			
順位番号	登記の目的	受付年月日・受付番号	権利者その他の事項
2	所有権移転	平成18年3月3日 第100号	原因　平成○年○月○日売買 共有者 　　○市○町○番○号 　　持分2分の1 　　甲野太郎 　　○市○町○番○号 　　2分の1 　　乙川あゆみ
3	甲野太郎持分全部移転	令和○年7月8日 第○号	原因　令和○年7月3日売買 共有者　○市○町○番○号 　　持分2分の1 　　株式会社A
4	乙川あゆみ持分全部移転	令和○年7月8日 第○号	原因　令和○年7月3日売買 所有者　○市○町○番○号 　　持分2分の1 　　株式会社A

　※　前所有者の表記には下線を引きません。

▶ **記録例2：乙区**

権利部（乙区）（所有権以外の権利に関する事項）			
順位番号	登記の目的	受付年月日・受付番号	権利者その他の事項
1	甲野太郎持分抵当権設定	平成18年3月3日 第101号	（省略）

　記録例は、共有者の甲野太郎の持分についてのみに抵当権が設定されている場合に、共有者の持分を全部移転して株式会社Aの単独所有とした例です。

　甲野太郎の持分についてのみ抵当権が設定されている場合には、「共有者全員持分全部移転」の登記をすることはできません。その場合には、「甲野太郎持分全部移転」の登記と、「乙川あゆみ持分全部移転」の登記を各別に申請しなければなりません。なぜならば、「共有者全員持分全部移転」のような登記を認めると、株式会社Aの所有権の一部に抵当権が設定されている結果となり不都合だからです。また、そのような登記がされ、株式会社Aがさらに所有権の一部移転の登記をした場合には、その移転する持分について抵当権が及ぶのかが不明になるからです。

記録例1：甲区

権利部（甲区）（所有権に関する事項）			
順位番号	登記の目的	受付年月日・受付番号	権利者その他の事項
2	所有権移転	平成○年○月○日 第○号	原因　平成○年○月○日売買 所有者　○市○町○番○号 　　株式会社甲
3	所有権一部移転	平成○年○月○日 第○号	原因　平成○年○月○日売買 共有者　○市○町○番○号 　　持分10分の1 　　乙川あゆみ
4	株式会社甲持分 一部移転	平成○年○月○日 第100号	原因　平成○年○月○日売買 共有者　○市○町○番○号 　　持分10分の2 　　乙川あゆみ
5	乙川あゆみ持分 一部（順位3番 で登記した持 分）移転	令和○年○月○日 第○号	原因　令和○年○月○日売買 共有者　○市○町○番○号 　　持分10分の1 　　丙田次郎

記録例2：乙区

権利部（乙区）（所有権以外の権利に関する事項）			
順位番号	登記の目的	受付年月日・受付番号	権利者その他の事項
2	乙川あゆみ持分一部（順 位4番で登記した持分） 抵当権設定	平成○年○月○日 第101号	（省略）

　記録例は、乙川あゆみが順位番号3番と4番で2回にわたって取得した持分のうち、3番で取得した持分の全部を丙田次郎に移転した例です。順位番号3番で取得した持分には抵当権設定の登記がされていませんので、

丙田次郎が取得した持分については抵当権が設定されていないことがわかります。なお、記録例 1 及び 2 の登記の目的欄の記録は、「順位 3 番で登記した持分」「順位 4 番で登記した持分」とされていますが、この場合の「順位 3 番」または「順位 4 番」とは、「順位番号 3 番」または「順位番号 4 番」の意味です。

　このような登記をするのは、たとえば順位番号 4 番で取得した持分についてのみ抵当権設定の登記がされている場合に、登記の目的を「乙川あゆみ持分一部移転」とする所有権移転登記をしてしまうと、移転した持分に抵当権が及んでいるのかどうかが不明となり、抵当権の及んでいる部分が特定できなくなるからです。したがって、抵当権の及んでいる部分とそうでない部分を明らかにして売買する場合には、記録例 1 の順位番号 5 番のような登記がされます。この場合、登記申請の際に提供する登記識別情報または登記済証は、順位番号 3 番の登記をした際に通知された登記識別情報または交付を受けた登記済証のみとなります。

　なお、乙川あゆみの持分に対して抵当権等の設定登記がない場合または抵当権等の設定登記が持分全部に及んでいる場合には、「乙川あゆみ持分一部移転登記」の申請をすることができます。その場合には、持分移転登記の際に通知または交付を受けた登記識別情報または登記済証全部の提供が必要となります。

8 順位○番で登記した持分一部移転

▶ 記録例

権利部（甲区）（所有権に関する事項）			
順位番号	登記の目的	受付年月日・受付番号	権利者その他の事項
3	甲持分一部移転	平成○年○月○日 第○号	原因　平成○年○月○日売買 共有者　○市○町○番○号 　　持分１００分の５６ 　　山田めぐみ
4	甲持分一部移転	平成○年○月○日 第○号	原因　平成○年○月○日売買 共有者　○市○町○番○号 　　持分１００分の１２ 　　山田めぐみ
5	山田めぐみ持分一部（順位３番で登記した持分一部）移転	平成○年○月○日 第○号	原因　平成○年○月○日売買 共有者　○市○町○番○号 　　持分１００分の２０ 　　株式会社Ａ

　記録例は、２回にわたって持分を取得し（順位番号３番と４番で登記）、そのうちの順位番号３番で登記した持分（100分の56）の一部（100分の20）を移転した例です。その場合、取得した持分の一部移転であることがわかるように、「（順位○番で登記した持分一部）移転」と記録します。記録例は、その結果、山田めぐみの持分が100分の48であることを公示しています。

$$山田めぐみの持分 \quad \frac{56}{100} + \frac{12}{100} - \frac{20}{100} = \frac{48}{100}$$

9　権利の消滅に関する定めがある場合

　権利の消滅に関する定めとは、登記原因である法律行為に付加された解除条件または終期のような事項をいうとされています。この定めがあるときは登記をすることができます（法 59 条 5 号）。権利の消滅に関する定めがあるにもかかわらず登記がされていない場合には、権利の設定者または譲渡人は、条件成就または期限到来による権利消滅を第三者に対抗することができません。

　この定めは、不動産を取得しようとする者にとっては重大な特約のため、この特約を見落とすことのないように、付記登記でされます（規則 3 条 6 号）。

　なお、権利に関する定めの登記をした後に、当該定めによって権利が消滅し、その登記の抹消その他の登記（移転登記等）をするときには、権利の消滅に関する定めの登記は、登記官の職権で抹消されます（規則 149 条）。

▶　記録例 1：失効の定め

権利部（甲区）（所有権に関する事項）			
順位番号	登記の目的	受付年月日・受付番号	権利者その他の事項
1	所有権保存	平成○年○月○日 第○号	所有者　○市○町○番○号 　　　　山下花子
2	所有権移転	令和○年 7 月 7 日 第○号	原因　令和○年○月○日売買 所有者　○市○町○番○号 　　　　甲野太郎
付記 1 号	2 番所有権移転失効の定	余白	買主甲野太郎が死亡した時は所有権移転が失効する 令和○年 7 月 7 日付記

　記録例は、買主が死亡した場合には売買契約は効力を失うこととする定

めを設けて、売買により甲野太郎が山下花子から所有権を取得した場合の例です。買主甲野太郎が死亡したときは、所有権移転が失効して、順位番号2番の登記は抹消されます。抹消登記は登記権利者と登記義務者の共同で申請するのが原則ですが、権利の消滅に関する定めの登記があるときは、登記権利者（記録例の場合は山下花子）が単独で申請することができます（法69条）。法69条の規定により単独で登記の抹消を申請する場合には、人の死亡または法人の解散を証する市町村長、登記官その他の公務員が職務上作成した情報の提供が必要です。これを提供できないときは、共同申請によってします（令別表の26の項添付情報欄イ）。

▶▶ **記録例2：用途指定条項の定め**

権利部（甲区）（所有権に関する事項）			
順位番号	登記の目的	受付年月日・受付番号	権利者その他の事項
2	所有権移転	令和○年○月○日 第○号	原因　令和○年○月○日売買 所有者　財務省
3	所有権移転	令和○年○月○日 第○号	原因　令和○年○月○日売買 所有者　○　市
付記1号	3番所有権移転解除の定	余白	用途指定条項に違反したときは売買契約を解除する 令和○年○月○日付記

※　国有財産法29条及び30条参照。

　記録例は、国有財産法29条及び30条の規定により財務省が普通財産を売渡し、買受人に対して用途ならびにその用途に供しなければならない期日及び期間を指定した場合の例です。指定条項に違反したときは売買契約を解除する旨の約定をした場合には、不動産登記法59条5号の権利の消滅に関する特約として、これを登記することができます（昭和30年5月17日民事甲第968号民事局長通達、昭和31年2月9日民事甲第209号通達）。

●**国有財産法 29 条（用途指定の売払い等）**

　普通財産の売払い又は譲与をする場合は、当該財産を所管する各省各庁の長は、その買受人又は譲与を受けた者に対して用途並びにその用途に供しなければならない期日及び期間を指定しなければならない。ただし、政令で定める場合に該当するときは、この限りでない。

●**国有財産法 30 条**

1　前条の規定によって用途並びにその用途に供しなければならない期日及び期間を指定して普通財産の売払い又は譲与をした場合において、指定された期日を経過してもなおその用途に供せず、又はその用途に供した後指定された期間内にその用途を廃止したときは、当該財産を所管した各省各庁の長は、その契約を解除することができる。

2　前項の規定により契約を解除した場合において、損害の賠償を求めるときは、各省各庁の長は、その額について財務大臣に協議しなければならない。

Ⅳ　その他の原因による所有権移転

　所有権移転の原因としては、相続、合併、売買のほか、次のものが代表的です。

> ① 遺贈
> ② 遺産分割
> ③ 贈与
> ④ 真正な登記名義の回復
> ⑤ 時効取得
> ⑥ 民法646条2項の規定による委任者への移転
> ⑦ 法人格のない社団の構成員全員の共有名義を代表者の単有名義とする所有権移転
> ⑧ 民法287条の放棄による所有権移転
> ⑨ 共有者の一人が死亡した場合の特別縁故者不存在による移転
> ⑩ 民法958条の3の規定による審判による移転
> ⑪ 共有物分割
> ⑫ 代物弁済
> ⑬ 財産分与
> ⑭ 相続分の譲渡（贈与または売買）
> ⑮ 持分放棄

1　遺　　贈

　遺贈_{いぞう}とは、遺言によって遺産の全部または一部を無償、あるいは一定の条件をつけて他の者に譲与することをいいます。遺贈によって利益を受ける者を「受遺者」といいますが、受遺者は相続人以外の者でもよく、法人でもかまいません。

▶ **記録例**

権利部（甲区）（所有権に関する事項）			
順位番号	登記の目的	受付年月日・受付番号	権利者その他の事項
2	所有権移転	平成○年○月○日 第○号	原因　平成○年○月○日売買 所有者　○市○町○番○号 　　甲野大助
3	所有権移転	令和○年○月○日 第○号	原因　令和○年○月○日遺贈 所有者　○市○町○番○号 　　甲野太郎

　記録例は、遺言によって甲野大助から甲野太郎へ不動産の譲与があった場合の例です。その場合の原因は「遺贈」であり、その日付は遺贈の効力の生じた日（民法985条1項）、すなわち、遺言者の死亡した日です。ただし、遺言に停止条件をつけた場合において、その条件が遺言者の死亡後に成就_{じょうじゅ}したときは、遺言は条件が成就した時から生じますので（民法985条2項）、条件成就の日となります。

　遺贈の登記は、相続の登記と異なり、登記権利者と登記義務者の共同で申請するのが原則です。登記義務者は被相続人ですが、既に死亡していますので、遺言執行者が選任されている場合には遺言執行者が被相続人の代理人として申請します。遺言執行者の選任がされていない場合には、相続人全員が登記義務者となります。

2 遺産分割

　相続の開始によって相続財産は共同相続人の共同所有となりますが、これは遺産分割が行われるまでの過渡的・暫定的な状態にすぎません。遺産分割とは、相続人全員の協議によって法定相続分と異なる相続分を決めることです。その決め方は自由であり、相続人の一人が単独所有とする決め方もできます。

▶▶ **記録例**

権利部（甲区）（所有権に関する事項）			
順位番号	登記の目的	受付年月日・受付番号	権利者その他の事項
2	所有権移転	令和○年○月○日 第○号	原因　令和○年○月○日相続 共有者 　　○市○町○番○号 　　持分4分の2 　　甲野花子 　　○市○町○番○号 　　4分の1 　　甲野和子 　　○市○町○番○号 　　4分の1 　　吉田玲子
3	甲野和子、吉田玲子持分全部移転	令和○年2月2日 第○号	原因　令和○年1月5日遺産分割 所有者　○市○町○番○号 　　持分2分の1 　　甲野花子

　記録例は、共同相続の登記をした後に、相続人間で甲野花子が当該不動産を単独で相続する旨の遺産分割協議が成立したので、その旨の登記をした例です。その場合の登記原因は「遺産分割」であり、その日付は遺産分割協議の成立した日です（遺産分割の効力は、相続開始の時にさかのぼって生じます（民法909条）。ただし、第三者の権利を害することはできな

いとされています）。

　なお、相続登記をする前に遺産分割協議が調って、その旨の登記をする場合には、登記原因は「相続」となります。この場合には、相続登記を申請することになります。

3 贈　　与

　贈与とは、無償で財産を移転することです。当事者の一方（贈与者）が自己の財産を無償で相手方（受贈者）に与える意思を表示し、相手方が受諾することによって効力が生じます（民法549条）。贈与者は、贈与の目的である物または権利を、贈与の目的として特定した時の状態で引き渡し、または移転することを約したものと推定されます（同法551条1項）。

　贈与の種類として、受贈者が何らかの負担を負う「負担付贈与」があります。また、贈与者が死亡した場合にその不動産を受贈者に無償で贈与するという生前処分を、特に「死因贈与」といいます（同法554条）。

MEMO　負担付贈与

　負担付贈与は、無償の贈与とは異なり受贈者が何らかの負担を負うものです。たとえば、親が子に建物を贈与するかわりに子は親を扶養する約束をする場合などです。受贈者が負担を履行しない場合には、贈与者は契約を解除することができます。また、贈与された建物に欠陥があれば受贈者は負担の限度において贈与者に責任を追及することができ、負担の減額請求、損害賠償請求、契約の解除ができます（民法551条2項）。

▶▶ 記録例

権利部（甲区）（所有権に関する事項）			
順位番号	登記の目的	受付年月日・受付番号	権利者その他の事項
2	所有権移転	平成○年○月○日 第○号	原因　平成○年○月○日売買 所有者　○市○町○番○号 　　　　甲野花子
3	所有権移転	令和○年○月○日 第○号	原因　令和○年○月○日贈与 所有者　○市○町○番○号 　　　　甲野太郎

　記録例は、甲野花子から甲野太郎へ不動産が贈与された例です。

　贈与（負担付贈与を含む）も死因贈与も、登記原因は「贈与」です。その日付は、通常は贈与契約の成立した日ですが、死因贈与の場合は贈与者が死亡した日となります。

4　真正な登記名義の回復

　「真正な登記名義の回復」とは、たとえばAが所有者であるにもかかわらず何らかの理由でBの名義になっている場合、本来ならばBへの所有権移転登記を抹消した後にAへの所有権移転登記をすべきところ、BからAへの所有権移転登記の形式をとって、正しい所有者であるAの名義にする登記の方法です。

　たとえば、Bを抵当権の設定者として登記がされている場合、Bへの所有権移転登記を抹消するには抵当権者の承諾が必要となりますから、現実的にはBへの所有権移転登記を抹消してからAへの所有権移転登記をするのは難しくなります。しかし、BからAへ所有権移転登記をすれば、抵当権は抹消されない（抵当権者の利益を害さない）ので、抵当権者の承諾は不要となり、正しい所有者（A）名義への変更を簡易に行うことができます。この場合、Aは、抵当権の設定登記がされている不動産を所有

することになります。

▶ **記録例**

権利部（甲区）（所有権に関する事項）			
順位番号	登記の目的	受付年月日・受付番号	権利者その他の事項
2	所有権移転	平成○年○月○日 第○号	原因　平成○年○月○日売買 所有者　○市○町○番○号 　　乙川次郎
3	所有権移転	令和○年○月○日 第○号	原因　真正な登記名義の回復 所有者　○市○町○番○号 　　甲野太郎

　記録例は、甲野太郎が所有する不動産が乙川次郎の名義になっているため、「真正な登記名義の回復」の形式により、正しい所有者である甲野太郎の名義に変更した例です。記録上は乙川次郎から甲野太郎へと所有権移転がされていますが、実際には乙川次郎と甲野太郎の間に売買等の取引があるわけではありません。

　原因は「真正な登記名義の回復」であり、その日付は記録されません。

5　時効取得

　民法では、20 年間または 10 年間、他人の物を占有（せんゆう）した者は所有権を取得するという取得時効を認めています。たとえば、その土地について自分の土地と思って住み始めた者は、そう思うことに過失がなく 10 年間占有したことで所有権を取得します（民法 162 条 2 項）。また、20 年間所有の意思をもって平穏かつ公然に他人の不動産を占有した者は、その不動産の所有権を取得します（同 1 項）。なお、時効完成後に第三者に対抗するためには、登記が必要となります。

▶▶▶ 記録例

権利部（甲区）（所有権に関する事項）			
順位番号	登記の目的	受付年月日・受付番号	権利者その他の事項
2	所有権移転	平成○年○月○日 第○号	原因　平成○年○月○日売買 所有者　○市○町○番○号 　　　乙川次郎
3	所有権移転	令和○年○月○日 第○号	原因　平成○年○月○日時効取得 所有者　○市○町○番○号 　　　甲野太郎

MEMO　時効取得と登記

　時効取得は、原始取得です。原始取得とは、売買の買主のように他人から権利を承継取得するのではなく、他人の権利に基づかないで最初からその物の権利を取得することです。原始取得には、ほかに、遺失物の拾得、埋蔵物の発見等があります。また、建物を新築した場合には「建物を原始取得した」といい、その所有者は「原始取得者」となります。

　不動産を取得した者が自己の権利を第三者に主張するためには、登記が必要であるとされています（民法177条）。たとえばAがBに不動産を売却した後にCにも売却した場合に、Bが、先に買ったのだから所有者は自分であるということをCに主張するためには、先に登記をする必要があります（同条）。時効取得の場合は、原始取得のため、第三者が出現するはずはなく、第三者に対する対抗力は問題にならないはずですが、第三者が登記簿の記録を信頼して所有者とされている者から買い受けた場合、時効取得者と第三者のどちらを保護するかという問題が生じます。この場合にも、先に登記をした者の権利を守ることになります（同条）。時効取得の場合にも、その旨の登記をしなければ第三者に対抗できないということです。

　時効取得の旨を登記する場合、時効取得は原始取得のため前所有者から権利を取得するのではありませんが、移転登記の形式で行います。

　記録例は、時効により甲野太郎が乙川次郎の名義の不動産の所有権を取得した例です。

　原因は「時効取得」であり、その日付は時効期間の満了の日ではなく、開始の日です。なぜなら、時効の効力は起算日にさかのぼるので（民法144条）、起算日において時効によって不動産を取得したことになるからです。

　なお、時効取得は原始取得であり、その不動産が未登記の場合は所有権保存登記をすることになります。本件のように既登記の場合については、権利の移転登記によります。

6　民法646条2項の規定による委任者への所有権移転

　委任者が受任者に法律行為をすることを委託し、相手方がこれを承諾することによって効力が生ずる契約を「委任」といいます（民法643条）。受任者は、委任事務を処理するにあたって、受け取った金銭その他の物を委任者に引き渡さなければなりませんが、受任者の名で登記した不動産を委任者へ移転する登記が民法646条2項の規定による委任者への移転登記です。

▶ 記録例

権利部（甲区）（所有権に関する事項）			
順位番号	登記の目的	受付年月日・受付番号	権利者その他の事項
2	所有権移転	令和○年○月○日 第○号	原因　令和○年○月○日民法第646条第2項による移転 所有者　○市○町○番○号 　　甲野太郎

　記録例は、民法上の委任契約によって受任者が委任者（甲野太郎）のために自己の名をもって取得し、その旨の登記をしていた不動産を委任者に

引き渡した例です。

　受任者が代理権を有する場合は受け取った物の所有権は通常は委任者に帰属しますが、受任者が代理権を有しない場合において、委任者のために自己の名をもって受け取った物の所有権は受任者に帰属し、受任者はそれを委任者に移転する義務を負います。

　原因として民法の条文がそのまま記録され、その日付は、特約があるときはその日付、それ以外の場合は登記の申請日となります（『登記研究』457号質疑応答）。

●民法646条（受任者による受取物の引渡し等）
1　受任者は、委任事務を処理するに当たって受け取った金銭その他の物を委任者に引き渡さなければならない。その収取した果実についても、同様とする。
2　受任者は、委任者のために自己の名で取得した権利を委任者に移転しなければならない。

7　法人格のない社団の構成員全員の共有名義を代表者の単有名義とする所有権移転

　法人が所有する不動産は、法人名義で登記することができますが、法人格のない社団（または「権利能力なき社団」ともいう。たとえば同窓会等）は、それ自体権利義務の主体となり得ないことから、登記名義人になることができないのが登記実務の取扱いです。したがって、当該社団の構成員全員またはその代表者の名義で登記をすることになります（昭和36年7月21日民三第625号第三課長回答）。その場合、社団の代表者である旨の肩書きを付けることもできません。

　※　認可地縁団体が所有する一定の要件を満たした不動産について、地方自治法260条の38第1項の手続を経てその情報を提供した場合には、認

　可地縁団体は、単独で自己を登記名義人とする不動産の所有権移転の登記の申請をすることができます（平成 27 年 2 月 26 日民二第 124 号民事局長通達『登記研究』808 号、809 号解説）。その場合の原因は「委任の終了」であり、その日付は地方自治法 260 条の 2 第 1 項の市町村長の認可の日です。

▶ **記録例**

権利部（甲区）（所有権に関する事項）			
順位番号	登記の目的	受付年月日・受付番号	権利者その他の事項
2	所有権移転	平成○年○月○日 第○号	原因　平成○年○月○日売買 共有者 　　○市○町○番○号 　　持分3分の1 　　甲野花子 　　○市○町○番○号 　　3分の1 　　乙川次郎 　　○市○町○番○号 　　3分の1 　　丙田恵子
3	乙川次郎、 丙田恵子持 分全部移転	令和○年○月○日 第○号	原因　令和○年○月○日委任の終了 所有者　○市○町○番○号 　　持分3分の2 　　甲野花子

　記録例は、法人格のない社団の代表者 3 名の名義で登記をしていたものを 1 名の代表者名義にした場合の例です。その場合の原因は「委任の終了」となります（昭和 41 年 4 月 18 日民甲第 1126 号民事局長電報回答『登記研究』224 号）。

　なお、代表者 1 名の名義で登記をしていたものを、「委任の終了」を原因として代表者数名の名義とすることも可能です。

8 民法 287 条の放棄による所有権移転

　地役権（一定の目的のために他人の土地（承役地）を自己の土地（要役地）の便益に供するために承役地に設定する権利（民法 280 条））を設定した場合に、その設定行為または設定後の契約により、承役地の所有者は自己の費用で地役権行使のために工作物を設置する等の義務を負うことがあります（同法 286 条）。承役地の所有者がこの義務を免れる方法として、承役地の当該部分の所有権を放棄して地役権者に移転する方法があります。これにより、当該地役権は、所有者と地役権者が同一人となるため混同によって消滅します（同法 179 条）。

▶▶ 記録例 1：承役地の甲区

権利部（甲区）（所有権に関する事項）			
順位番号	登記の目的	受付年月日・受付番号	権利者その他の事項
2	所有権移転	令和○年○月○日 第○号	原因　令和○年○月○日民法第 　　２８７条による放棄 所有者　○市○町○番○号 　　甲野太郎

　記録例 1 は、承役地の所有者が、民法 286 条の義務を免れるため、地役権者である甲野太郎に対し、土地の所有権を放棄した場合の例です。

　原因として民法の条文がそのまま記録され、その日付は、承役地の所有者が放棄の意思表示をした日となります。

> ●民法 286 条（承役地の所有者の工作物の設置義務等）
>
> 　設定行為又は設定後の契約により、承役地の所有者が自己の費用で地役権の行使のために工作物を設け、又はその修繕をする義務を負担したときは、承役地の所有者の特定承継人も、その義務を負担する。
>
> ●民法 287 条
>
> 　承役地の所有者は、いつでも、地役権に必要な土地の部分の所有権を放棄して地役権者に移転し、これにより前条の義務を免れることができる。

▶ **記録例 2：承役地の乙区**

順位番号	登記の目的	受付年月日・受付番号	権利者その他の事項

順位番号	登記の目的	受付年月日・受付番号	権利者その他の事項
1	地役権設定	令和○年○月○日 第○号	原因　令和○年○月○日設定 目的　用水使用 範囲　全部 特約　用水は要役地のためにまず使用し承役地の所有者は用水使用のための溝を修繕する義務を負う 要役地 　　○市○町○番

記録例 2 は、地役権に民法 286 条の特約がある例です。

9　共有者の一人が死亡した場合の特別縁故者不存在による移転

　共有者の一人が持分を放棄した場合、または相続人なく死亡したときは、その持分は他の共有者に帰属するとされています（民法 255 条）。また、民法 958 条の 3 では、相続人がいない場合には、特別縁故者は相続財産の一部または全部を取得できるとしています。そこで、共有者が死亡した時に相続人がいない場合、相続財産は共有者が取得するのか特別縁故者

が取得するのか、議論がありましたが、判例は、共有者の一人に相続人がいない場合は、その持分は共有者ではなく特別縁故者に移転するとしました（最判平成元年 11 月 24 日民集 43 巻 10 号 1220 頁）。しかし、特別縁故者がいない場合には、民法 255 条の原則に戻り、他の共有者に持分が移転します。

▶ 記録例

権利部（甲区）（所有権に関する事項）			
順位番号	登記の目的	受付年月日・受付番号	権利者その他の事項
1	所有権保存	平成○年○月○日 第○号	共有者 　○市○町○番○号 　持分2分の1 　甲野太郎 　○市○町○番○号 　2分の1 　乙野花子
付記1号	1 番登記名義人氏名変更	令和○年○月○日 第○号	原因　令和○年○月○日相続人不存在 共有者乙野花子の登記名義人　亡乙野花子相続財産
2	亡乙野花子相続財産持分全部移転	令和○年○月○日 第○号	原因　令和○年○月○日特別縁故者不存在確定 所有者　○市○町○番○号 　持分2分の1 　甲野太郎

> ※　原因日付は、民法 958 条の 3 第 2 項の期間満了日の日または相続財産分与の申立てを却下する旨の審判が確定した日の翌日とし、被相続人の死亡の日から 13 か月の期間の経過後の日であることを要します。

　順位番号 2 番の記録例は、民法 958 条の 3 第 2 項の期間内に特別縁故者からの財産分与の申立てがなかったとき、またはその申立てを却下する旨の審判が確定したときに他の共有者へ不動産を移転する例です。この登記

をする場合には、その前提として、相続人不存在を原因とする登記名義人氏名変更の登記（順位番号1番付記1号の登記）をする必要があります。

　順位番号2番の原因は「特別縁故者不存在確定」です。その日付は、民法958条の3第2項の期間内に特別縁故者から財産分与の申立てがされなかったときは申立期間満了日の翌日、期間内に相続財産分与の申立てはあったが却下する旨の審判が確定したときは却下の審判が確定した日の翌日です（平成3年4月12日民三第2398号民事局長通達『改訂先例・通達集』114頁、『登記研究』523号）。

　なお、この原因日付は、被相続人の死亡の日から13か月の期間経過後の日となります。なぜならば、特別縁故者への財産分与の手続のための法定期間は、民法957条（2月＋2月）、958条（6月）、958条の3第2項（3月）の規定により、最短で13か月要するからです。

●民法957条（相続債権者及び受遺者に対する弁済）
1　第952条第2項の公告（相続財産の管理人の選任の公告）※があった後2箇月以内に相続人のあることが明らかにならなかったときは、相続財産の管理人は、遅滞なく、すべての相続債権者及び受遺者に対し、一定の期間内にその請求の申出をすべき旨を公告しなければならない。この場合において、その期間は、2箇月を下ることができない。
2　（略）
　　※（　）内の記載は編者によるものです。

●民法958条（相続人の捜索の公告）
　前条第1項の期間の満了後、なお相続人のあることが明らかでないときは、家庭裁判所は、相続財産の管理人又は検察官の請求によって、相続人があるならば一定の期間内にその権利を主張すべき旨を公告しなければならない。この場合において、その期間は、6箇月を下ることができない。

●民法 958 条の 3（特別縁故者に対する相続財産の分与）
1　前条の場合において、相当と認めるときは、家庭裁判所は、被相続人と
　生計を同じくしていた者、被相続人の療養看護に努めた者その他被相続人
　と特別の縁故があった者の請求によって、これらの者に、清算後残存すべ
　き相続財産の全部又は一部を与えることができる。
2　前項の請求は、第 958 条の期間の満了後 3 箇月以内にしなければなら
　ない。

10　民法 958 条の 3 の規定による審判による移転

　所有者が死亡して相続人が不存在の場合は、その者の財産は、相続財産
法人となり、家庭裁判所によって選任された相続財産管理人（民法 952 条）
が管理し、家庭裁判所によって相続人捜索のための公告をします（同法
958 条）。なお、相続人はいるが所在不明の場合は、相続人不存在の問題
ではなく、不在者財産管理の問題となります。

　一定の期間を過ぎても相続人の存在が確認できない場合にはその財産は
国庫に帰属するのが原則ですが（同法 959 条）、特別縁故者がいる場合に
は、特別縁故者に帰属します。特別縁故者が相続人捜索の公告期間満了後

> **MEMO　特別縁故者**
>
> 　特別縁故者とは、被相続人と生計を同じくしていた者、被相続人の療養
> 看護に努めた者、その他被相続人と特別の縁故があった者です。自然人と
> は限らず、被相続人が世話になった老人ホームや市町村などでもよいとさ
> れています。
>
> 　特別縁故者は、最後の相続人捜索期間満了後 3 か月以内に財産分与の請
> 求をしなければなりません（民法 958 条の 3 第 2 項）。家庭裁判所は、申
> 立てが相当と認めたときは、清算後残存する相続財産の全部または一部を
> 与えることになります（同 1 項）。

3か月以内に財産の分与を請求した場合（同法958条の3第2項）、家庭裁判所により相当と認められれば、清算後残存する相続財産の全部または一部が与えられます。そのうえで、残った財産があれば国庫に帰属します（同法959条）。

▶ 記録例：特別縁故者に帰属した場合

権利部（甲区）（所有権に関する事項）			
順位番号	登記の目的	受付年月日・受付番号	権利者その他の事項
1	所有権保存	平成○年○月○日 第○号	共有者 ○市○町○番○号 持分2分の1 　甲野太郎 　○市○町○番○号 　2分の1 　乙野花子
付記1号	1番登記名義人氏名変更	令和○年○月○日 第○号	原因　令和○年○月○日相続人不存在 共有者乙野花子の登記名義人　亡乙野 　花子相続財産
2	亡乙野花子相続財産持分全部移転	令和○年○月○日 第○号	原因　令和○年○月○日民法第９５８ 　条の3の審判 共有者　○市○町○番○号 　持分2分の1 　山田めぐみ

　順位番号2番の記録例は、共有者の一人が相続人なくして死亡した場合において、民法958条の3の規定による審判によって、特別縁故者への帰属が認められた場合の例です。

　原因として、民法の条文がそのまま記録されます。原因日付は、審判が確定した日です（昭和37年6月15日民甲第1606号民事局長通達『登記研究』176号）。

　なお、この登記をする前提として、相続人不存在を原因とする登記名義

人氏名変更の登記（順位番号1番付記1号の登記）が必要となります。

11 共有物分割

　各共有者は、いつでも共有物の分割を請求し、共有関係を終了させることができます（民法256条1項）。

　共有物分割には、共有者全員の協議で行う「協議分割」と、裁判所による「裁判分割」があります。裁判分割は共有者間の協議が調わない場合に行われます（民法258条1項）。共有物分割の方法には、現物分割、代金分割（「代価分割」ともいう）、価格賠償（「代償分割」ともいう）の三つがあります。

　現物分割とは、たとえば、三人で共有していた一筆の土地を三筆に分筆するようなことです。代金分割とは、共有物を売却して、その代金を共有者の持分に応じて分配する方法です。価格賠償とは、共有者のうちの一人または数人が他の共有者の持分を全部取得して単独所有または共有とし、共有関係から離脱する共有者に対してその共有持分に相当する代価を補償する方法です。

　「共有物分割」を原因とする所有権の移転登記には、たとえば二筆の土地（甲土地と乙土地）をA・Bが共有していた場合に、「共有物の分割」を原因として、甲土地についてはAからBへの持分全部移転の登記をしてB単独所有とし、乙地についてはBからAへの持分全部移転の登記をしてA単独所有として、各土地の共有関係を終了させるような例が多いです。

　なお、共有物分割は、その結果、単独所有になることが一般的ですが、登記の実例としては、44名の共有する一筆の土地につき、共有物分割を原因として共有者の二人の共有とする移転登記も認められています（『登記研究』367号質疑応答）。

▶ 記録例

権利部（甲区）（所有権に関する事項）			
順位番号	登記の目的	受付年月日・受付番号	権利者その他の事項
2	所有権移転	平成○年○月○日 第○号	原因　平成○年○月○日売買 共有者 　○市○町○番○号 　持分2分の1 　甲野太郎 　○市○町○番○号 　2分の1 　乙川次郎
3	甲野太郎持分全部移転	令和○年○月○日 第○号	原因　令和○年○月○日共有物分割 所有者　○市○町○番○号 　持分2分の1 　乙川次郎

　記録例は、共有財産の共有関係が終了した場合の例です。原因は「共有物分割」であり、その日付は共有物分割の協議の成立した日です。

12　代物弁済

　代物弁済について民法は、弁済をすることができる者（弁済者）が、債権者との間で、債務者の負担した給付に代えて他の給付をすることにより債務を消滅させる旨の契約をした場合において、その弁済者が当該他の給付をしたときは、その給付は、弁済と同一の効力を有するとされています（民法 482 条）。たとえば、借金がある場合に、その借金の返済の代わりに、不動産を譲渡するような場合です。

権利部（甲区）（所有権に関する事項）			
順位番号	登記の目的	受付年月日・受付番号	権利者その他の事項
2	所有権移転	令和○年○月○日 第○号	原因　令和○年○月○日代物弁済 所有者　○市○町○番○号 　乙川次郎

　記録例は、代物弁済により不動産が移転した例です。原因は「代物弁済」であり、その日付は契約の成立した日です。

13　財産分与

　財産分与とは、離婚に際して、夫婦の一方から他方へ財産を分与することをいいます（民法768条1項、771条）。原因日付は、財産分与の契約が成立した日ですが、その日付は離婚と同日かまたは離婚後の日となります。

　離婚をする当事者は、協議によって財産分与をするかどうか決めますが、協議が調わないとき、または協議をすることができないときは、当事者は、家庭裁判所に対して協議に代わる処分（調停・審判）を請求することができます（民法768条2項本文）。ただし、離婚の時から2年を経過したときはこの限りではありません。

▶ 記録例 1：財産分与を原因とする所有権移転

権利部（甲区）（所有権に関する事項）			
順位番号	登記の目的	受付年月日・受付番号	権利者その他の事項
2	所有権移転	平成○年○月○日 第○号	原因　平成○年○月○日売買 所有者　○市○町○番○号 　甲野太郎
3	所有権移転	令和○年○月○日 第○号	原因　令和○年○月○日財産分与 所有者　○市○町○番○号 　甲野花子

　記録例 1 は、財産分与により不動産が移転した例です。原因は「財産分与」であり、その日付は財産分与の契約の成立した日です。

▶ 記録例 2：財産分与を原因とする共有持分の全部移転

権利部（甲区）（所有権に関する事項）			
順位番号	登記の目的	受付年月日・受付番号	権利者その他の事項
3	所有権移転	平成○年○月○日 第○号	原因　平成○年○月○日売買 共有者　甲市○町 1 番 2 号 　持分 2 分の 1 　甲野太郎 　甲市○町 1 番 2 号 　2 分の 1 　甲野花子
付記 1 号	3 番登記名義人住所変更	令和○年○月○日 第 99 号	原因　平成○年○月○日住所移転 共有者甲野花子の住所　乙市○町 3番 4 号
4	甲野太郎持分全部移転	令和○年○月○日 第 100 号	原因　令和○年○月○日財産分与 所有者　乙市○町 3 番 4 号 　持分 2 分の 1 　甲野花子

　記録例 2 は、共有者が他の共有者から持分全部を取得して単有となった場

合の例です。その場合、権利者となる共有者の住所が変更していたので、移転登記の前に住所変更の登記をした例です。

14 相続分の譲渡（贈与または売買）

(1) 相続分の譲渡とは

　共同相続人の一人が遺産分割の前に自己の相続分を第三者に譲渡したときは、他の共同相続人は、その価額及び費用を償還して、その相続分を譲り受けることができるとされています（民法905条1項）。そして、相続分を譲渡されると、共同相続人の一人として有する一切の権利義務は、包括的に譲受人に移り、同時に譲受人は遺産の分割に関与することができるものと解されています。

　なお、相続分の譲渡は第三者に対する場合より、他の共同相続人の一人にされる事例が多いでしょう。それは面倒な遺産分割の手続から抜け出たいという気持ちもあるようです。

　また、第三者といっても全くの他人ではなく、甥・姪・孫などのような身内の者に譲渡されるケースが多いと思われます。

(2) 相続分の譲渡の登記手続

　共同相続人の一人が自己の相続分を第三者に譲渡した場合の登記手続は、いったん、譲渡人を含む共同相続人への相続登記をした後、譲受人が登記権利者、譲渡人が登記義務者となって、相続分の譲渡が無償の場合には「相続分の贈与」、有償の場合には「相続分の売買」を原因とする移転登記をします。なお、「相続分の譲渡」という原因では登記できません。

⑶　相続人間で譲渡された場合

　たとえば、被相続人Ｘの相続人がＡＢＣＤの場合、ＡＢＣの３名がその相続分をＤに譲渡した場合には、相続分の譲渡を原因とする所有権移転登記をすることなく、直接、Ｄ一人を権利者とする相続による所有権移転の登記を申請することができます（昭和 59 年 10 月 15 日民三第 5195 号第三課長回答『改訂先例・通達集』109 頁、『登記研究』444 号）。

▶　記録例：相続分の贈与による場合

権利部（甲区）（所有権に関する事項）			
順位番号	登記の目的	受付年月日・受付番号	権利者その他の事項
3	所有権移転	令和○年○月○日 第○号	原因　令和○年○月○日相続 共有者　○市○町○番○号 　　　持分４分の２ 　　　甲　某 　　　○市○町○番○号 　　　４分の１ 　　　乙　某 　　　○市○町○番○号 　　　４分の１ 　　　丙　某
4	丙某持分全部移転	令和○年○月○日 第○号	原因　令和○年○月○日相続分の贈与※ 共有者　○市○町○番○号 　　　持分４分の１ 　　　丁　某

　　※　相続分を売買した場合には、「相続分の売買」とします。

　記録例は、遺産分割前に丙某が相続人以外の第三者丁某に相続分を贈与したので、その旨の登記をした例です。

15 持分放棄による移転

　共有者の一人がその持分を放棄した場合には、その持分は他の共有者に帰属します（民法255条）。この場合の登記は、放棄者を登記義務者、他の共有名義人を登記権利者として、放棄者の持分全部移転の登記によってします。

　なお、この登記が認められるのは、登記をしている共有者に対してだけであり、登記をしていない共有者に対しては持分放棄を原因とする移転登記はすることができません（昭和60年12月2日民三第5441号民事局長通達『登記研究』459号）。

▶▶ **記録例：持分の放棄による移転**

権利部（甲区）（所有権に関する事項）			
順位番号	登記の目的	受付年月日・受付番号	権利者その他の事項
3	所有権移転	令和○年○月○日第○号	原因　令和○年○月○日相続 共有者　○市○町○番○号 　　持分3分の1 　　甲　某 　　○市○町○番○号 　　3分の1 　　乙　某 　　○市○町○番○号 　　3分の1 　　丙　某
4	丙某持分全部移転	令和○年○月○日第○号	原因　令和○年○月○日持分放棄 共有者　○市○町○番○号 　　持分6分の1 　　甲　某 　　○市○町○番○号 　　6分の1 　　乙　某

　記録例は、共有者丙某がその持分（3分の1）を放棄した結果、他の共有者である甲某及び乙某の持分が各6分の1増加したことを公示しています。

3 | 所有権更正の登記

　更正登記とは、登記事項に錯誤または遺漏があった場合に、当該登記事項を訂正する登記のことをいいます（法2条16号）。

　更正登記は、更正の前後をとおして登記としての同一性が認められる場合でなければ認められないといわれています。したがって、権利に関する登記においては、共有者の一部について誤りがある場合の更正登記は認められますが、たとえば、甲野太郎の単独所有となっている登記を別人である乙川次郎の単独所有にする更正登記は認められません。ただし、甲野めぐみとすべきところを誤って旧姓の山田めぐみで登記したような場合の更正登記は認められます。しかし、この場合は、所有権の更正登記ではなく、所有権登記名義人氏名更正の登記になります。

　権利の変更または更正の登記は、利害関係人の承諾がある場合には付記登記により、承諾がされない場合には主登記によるのが一般的です（法66条）。しかし、所有権更正の登記は、必ず付記登記によってしなければならないので（規則3条2号柱書）、利害関係人の承諾が得られない場合には更正登記をすることができません。

　付記登記は既にされた権利に関する登記に付記されるものであり、既にされた権利に関する登記と一体として公示する必要があるものにされます。また、付記登記の順位は、既にされた権利に関する登記と同順位になります（法4条2項）。たとえば、A・B共有の不動産について、Bの持分にCを抵当権者とする抵当権が設定されている場合、この不動産をA単独所有に更正するにはCの承諾が必要ですが、Cの承諾が得られないからといって主登記でしてしまうと、所有権の更正登記の順位がCの抵

当権設定よりも後順位となり、抵当権設定登記の時には所有者が登記簿上存在しないことになります。このような不都合を避けるためにも、所有権の更正登記は必ず付記登記によることとされているのです。

〈民法改正後の取扱い〉

　民法 95 条が改正され、改正前は錯誤の効果を「無効」としていましたが、改正後は「取消」と改められました（民法 95 条 1 項）。

　錯誤を主張するためには、次の要件が必要とされています。

①　錯誤に基づき意思表示がされていたこと

②　錯誤が法律行為の目的及び取引上の社会通念に照らして重要なものであること

　また、民法 95 条は、表示の錯誤と動機の錯誤とを区別して規定した上で、動機の錯誤については、錯誤の一般的な要件に加え、表意者にとって法律行為の動機となった事情が法律行為の基礎とされていることが表示されていなければ、動機の錯誤による意思表示の効力を否定することはできないとされました（同条 2 項）。

　民法 95 条 1 項に基づき意思表示が取り消されたことにより登記の抹消の申請をするときは、その登記原因は「年月日取消」となります（令和 2 年 3 月 31 日民二第 328 号民事局長通達）。その日付は取り消しの意思表示の効力が発生した日ですが、意思表示は、その通知が相手方に到達したときから効力が生じます（民法 97 条 1 項）。

　なお、同項により意思表示が取り消されることとなるのは、施行日（令和 2 年 4 月 1 日）以後にされた意思表示に限られます。

　錯誤による所有権更正の登記の場合にも、前記通達の適用があり、登記原因を「年月日取消」となるのかは不明です。

▶ 記録例1：甲区

権利部（甲区）（所有権に関する事項）			
順位番号	登記の目的	受付年月日・受付番号	権利者その他の事項
1	所有権保存	平成○年○月○日 第○号	所有者　○市○町○番○号 　　甲野太郎
付記1号	1番所有権更正	令和○年7月7日 第○号	原因　錯誤 共有者 　　○市○町○番○号 　　持分2分の1 　　甲野太郎 　　○市○町○番○号 　　2分の1 　　乙川次郎

※　所有権の更正登記は、必ず付記登記でします。

　記録例1は、甲野太郎と乙川次郎の共有なのに誤って甲野太郎の単独所有として所有権保存登記をしたものを、甲野太郎と乙川次郎の共有に更正した例です。原因は「錯誤」であり、日付は記録されません。更正登記を行うと、従前の所有者の事項に下線が引かれます。

　本件のような所有権保存登記の更正登記は、乙川次郎が登記権利者、甲野太郎が登記義務者となって申請します。登記識別情報は、登記権利者である乙川次郎のみに通知されます。

　更正登記をすることについて登記上の利害関係を有する第三者（抵当権者または地上権者等）がいる場合には、当該第三者の作成した承諾書（印鑑証明書付き）または当該第三者に対抗できる裁判があったことを証する情報が必要となります（令別表の25の項添付情報欄ロ）。

　所有権移転登記の更正の場合、たとえば甲からAへの所有権移転登記がされている場合にA単有をA・B共有名義に更正する場合には、Bが登

記権利者となり、A 及び甲が登記義務者となります（昭和 36 年 10 月 14日民甲第 2604 号民事局長回答『登記研究』170 号）。

▶ **記録例 2：乙区**

権利部（乙区）（所有権以外の権利に関する事項）			
順位番号	登記の目的	受付年月日・受付番号	権利者その他の事項
1	抵当権設定	平成○年○月○日 第○号	（省略）
付記 1 号	1 番抵当権更正	余白	抵当権の目的　甲野太郎持分 甲区 1 番付記 1 号の登記により令和○年 7 月 7 日付記

　※　更正登記をしても、従前の登記の目的には下線を引きません。

　記録例 2 は、記録例 1 による所有権更正登記の結果、抵当権の及ぶ範囲が甲野太郎持分全部に縮減されたために抵当権の目的を「甲野太郎持分」に更正した例です。

　この登記は、登記官が職権で行います。所有権の更正をする以前は抵当権は当該不動産全部に及んでいたことになりますが、乙川次郎は抵当権設定契約の設定者ではないため、所有権の更正登記をしても乙川次郎の持分には抵当権は及ばないので、このような登記をします。したがって、このような抵当権が設定されている場合に所有権の更正登記を申請するときは、抵当権者の作成した承諾書（印鑑証明書付き）または抵当権者に対抗できる裁判があったことを証する情報が必要となります（令別表の 25 の項添付情報欄ロ）。

2 共有名義を単有名義に更正する場合

▶ 記録例1：甲区

順位番号	登記の目的	受付年月日・受付番号	権利者その他の事項
権利部（甲区）（所有権に関する事項）			
2	所有権移転	平成○年○月○日 第100号	原因　平成○年○月○日売買 共有者 　○市○町○番○号 　<u>持分2分の1</u> 　<u>甲野太郎</u> 　<u>○市○町○番○号</u> 　<u>2分の1</u> 　<u>乙川次郎</u>
付記1号	2番所有権更正	令和○年7月7日 第○号	原因　錯誤 所有者　○市○町○番○号 　　　　甲野太郎

　記録例1は、甲野太郎単独の所有なのに、誤って甲野太郎と乙川次郎の共有として登記したものを甲野太郎単独所有に更正した例です。原因は「錯誤」であり、日付は記録されません。更正登記をしたら、従前の所有者の事項に下線を引きます。

　この更正登記は、甲野太郎が登記権利者となり、前の所有権の登記名義人及び乙川次郎が登記義務者となって申請します。更正登記をすることについて登記上の利害関係を有する第三者（抵当権者または地上権者等）がいる場合には、当該第三者の作成した承諾書（印鑑証明書付き）または当該第三者に対抗できる裁判があったことを証する情報が必要となります（令別表の25の項添付情報欄ロ）。

　登記識別情報は、甲野太郎に通知されます。

▶ **記録例2：乙区**

権利部（乙区）（所有権以外の権利に関する事項）			
順位番号	登記の目的	受付年月日・受付番号	権利者その他の事項
1	甲野太郎持分抵当権設定	平成○年○月○日第101号	（省略）
付記1号	1番抵当権更正	余白	抵当権の目的　所有権2分の1甲区2番付記1号の登記により令和○年7月7日付記
2	乙川次郎持分抵当権設定	平成○年○月○日第102号	（省略）
3	2番抵当権抹消	余白	甲区2番付記1号の登記により令和○年7月7日登記

※　更正登記をしても、従前の登記の目的には下線は引きません。

※　抹消登記をした場合には、抹消された登記事項に下線が引かれます。

　記録例2は、誤って甲野太郎と乙川次郎の共有とされていた不動産について、甲野太郎の持分全部（持分2分の1）と乙川次郎の持分全部（持分2分の1）に抵当権が設定されていたところ、甲野太郎の単独所有とする更正登記（記録例1）がされたので、乙区の登記事項を登記官の職権で更正及び抹消した例です。

順位番号1番付記1号：甲野太郎単独所有に更正されても、抵当権が及ぶのは更正前の2分の1だけです。そのため、抵当権の及ぶ範囲を所有権の2分の1に更正しています。この登記は、登記官が職権で行います。なお、この場合、抵当権者には実質的な不利益が生じませんので、抵当権者の承諾は不要です。

　結果として、所有権の一部について抵当権が設定されることになります。通常は所有権の一部に対する抵当権の設定登記は認められないのですが、この場合は例外的に認められます。

順位番号3番：乙川次郎は所有者ではなかったのですから、乙川次郎の

持分に設定していた抵当権は存在する理由がなくなります。そのため、登記官の職権で抹消された例です。

　なお、このような抵当権が設定されている場合に所有権の更正登記を申請するときは、抵当権者の作成した承諾書（印鑑証明書付き）または抵当権者に対抗できる裁判があったことを証する情報が必要となります（令別表の25の項添付情報欄ロ）。

3　三人名義を二人名義に更正する場合

▶▶▶ 記録例1：甲区

権利部（甲区）（所有権に関する事項）			
順位番号	登記の目的	受付年月日・受付番号	権利者その他の事項
2	所有権移転	平成○年○月○日 第○号	原因　平成○年○月○日売買 共有者 　　○市○町○番○号 　　持分3分の1 　　甲野太郎 　　○市○町○番○号 　　3分の1 　　乙川次郎 　　○市○町○番○号 　　3分の1 　　丙田恵子
付記1号	2番所有権更正	令和○年7月7日 第○号	原因　錯誤 共有者 　　○市○町○番○号 　　持分3分の1 　　甲野太郎 　　○市○町○番○号 　　3分の2 　　乙川次郎

　記録例1は、二人の共有なのに誤って三人の共有として登記したものを

二人の共有に更正した例です。

　原因は「錯誤」であり、日付は記録されません。更正登記をすると、従前の所有者の事項に下線が引かれます。

　なお、登記から抹消される丙田恵子の持分に対して登記上の利害関係を有する第三者（抵当権者または地上権者等）がいる場合には、当該第三者の作成した承諾書（印鑑証明書付き）または当該第三者に対抗できる裁判があったことを証する情報が必要となります（令別表の 25 の項添付情報欄ロ）。

▶ 記録例 2：乙区

権利部（乙区）（所有権以外の権利に関する事項）			
順位番号	登記の目的	受付年月日・受付番号	権利者その他の事項
2	抵当権設定	平成○年○月○日 第○号	（省略）
付記 1 号	2 番抵当権更正	余白	抵当権の目的　所有権 3 分の 1 （甲野太郎持分） 3 分の 1 （乙川次郎持分の一部） 甲区 2 番付記 1 号の登記により令和○年 7 月 7 日付記

　記録例 2 は、共有者の持分全部（甲野太郎持分 3 分の 1、乙川次郎持分 3 分の 1、丙田恵子持分 3 分の 1）に対して抵当権を設定したが、丙田恵子は所有者ではなかったとする所有権の更正登記（記録例 1）に伴い、登記官が職権で更正した例です。

　抵当権は甲野太郎持分 3 分の 1、乙川次郎持分 3 分の 1、丙田恵子持分 3 分の 1 に対して設定されましたが、丙田恵子は所有者ではなかったのですから、丙田恵子に対する抵当権は最初から存在しないことになります。また、所有権の更正登記の結果、乙川次郎の持分が増えますが、乙川次郎は自己の持分である 3 分の 1 にしか抵当権を設定していないので、所有権

の更正登記で持分が増えても、その増えた持分について抵当権が当然に及ぶことにはなりません。その結果、乙川次郎の持分の一部に対しての抵当権設定登記がされることになります。通常は所有権の一部に対する抵当権設定登記は認められないのですが、この場合は例外的に認められます。

　なお、このような抵当権が設定されている場合に所有権の更正登記を申請するときは、抵当権者の作成した承諾書（印鑑証明書付き）または抵当権者に対抗できる裁判があったことを証する情報が必要となります（令別表の 25 の項添付情報欄ロ）。

4 | 買戻しの特約の登記

　不動産の売主は、売買契約と同時に買戻しの特約をすることによって、買主が支払った代金（別段の合意をした場合にあっては、その合意により定めた金額）と契約の費用を返還して、売買契約を解除し、不動産の所有権を取り戻すことができます（民法 579 条）。

　この買戻特約も、登記をすることによって第三者に対抗することができます（同法 581 条 1 項）。つまり、この特約の登記の後にその不動産を買った場合や、その不動産に抵当権を設定したような人に対しては、買戻権者が買戻権を行使した場合にはことごとくそれらの権利を否定することができます。したがって、買戻特約の登記がされている不動産を買う場合には、注意が必要です。

　この買戻しの期間は 10 年を超えることができないと定められ（同法 580 条 1 項）、特約でこれ以上長い期間をもって定めても、すべて 10 年に短縮されます。買戻しについて期間を定めたときは、その後にこれを伸長することはできません（同 2 項）。また、買戻期間を定めなかったときは、5 年以内に買い戻さなければなりません（同 3 項）。

　買戻しの特約は不動産の売買契約と同時になされ、その特約の登記は、売買による所有権移転登記の申請と同時に別の申請書で申請します。両申請は同一番号で受け付けられ、買戻特約の登記は売買の付記登記でされます（規則 3 条 9 号）。

▶▶▶ 記録例１：所有権を目的とする場合

権利部（甲区）（所有権に関する事項）			
順位番号	登記の目的	受付年月日・受付番号	権利者その他の事項
1	所有権保存	平成○年○月○日 第○号	所有者　○市○町○番○号 　　　　乙川次郎
2	所有権移転	令和○年○月○日 第１００号	原因　令和○年○月○日売買 所有者　○市○町○番○号 　　　　甲野太郎
付記１号	買戻特約	令和○年○月○日 第１００号※1	原因　令和○年○月○日特約 売買代金　金３，０００万円※2 契約費用　なし 期間　令和○年○月○日から何年間 買戻権者　○市○町○番○号 　　　　　乙川次郎

※１　所有権移転登記と買戻特約の登記の受付番号は同一の番号となります。

※２　当事者の別段の合意で定めた金額の場合は、「合意金額　金何万円」とします。

　記録例１は、甲野太郎が不動産を乙川次郎から買い、買戻特約付きの所有権移転登記をした例です。

原因：それぞれ「売買」と「特約」になります。その日付は売買契約の成立した日であり、買戻特約の日と売買契約の日は同じなのが一般的です。しかし、所有権移転の時期に特約がある場合には、売買の日付と特約の日付が異なる場合もあります（『登記研究』689号質疑応答）。

売買代金：買主が支払った売買代金（民法579条の別段の合意をした場合にあっては、その合意により定めた金額）であり、必ず登記しなければなりません（法96条）。売買代金を数回に分けて支払う場合には、次のように記録します（『登記研究』536号質疑応答）。

> 売買代金
> 　　支払済代金　　金○万円
> 　　総代金　　　　金○万円

契約費用：契約書作成の費用など売買契約締結のために買主が現実に支払った費用であり、必ず登記しなければなりません（法96条）。契約費用がない場合には、「なし」と記録されます。

期間：買戻期間のことで、その定めがあるときのみ登記します（法96条）。この期間は、10年を超えることができません。買戻期間を定めていないときは、売買契約の日から5年で満了します。

買戻権者：不動産の売主（所有権の登記名義人）の住所、氏名が記録されます。

MEMO　買戻権の特約と付記登記

　買戻しの特約の登記は、「不動産登記法の一部を改正する等の法律」（昭和35年法律第14号）が施行される前は、所有権移転登記の登記事項の一部として記載されていました。

　しかし、買戻特約の登記は、当該不動産に関する権利を取得する予定のある者等にとっては、重大な特約です。この登記を見落として取引をすると、後で買戻権者に買戻しをされても、自己の権利を主張することができません（民法581条1項）。また、買戻権そのものが財産権の一部として考えられていますので、買戻権の移転登記の方法も考えざるをえません。この買戻権の特約が所有権の登記事項の中にされている場合には、その特約だけを移転するというような登記は技術的にむずかしく、わかりにくいものになります。

　そういったことなどから、買戻権の特約の登記が見落とされないためにも、付記登記によってするものとされています。

▶▶▶ 記録例2：地上権を目的とする場合

権利部（乙区）（所有権以外の権利に関する事項）			
順位番号	登記の目的	受付年月日・受付番号	権利者その他の事項
1	地上権設定	平成○年○月○日 第○号	（省略） 地上権者　○市○町○番○号 　　乙川次郎
付記1号	1番地上権移転	令和○年○月○日 第１００号	原因　令和○年○月○日売買 地上権者　○市○町○番○号 　　甲野太郎
付記1号の付記1号	買戻特約	令和○年○月○日 第１００号[※1]	原因　令和○年○月○日特約 売買代金　金○万円[※2] 契約費用　金○万円 期間　令和○年○月○日から何年間 買戻権者　○市○町○番○号 　　乙川次郎

※1　地上権移転登記と買戻特約の登記の受付番号は同一の番号となります。

※2　当事者の別段の合意で定めた金額の場合は、「合意金額　金何万円」とします。

　記録例2は、地上権を買戻特約付きで売買した例です。その場合の買戻特約の登記は、地上権移転登記が付記登記でされますので（規則3条4号）、それに付記するため、付記登記の付記登記で行います。

5 | 登記名義人の表示変更
または更正の登記

　所有者の住所、氏名または名称に変更が生じた場合には、当該所有者は単独で所有権の登記名義人の表示変更登記を申請することができます。この場合の登記の原因には、「住所移転」、「本店移転」、「主たる事務所移転」、「氏名変更」、「商号変更」等があります。

　また、所有者の住所や氏名または名称に誤りがある場合には、所有権の登記名義人の表示更正登記を申請することができます。その場合の原因は「錯誤」であり、原因の日付は記録されません。

　登記名義人の表示変更（更正）登記は、付記登記によってされます（規則3条1号）。この登記は既に登記してある登記名義人の住所、氏名または名称についての変更または更正をすることであり、登記名義人の主体にはなんら変更を生じさせるものではありません。よって、既にしてある登記と一体として公示する必要があるため、付記登記によってすることに

MEMO　**DV防止法の被支援措置者と住所変更の要否**

　所有権の移転の登記の申請に当たり、その登記義務者が登記記録上の住所から移転している場合には、その所有権の移転の登記の前提として、登記記録上の住所を現在の住所へ変更する旨の登記名義人の住所変更の登記をする必要があります。しかし、その登記義務者が配偶者から暴力を受け、いわゆるDV防止法の支援措置を受けている者である場合には、支援措置を受けていることを証する情報等を提供した場合等には住所変更の登記をすることを要しないとされています（平成25年12月12日民二第809号第二課長通知『改訂先例・通達集』74頁、『登記研究』808号）。

なっています。

1 住所移転

▶▶▶ **記録例1：所有者の住所が移転した場合**

権利部（甲区）（所有権に関する事項）			
順位番号	登記の目的	受付年月日・受付番号	権利者その他の事項
2	所有権移転	平成○年○月○日 第○号	原因　平成○年○月○日売買 所有者　渋谷区○町二丁目○番○号 　　　　甲野太郎
付記1号	2番登記名義 人住所変更	令和○年○月○日 第○号	原因　令和○年○月○日住所移転 住所　埼玉県○市○町○番○号

※　変更前の住所に下線が引かれます。

　記録例1は、所有権の登記名義人の住所が移転した例です。付記1号の原因として住所移転した日とその旨、さらに移転後の現在の住所が記録されています。

　住所が数回移転した場合にも、中間の住所を登記しないで直接、現在の住所に変更します。その場合には、最後の住所移転の日を記録しますが、登記申請書には、登記簿に記録されている住所から現在の住所までの変更事項がわかる変更証明書（住民票の写しまたは戸籍の附票の写し）を添付します。

▶▶ 記録例2：共有者の一人の住所が移転した場合

権利部（甲区）（所有権に関する事項）			
順位番号	登記の目的	受付年月日・受付番号	権利者その他の事項
2	所有権移転	平成○年○月○日 第○号	原因　平成○年○月○日売買 共有者 　渋谷区○町二丁目○番○号 　持分2分の1 　甲野太郎 　渋谷区○町二丁目○番○号 　2分の1 　甲野花子
付記1号	2番登記名義 人住所変更	令和○年○月○日 第○号	原因　令和○年○月○日住所移転 共有者甲野太郎の住所　埼玉県○市 ○町○番○号

※　変更前の住所に下線が引かれます。

　記録例2は、共有者の一人である甲野太郎の住所が移転した例です。権利者その他の事項欄に、誰の住所が変更したのかがわかるよう、「共有者甲野太郎の住所」と記録されています。

▶▶ 記録例3：2回にわたり所有権を取得して単有となった者の住所移転

権利部（甲区）（所有権に関する事項）			
順位番号	登記の目的	受付年月日・受付番号	権利者その他の事項
2	所有権移転	平成20年○月○日 第○号	原因　平成○年○月○日売買 所有者　甲市○町○番○号 　　　持分2分の1 　　　甲野太郎 　　　<u>甲市○町○番○号</u> 　　　2分の1 　　　甲野花子
付記1号	2番登記名義 人住所変更	令和○年○月○日 第100号	原因　令和○年○月○日住所移転 共有者甲野花子の住所 　　　乙市○町○番○号
3	甲野太郎持分 全部移転	平成30年○月○日 第○号	原因　平成○年○月○日財産分与 所有者　<u>○市○町○番○号</u> 　　　甲野花子
付記1号	3番登記名義 人住所変更	令和○年○月○日 第100号	原因　令和○年○月○日住所移転 　　　乙市○町○番○号

　※　変更前の住所に下線が引かれます。

　記録例3は、甲野花子が2回にわたり所有権を取得した後に、住所移転した場合の例です。その場合、2番付記1号の場合、実体上は既に甲野花子の単有ではあるが、2番登記は形式上共有となっているため、「共有者甲野花子の住所」と記録します。

記録例 4：会社の本店が移転した場合

権利部（甲区）（所有権に関する事項）			
順位番号	登記の目的	受付年月日・受付番号	権利者その他の事項
2	所有権移転	平成○年○月○日 第○号	原因　平成○年○月○日売買 所有者　渋谷区○町二丁目○番○号 　　株式会社A
付記1号	2番登記名義 人住所変更	令和○年○月○日 第○号	原因　令和○年○月○日本店移転 本店　港区○町三丁目○番○号

　※　変更前の本店に下線が引かれます。

　記録例 4 は、会社の本店が移転した例です。会社の本店移転の場合でも登記の目的は「○番登記名義人住所変更」とし、「本店変更」とはしません。ただし、原因は記録例のように「本店移転」として、移転後の本店が表示されます。

2　氏名変更

記録例 1：氏名の変更

権利部（甲区）（所有権に関する事項）			
順位番号	登記の目的	受付年月日・受付番号	権利者その他の事項
2	所有権移転	平成○年○月○日 第○号	原因　平成○年○月○日売買 所有者　○市○町○番○号 　　甲野次郎
付記1号	2番登記名義 人氏名変更	令和○年2月4日 第○号	原因　令和○年2月1日氏名変更 氏名　山田次郎

　※　変更前の氏名に下線が引かれます。

　記録例 1 は、甲野次郎が令和○年 2 月 1 日に氏名を甲野次郎から山田次

郎に変更した例です。氏名変更の理由は、登記簿からはわかりません。

氏名変更の原因には、婚姻、離婚、養子縁組、離縁、帰化等があります
が、登記原因はすべて「氏名変更」です。これらの氏名変更は、原則とし
て戸籍の届出によって効力が生じますので（民法739条、750条、764条、
767条、799条、戸籍法74条、107条、107条の2等）、原因の日付は、市
区町村への届出の日となります（『登記研究』350号質疑応答、501号質疑
応答）。ただし、裁判上の離婚及び離縁の場合は、裁判が確定（調停成立、
和解成立、請求認諾）した時に効力が生じますので、戸籍に記録された裁
判確定日（調停成立日、和解成立日、請求認諾日）が原因の日付となります。

なお、帰化による氏名変更の場合は、戸籍に記録されている「帰化日」
ではなく、「届出日」が原因の日付となります。

▶▶ 記録例2：共有者の氏名が変更した場合

権利部（甲区）（所有権に関する事項）			
順位番号	登記の目的	受付年月日・受付番号	権利者その他の事項
2	所有権移転	平成○年○月○日 第○号	原因　平成○年○月○日売買 所有者　○市○町○番○号 　持分2分の1 　甲野太郎 　○市○町○番○号 　2分の1 　甲野花子
付記1号	2番登記名義 人氏名変更	令和○年○月○日 第○号	原因　令和○年○月○日氏名変更 共有者甲野花子の氏名 　乙野花子

　※　変更前の氏名に下線が引かれます。

記録例2は、共有者の甲野花子の氏名が乙野花子に変更した場合の記録
例です。その場合、共有者のうちだれの氏名が変更したのかわかるように
旧氏名で特定します。

3　住所移転と氏名変更

▶ 記録例

権利部（甲区）（所有権に関する事項）			
順位番号	登記の目的	受付年月日・受付番号	権利者その他の事項
2	所有権移転	平成○年○月○日 第○号	原因　平成○年○月○日売買 所有者　○市○町○番○号 　　甲野花子
付記1号	2番登記名義人住所、氏名変更	令和○年○月○日 第○号	原因　令和○年○月○日氏名変更 　　令和○年○月○日住所移転 氏名住所　○市○町○番○号 　　山田花子

※　変更前の住所、氏名に下線が引かれます。

　記録例は、甲野花子が令和○年○月○日に氏名を変更し、令和○年○月○日に住所を移転した例です。

4　住所の更正

▶ 記録例

権利部（甲区）（所有権に関する事項）			
順位番号	登記の目的	受付年月日・受付番号	権利者その他の事項
2	所有権移転	令和○年9月5日 第○号	原因　令和○年○月○日売買 所有者　渋谷区○町二丁目○番○号 　　甲野太郎
付記1号	2番登記名義人住所更正	令和○年○月○日 第○号	原因　錯誤 住所　港区○町三丁目○番○号

※　更正前の住所に下線が引かれます。

記録例は、登記をする際に現住所と異なる住所を登記してしまったため、正しい住所に更正した例です。原因は「錯誤」であり、日付は記録されません。

　所有権移転登記の申請を代理人に委任した時点では旧住所であったため旧住所の住民票の写しを交付したが、登記申請をする時点では新住所に移転していたような場合に、旧住所の住民票の写しを添付して申請をしてしまい錯誤が生じることはよくあります。

　なお、所有権移転登記の申請日と住所移転の日が同一の場合（たとえば、記録例によると９月５日に住所移転した場合）には、申請は住所移転による変更登記によっても、また住所更正の登記によってもどちらでも差し支えありません。通常は、住所移転による登記名義人住所変更登記が申請されるのが一般的です。

5　住居表示の実施による変更

▶▶▶ 記録例1：住居表示の実施

権利部（甲区）（所有権に関する事項）			
順位番号	登記の目的	受付年月日・受付番号	権利者その他の事項
2	所有権移転	平成○年○月○日第○号	原因　平成○年○月○日売買所有者　○市○町○番地　　　　甲野太郎
付記1号	2番登記名義人住所変更	令和○年○月○日第○号	原因　令和○年○月○日住居表示実施住所　○市○町○番○号

　　※　変更前の住所に下線が引かれます。

　記録例1は、所有権の登記名義人の住所につき住居表示の実施がされた場合の例です。

　住居表示とは、従来の地番によって住所を表示する方法に代えて、都道

府県、郡、市（特別区を含む）、区及び町村の名称を冠する住居番号によって表示するものであり、次のいずれかの方法によるものとされています。

① 街区方式：市町村内の町または字の名称並びに当該町または字の区域を道路、鉄道もしくは軌道の線路その他の恒久的な施設または河川、水路等によって区画した場合におけるその区画された地域（街区）につけられる符号及び当該街区内にある建物その他の工作物につけられる住居表示のための番号（住居番号）を用いて表示する方法をいいます（住居表示に関する法律2条1号）。

② 道路方式：市町村内の道路の名称及び当該道路に接し、または当該道路に通ずる通路を有する建物その他の工作物につけられる住居番号を用いて表示する方法をいいます（同条2号）。

　住居表示が実施されても、登記名義人の住所が自動的に変更されるものではないため、その登記名義人が住所変更の登記を申請しなければ変更されません。その場合、登録免許税は住居表示実施の証明書を添付した場合には、非課税となります（免許税法5条4号、登録免許税法施行規則1条1号）。住居表示実施の証明書は、住居表示を実施した市区町村で発行しています。

▶ 記録例2：住所移転後に住居表示が実施された場合

権利部（甲区）（所有権に関する事項）			
順位番号	登記の目的	受付年月日・受付番号	権利者その他の事項
2	所有権移転	平成○年○月○日第○号	原因　平成○年○月○日売買 所有者　甲市○町○番○号 　　　　甲野太郎
付記1号	2番登記名義人住所変更	令和○年○月○日第○号	原因　平成○年○月○日住所移転 　　　令和○年○月○日住居表示実施 住所　乙市○町○番○号

　※　変更前の住所に下線が引かれます。

記録例2は、住所移転した後に、その旨の登記をする前に住居表示の実施がされた場合の例です。その場合、原因として住所移転と住居表示実施が記録されますが、住所は住居表示実施後の現在の住所が記録されます。その場合、登録免許税は住居表示実施の証明書を添付した場合には、非課税となります（免許税法5条4号、登録免許税法施行規則1条1号）。

▶▶ **記録例3：住居表示実施後、住所移転した場合**

権利部（甲区）（所有権に関する事項）			
順位番号	登記の目的	受付年月日・受付番号	権利者その他の事項
2	所有権移転	平成○年○月○日 第○号	原因　平成○年○月○日売買 所有者　甲市○町○番地 　　甲野太郎
付記1号	2番登記名義人住所変更	令和○年○月○日 第○号	原因　平成○年○月○日住居表示実施 　　令和○年○月○日住所移転 住所　乙市○町○番○号

　※　変更前の住所に下線が引かれます。

　記録例3は、住居表示の実施後に、住所移転した場合の例です。

6 行政区画の変更と住所移転

　住所移転した後に、その住所について区政施行などの地番変更を伴わない行政区画の変更が行われた場合の記録例です。

　この場合、変更原因を二つ記載するのか、「年月日住所移転」のみでよいのか、疑義のあるところでした。なぜならば、地番変更を伴わない区政施行の場合は、いわゆるみなし規定がはたらくため（規則92条）、あえて変更登記を要しないとされているためです。

　しかし、下記記録例のように原因を「平成○年○月○日住所移転、令和

〇年〇月〇日区政施行」と二つ記載するとされました（平成 22 年 11 月 1 日民二第 2759 号第二課長通知『改定先例・通達集』72 頁、『登記研究』755 号）。

　この場合、区政施行による変更証明書を添付した場合には、非課税となります（免許税法 5 条 5 号）。

▶　**記録例：住所移転後行政区画の変更があった場合**

権利部（甲区）（所有権に関する事項）			
順位番号	登記の目的	受付年月日・受付番号	権利者その他の事項
2	所有権移転	平成〇年〇月〇日 第〇号	原因　平成〇年〇月〇日売買 所有者　〇市〇町〇番〇号 　　　　甲野太郎
付記 1 号	2 番登記名義人住所変更	令和〇年〇月〇日 第〇号	原因　平成〇年〇月〇日住所移転 　　　令和〇年〇月〇日区政施行 住所　〇市〇区〇町〇番〇号

　※　変更前の住所に下線が引かれます。

7　代位による変更登記

　代位登記とは、当該登記をしなければ自己の登記請求権またはその他の権利を保全できない場合に、債権者が民法 423 条の 7 によって債務者に代わって登記を申請することです。

　たとえば、判決による所有権移転登記、差押え等の登記を申請する場合に、その不動産の所有者の住所が現在の住所と相違する場合には、住所変更の登記をしなければ所有権移転または差押えの登記を申請することができません（法 25 条 7 号）。そこで、債務者である所有者が申請すべき登記を債権者が代わってする場合に、代位登記を行います。また、所有権がＡからＢ、ＢからＣへと移転したにもかかわらず、ＡからＢへの所有権移転登記がされていないような場合には、Ｃは自己名義にする移転登記が

できません。その場合、ＣはＢの有する所有権移転登記請求権を代位行使して、ＡからＢへの所有権移転登記をすることができます。

▶▶ 記録例：代位による登記名義人の住所の変更登記

権利部（甲区）（所有権に関する事項）			
順位番号	登記の目的	受付年月日・受付番号	権利者その他の事項
2	所有権移転	平成○年○月○日 第○号	原因　平成○年○月○日売買 所有者　○市○町○番○号 　　　　甲野太郎
付記1号	2番登記名義 人住所変更	令和○年○月○日 第○号	原因　令和○年○月○日住所移転 住所　○市○町○番○号 代位者　○県 代位原因　令和○年○月○日滞納処 　　　　分の差押

　たとえば、官公署が差押えの登記を嘱託する場合には、嘱託書には当該不動産の所有者である債務者の住所、氏名または名称を記載しますが、所有権の登記名義人の住所が変更したにもかかわらず登記名義人がその旨の変更登記をしていなければ、嘱託書記載の住所と登記簿上の住所が異なるので、その登記は却下され（法25条7号）、差押えの登記嘱託ができません。そのため、記録例では、当該所有権の登記名義人に代わって、債権者が差押えの前提として住所変更の登記を申請しています。

　その場合、登記の申請書または嘱託書に、代位者の氏名または名称及び住所ならびに代位原因（債権者が債務者に対して有する基本債権の発生原因）を記載します（令3条4号）。

〈主な代位原因〉

「令和○年○月○日設定の抵当権設定登記請求権」

「令和○年○月○日売買の所有権移転登記請求権」

「令和○年○月○日収用の所有権移転登記請求権」

MEMO　嘱託登記（しょくたく）

　登記の申請は、原則として当事者の申請または官庁もしくは公署の嘱託がなければ、することができないとされています（法 16 条 1 項）。登記のなかで、官庁または公署の嘱託によってされる登記を「嘱託登記」といいます。権利に関する登記は登記権利者と登記義務者が共同申請するのが原則ですが、嘱託登記は官庁または公署の嘱託によってすることができます（法 116 条）。しかし、申請による登記手続に関する規定が多く準用されているので（法 16 条 2 項）、実質的には申請による登記手続とは異なることはないといえます。

6 差押えの登記

　差押えとは、民事執行法等によってその権利の処分を制限することであり、差押えの登記とは、法3条でいうところの処分の制限の登記の一種です。

　差押えの登記には、主に強制執行による競売と担保権の実行による競売とがあります。強制競売の開始決定または担保不動産競売開始決定がされたときは、裁判所書記官は、直ちに、その開始決定に係る差押えの登記を嘱託しなければなりません（民事執行法48条1項、188条）。そして、登記官は、嘱託に基づいて差押えの登記をしたときは、その登記事項証明書を執行裁判所に送付しなければなりません（同法48条2項、188条）。

　競売開始決定は、目的不動産を差し押さえることを目的とするものであり、この決定が債務者（不動産の所有者）に送達された時に差押えの効力、すなわち処分禁止の効力が生じます。ただし、差押えの登記がその開始決定の送達前にされたときは、登記がされた時に差押えの効力が生じます（同法46条1項、188条）。

　決定がされると、債務者は、目的不動産を譲渡し、または抵当権等を設定する等の処分ができなくなります。しかし、差押えの効力が生じても、債務者（所有者）は目的物の使用収益は継続してできますし、第三者への売買や抵当権設定等ができなくなるとはいえ、この処分行為は競売手続に関する限り無効となるだけです。たとえば、この競売の申立てが取り下げられたときは、その処分は有効となるのですから、差押え後も債務者は、第三者に売買、抵当権設定等の処分をすることができます。

　したがって、差押えの登記がされていても所有権移転または抵当権設定

等の登記申請は受理されます。しかし、これらは、差押権者には対抗できませんので、競売の手続の上では無視されます。したがって、差押えの登記がされている不動産を取引の対象とする場合には、その点をよく理解してからするべきです。

不動産の競売が実行され、買受人が代金を納付したときは、裁判所書記官は、次に掲げる登記及び登記の抹消を嘱託しなければなりません（同法82条1項）。

① 　買受人の取得した権利の移転の登記
② 　売却により消滅した権利または売却により効力を失った権利の取得もしくは仮処分に係る登記の抹消
③ 　差押えまたは仮差押えの登記の抹消

1 担保権の実行としての差押えの登記

不動産（民事執行法43条2項の規定により不動産とみなされるものを含む）に抵当権（根抵当権を含む）、質権、先取特権などの担保物権を設定している場合に、債務者が債務を履行しないときにこれらの担保物権に基づいて競売の申立てをすることを「担保権の実行としての競売」といいます。競売申立ての手続要件が満たされているときは、担保不動産競売開始決定がなされ、裁判所書記官により担保権の実行としての差押えの登記が嘱託されます（同法48条1項、188条）。この差押えの登記により、当該不動産に担保不動産競売開始の決定がされていることが公示され、第三者に対しても差押えの効力が及ぶことになります。

不動産を目的とする担保権の実行は、債権者の選択により、担保不動産競売もしくは担保不動産収益執行の方法により行われます（同法180条）。担保不動産競売の開始決定に係る差押えの登記の目的は「差押」であり、登記原因の記載は「○地方裁判所（○支部）担保不動産競売開始決定」です。登記原因の日付は、開始決定がされた日です（平成16年3月25日民

二第 864 号民事局長通達『登記研究』677 号)。

▶▶ 記録例 1：甲区

権利部（甲区）（所有権に関する事項）			
順位番号	登記の目的	受付年月日・受付番号	権利者その他の事項
2	所有権移転	平成○年○月○日 第○号	原因　平成○年○月○日売買 所有者　○市○町○番○号 　　　　甲野太郎
<u>3</u>	差押	令和○年○月○日 第○号	原因　令和○年○月○日甲地方裁判 　　所担保不動産競売開始決定 債権者　○市○町○番○号 　　　　株式会社A銀行
<u>4</u>	差押	令和○年○月○日 第○号	原因　令和○年○月○日甲市役所差 　　押 債権者　甲市
5	所有権移転	令和○年7月1日 第10000号	原因　令和○年○月○日担保不動産 　　競売による売却 所有者　○市○町○番○号 　　　　乙川次郎
6	3番差押登 記抹消	令和○年7月1日 第10000号	原因　令和○年○月○日担保不動産 　　競売による売却
7	4番差押登 記抹消	令和○年7月1日 第10000号	令和○年7月1日5番の登記をした ので滞納処分と強制執行等との手 続の調整に関する法律第32条の 規定により抹消

順位番号 3 番：担保権者の申立てにより裁判所が担保権の実行として担保不動産競売の開始決定に係る差押えをした登記です。差押えの登記は、裁判所書記官の嘱託によって行われます（民事執行法48条準用）。原因は「○地方裁判所（○支部）担保不動産競売開始決定」であり、その日付は開始決定がされた日です。

順位番号 5 番：競売が実行され、競落人へ売却された登記です。原因は

「担保不動産競売による売却」であり、その日付は買受人が代金を納付した日です。この登記は、裁判所書記官の嘱託により行われます。また、順位番号5番と6番の登記は同じ嘱託書によって行われます。不動産競売の買受人は、代金を納付した時に所有権を取得します（同法79条準用）。

順位番号6番：競売が実行され、差押えが終了したので、裁判所書記官の嘱託により差押登記を抹消した例です。この登記をすると、順位番号3番の差押え登記の事項に下線が引かれます。

順位番号7番：滞納処分による差押えの登記がある不動産について競売による権利移転の登記をしたときは、滞納処分に関する差押え及び参加差押えの登記を抹消しなければならないとされており（滞納処分と強制執行等との手続の調整に関する法律32条、36条、『登記研究』444号質疑応答）、順位番号7番では、それに基づいて登記官が職権でする抹消登記を行ったことが記録されています。この登記をすると、順位番号4番の登記事項に下線が引かれます。

▶ 記録例2：乙区

権利部（乙区）（所有権以外の権利に関する事項）			
順位番号	登記の目的	受付年月日・受付番号	権利者その他の事項
1	抵当権設定	平成○年○月○日第○号	（省略）
2	根抵当権設定	平成○年○月○日第○号	（省略）
3	1番抵当権、2番根抵当権抹消	令和○年7月1日第10000号	原因　令和○年○月○日担保不動産競売による売却

> ※　嘱託に係る抹消すべき権利の登記が数個ある場合には、その登記の抹消は一括してすることができます。

不動産の上に存在する先取特権、使用及び収益をしない旨の定めのある質権ならびに抵当権は、売却により消滅します（民事執行法59条1項、188条）。記録例2は、売却により消滅した抵当権及び根抵当権が抹消された例です。この登記は、裁判所書記官の嘱託により、競売による売却の登記と同じ嘱託書で行われます。

●滞納処分と強制執行等との手続の調整に関する法律
　32条（差押登記のまつ消）
　登記官は、第30条の不動産について強制競売による権利移転の登記をしたときは、滞納処分に関する差押及び参加差押の登記をまつ消しなければならない。
●同法36条（競売の開始決定後の滞納処分）
　第29条から第33条までの規定は、競売の開始決定があった不動産又は船舶に対する滞納処分に関して準用する。

2　担保不動産収益執行開始決定に係る差押えの登記

抵当権等の担保が設定されている不動産が大規模の貸しビルであった場合には、これを売却するよりも賃料等の収益から優先弁済を受けるほうが得な場合があります。その場合の手続として、担保不動産収益執行の制度があります（民事執行法180条2号）。担保不動産収益執行に関しては、強制管理に関する規定（同法93条から111条）が準用されます（同法188条）。強制管理については後掲④を参照）。

担保不動産収益執行の申立てがあると、執行裁判所は担保不動産収益執行の開始決定をし、担保不動産の差押えを宣言して管理人を選任します（同法94条1項）。管理人は、執行裁判所の監督のもとに担保不動産を管理し、賃料等を収取します。

▶ **記録例**

権利部（甲区）（所有権に関する事項）			
順位番号	登記の目的	受付年月日・受付番号	権利者その他の事項
2	所有権移転	平成○年○月○日 第○号	原因　平成○年○月○日売買 所有者　○市○町○番○号 　　甲野太郎
3	差押	令和○年○月○日 第○号	原因　令和○年○月○日甲地方裁判 　所担保不動産収益執行開始決定 債権者　○市○町○番○号 　　株式会社Ａ銀行

　記録例は、担保不動産収益執行の開始決定に係る差押えの例です。登記の目的は「差押」です。原因は「○地方裁判所（○支部）担保不動産収益執行開始決定」であり、その日付は開始決定がされた日です（平成16年3月25日民二第864号民事局長通達『登記研究』677号）。

　もっとも、この登記の実例は少ないです。

3 強制競売開始決定による差押えの登記

　強制競売は、執行力のある債務名義の正本を有する債権者の申立てが管轄する地方裁判所にされたときに行われます。

　不動産に対する強制執行の方法には、強制競売と強制管理の二つがあります。債権者は、このいずれかまたは両者を併用して申立てをすることができます（民事執行法43条1項）。申立てがあると、執行裁判所は、申立てが適法と認められれば強制競売または強制管理の開始決定をし、それと同時に債権者のために当該不動産を差し押さえる旨の宣言をします（同法45条1項）。強制競売または強制管理の開始決定がされた場合には、裁判所書記官は、直ちに、開始決定に係る差押えの登記を嘱託しなければなりません（同法48条1項、111条）。

権利部（甲区）（所有権に関する事項）			
順位番号	登記の目的	受付年月日・受付番号	権利者その他の事項
2	所有権移転	平成○年○月○日 第○号	原因　平成○年○月○日売買 所有者　○市○町○番○号 　甲野太郎
3	差押	令和○年○月○日 第○号	原因　令和○年○月○日甲地方裁判 所強制競売開始決定 債権者　○市○町○番○号 　乙川次郎

　記録例は、強制競売開始決定による差押えの登記の例です。原因は「令和○年○月○日○地方裁判所（○支部）強制競売開始決定」であり、その日付は開始決定がされた日です（昭和55年8月28日民三第5267号民事局長通達『登記研究』394号）。

　差押えによって、債務者は差押財産の処分権を失います。ここでいう処分とは、当該不動産の売却、担保権・用益権の設定等のことです。

　もし債務者が処分禁止に違反して差押財産を処分したとしても、その処分は差押権者に対抗できません。処分の当事者間ではその処分は有効なので、差押えの登記がされている不動産に対して所有権移転等の登記申請がされた場合でも受理されますが、競売が実行されれば、差押え後にされた登記は抹消されます（民事執行法59条1項、82条1項2号）。

4　強制管理開始決定による差押えの登記

　強制管理は、債務者の不動産を執行裁判所の選任する管理人に管理させて（民事執行法94条、95条）、それによって得た収益、たとえば賃料等から優先弁済を受ける制度です。

　強制管理が実施できるのは、通常の用法に従って収益を上げるものに対

してであるため、不動産質権の設定されている不動産には強制管理をすることができません。

▶▶ **記録例**

権利部（甲区）（所有権に関する事項）			
順位番号	登記の目的	受付年月日・受付番号	権利者その他の事項
2	所有権移転	平成○年○月○日 第○号	原因　平成○年○月○日売買 所有者　○市○町○番○号 　　　甲野太郎
3	差押	令和○年○月○日 第○号	原因　令和○年○月○日甲地方裁判 　所強制管理開始決定 債権者　○市○町○番○号 　　　乙川次郎

　記録例は、強制管理開始決定に係る差押えの登記の例です。

7 | 所有権の仮登記

　登記簿に記録される実体法上の権利変動、たとえば所有権移転についての対抗力は、登記によって発生します。たとえば、同一の不動産をAとBの両者に売った場合、所有権を主張できるのは所有権移転の登記をした者で、このことを「対抗力」といいます（民法177条）。

　登記は、「本登記」と「仮登記」に区別されます。本登記は対抗力が備わったものです。通常、単に「登記」といった場合には本登記のことを指します。

　仮登記とは、法105条の規定に基づいてなされる登記で、その仮登記に基づきなされる本登記のために順位を保全するための予備的登記です。仮登記の段階では、第三者に対する対抗力は備わっていません。

　仮登記は、所有権、地上権、永小作権、地役権、先取特権、質権、抵当権、根抵当権、賃借権、配偶者居住権、採石権についてすることができます。しかし、登記の種類によっては仮登記が認められないとする例もあります。たとえば、所有権の保存登記です。所有権保存登記は単独申請であり、表題部所有者が容易に登記できるため、これを認める実益がないとするのが登記実務での一般的な考え方です。ただし、区分建物における表題部所有者から取得した者がする所有権保存登記については仮登記を認める説が有力です（『実務からみた不動産登記の要点Ⅲ』テイハン、273頁、『登記研究』576号、木村三男・藤谷定勝編著『改訂　仮登記の理論と実務』日本加除出版49頁）。そのほか、共同根抵当権の設定仮登記は認められていません（昭和47年11月25日民甲第4945号民事局長回答『改訂先例・通達集』214頁、『登記研究』303号）。

　仮登記は、登記すべき物権変動は既に生じているが登記の申請に必要な手続上の条件が具備していない場合（法105条1号。通常、「1号仮登記」と呼ばれる）、登記すべき物権変動がまだ生じていない場合（法105条2号。通常、「2号仮登記」と呼ばれる）に可能とされています。登記実務上は、次のような場合に限定されています。

〈法 105 条 1 号の仮登記の場合〉

　「条件不備の仮登記」とも呼ばれています。この1号仮登記が認められる例として、次に掲げるものがあります（規則178条）。

① 　登記識別情報を提供できないとき、または、登記義務者の権利に関する登記済証を提供できないとき

② 　登記原因について第三者の許可、同意等を要する場合（令7条1項5号ハ）に、許可または同意を得ているがその許可書等を提供できないとき

③ 　登記の抹消または抹消された登記の回復について、登記上利害関係を有する第三者の承諾書を提供できないとき

④ 　登記義務者が登記申請に協力しないとき（法108条1項）

〈法 105 条 2 号の仮登記の場合〉

　2号仮登記は、当事者間にまだ登記すべき権利変動が生じていないが、将来その権利変動を生じさせる請求権が法律上発生している場合、たとえば、売買予約に基づく所有権移転請求権、停止条件付きの所有権移転請求権などを保全するためなどに認められます。例を挙げると、次のようになります。

① 　たとえば売買予約等の成立によって将来所有権を移転させる請求権（予約完結権）が法律上発生している場合において、その所有権移転請求権を保全するための仮登記のように、法3条に掲げた権利の設定、移転、変更等の請求権を保全しようとする場合

② 　たとえば停止条件付きの所有権移転請求権等を保全するための仮登記のように、①の請求権が始期付きまたは停止条件付きの場合

③ 　たとえば選択債権の一方が当該不動産の物権の変動を内容とする場合のように、その不動産について請求権の発生すべき基本関係があって、これに将来ある法定条件の加わることによって請求権が発生する場合

●法 105 条（仮登記）

仮登記は、次に掲げる場合にすることができる。

一　第 3 条各号に掲げる権利について保存等があった場合において、当該保存等に係る登記の申請をするために登記所に対し提供しなければならない情報であって、第 25 条第 9 号の申請情報と併せて提供しなければならないものとされているもののうち法務省令で定めるものを提供することができないとき。

二　第 3 条各号に掲げる権利の設定、移転、変更又は消滅に関して請求権（始期付き又は停止条件付きのものその他将来確定することが見込まれるものを含む。）を保全しようとするとき。

●規則 178 条（法第 105 条第 1 号の仮登記の要件）

法第 105 条第 1 号に規定する法務省令で定める情報は、登記識別情報又は第三者の許可、同意若しくは承諾を証する情報とする。

1　所有権移転仮登記

▶ **記録例**

権利部（甲区）（所有権に関する事項）			
順位番号	登記の目的	受付年月日・受付番号	権利者その他の事項
1	所有権保存	平成○年○月○日 第○号	所有者　○市○町○番○号 　甲野太郎
2	所有権移転仮登記	令和○年○月○日 第○号	原因　令和○年○月○日売買 権利者　○市○町○番○号 　乙川次郎
	余白	余白	余白
3	所有権移転	令和○年○月○日 第○号	原因　令和○年○月○日売買 所有者　○市○町○番○号 　丙山三郎

　記録例は、法 105 条 1 号による仮登記が行われ、その後、所有権移転登記がされた例です。

順位番号 2 番：甲野太郎が乙川次郎に不動産を売却し、当該不動産の所有権が乙川次郎に移転したことについて仮登記をした例です。この場合、乙川次郎はまだ第三者に対しては対抗力を持っていませんし、登記簿上の所有者とはいえません。したがって、権利者の表記は 「所有者」ではなく、「権利者」となります。また、将来、本登記をするための余白が設けられています。

順位番号 3 番：丙山三郎が甲野太郎から不動産を買い受けて、その旨の登記をした例です。甲野太郎は、乙川次郎に不動産を売却した後に、丙山三郎にも同じ不動産を売却したわけですが、このような登記も認められています。

甲野太郎 ────────▶ 乙川次郎（2番所有権移転仮登記）

丙山三郎（3番所有権移転登記）

　所有権移転仮登記がされている不動産を買う場合には注意が必要です。順位番号2番の仮登記が本登記されると、それ以降の登記、すなわち順位番号3番の登記は職権で抹消されるからです。

　なお、乙川次郎が仮登記に基づく本登記を申請する場合には、順位番号3番の登記が抹消されるため、丙山三郎の同意書が必要ですが、丙山三郎が同意をしない場合には、乙川次郎は丙山三郎に対し、抹消に同意する旨の訴えを起こし、勝訴判決を得て本登記を申請することができます。

2 　仮登記の本登記と職権抹消

　仮登記に基づき本登記をすべき時期については、なんらの規定はありません。したがって、法105条1号仮登記の場合は登記申請に必要な情報を提供することができるようになったとき、法105条2号の場合は本登記をする原因が生じたときには、いつでも本登記をすることができます。

　ただし、所有権に関する仮登記に基づく本登記を申請する際、登記上の利害関係を有する第三者（本登記につき利害関係を有する抵当証券の所持人または裏書人を含む）がある場合には、当該第三者の承諾があるときに限り申請することができます（法109条1項）。第三者が承諾しない場合には、第三者に対抗することができる判決書を添付することになります（令別表の69の項添付情報欄イ）。そして、登記官は、仮登記に基づいて本登記をする場合には、職権で、第三者の権利に関する登記を抹消しなければなりません（法109条2項）。

▶ **記録例 1：甲区**

権利部（甲区）（所有権に関する事項）			
順位番号	登記の目的	受付年月日・受付番号	権利者その他の事項
1	所有権保存	令和○年○月○日 第○号	所有者　○市○町○番○号 　　甲野太郎
2	所有権移転仮登記	令和○年9月2日 第○号	原因　令和○年9月1日売買 権利者　○市○町○番○号 　　乙川次郎
	所有権移転	令和○年12月1日 第○号	原因　令和○年9月1日売買 所有者　○市○町○番○号 　　乙川次郎
3	所有権移転	令和○年10月1日 第100号	原因　令和○年10月1日売買 所有者　○市○町○番○号 　　丙山三郎
4	3番所有権抹消	余白	2番仮登記の本登記により令和○年 　　12月1日登記

　記録例1は、順位番号2番の仮登記の本登記をしたため、仮登記より後にされた順位番号3番の登記を職権で抹消した例です（法109条2項）。

　1号仮登記を本登記する際の、原因日付は仮登記の原因日付と同じになります。また、権利者の表記は「所有者」となります。

▶ **記録例 2：乙区**

権利部（乙区）（所有権以外の権利に関する事項）			
順位番号	登記の目的	受付年月日・受付番号	権利者その他の事項
1	抵当権設定	令和○年10月1日 第101号	（省略）
2	1番抵当権抹消	余白	甲区2番仮登記の本登記により令和 ○年12月1日登記

記録例 2 は、甲区の順位番号 2 番の仮登記の本登記をしたため、仮登記より後にされた順位番号 1 番の抵当権設定登記を職権で抹消した例です（法 109 条 2 項）。

3 所有権移転請求権仮登記

▶▶ 記録例

権利部（甲区）（所有権に関する事項）			
順位番号	登記の目的	受付年月日・受付番号	権利者その他の事項
1	所有権保存	平成○年○月○日 第○号	所有者　○市○町○番○号 　甲野太郎
2	所有権移転請求権仮登記	令和○年○月○日 第○号	原因　令和○年○月○日売買予約 権利者　○市○町○番○号 　乙川次郎
	余白	余白	余白

記録例は、甲野太郎名義の不動産につき売買予約が成立し、買主乙川次郎に所有権移転請求権が生じたので仮登記を行った例です。いわゆる 2 号仮登記の例です。所有権は乙川次郎にはまだ移転していませんが、移転請求権を保全するために行う仮登記ですから、本登記をした際の原因の日付は仮登記との原因の日付と異なるのが一般的です。

第4章

乙区欄の見方

1 | 抵当権に関する登記

　抵当権は担保物権の代表格といえます。担保物権には、当事者の合意で結ばれる約定担保物権と、法律上当然に発生する法定担保物権があります。約定担保物権には抵当権（根抵当権も含む）と質権があり、法定担保物権には留置権と先取特権があります。

　担保物権とは、担保の目的物から優先的に自己の債権を回収できる権利です。抵当権の場合には担保の目的物を抵当権設定者の手元に置いておくことができ、この点が質権と異なります。担保の目的物を設定者の手元に置いておくことができるため、抵当権が設定されていることがわかりにくいものになります。そこで、抵当権設定について第三者に対抗するためには抵当権設定登記をする必要があります。また、同じ不動産には複数の抵当権を設定することができるので、その抵当権者間の優先順位は登記された順位によって定まります。抵当権が実行されて不動産が競売された場合には、登記の先順位の抵当権者から配当を受けることになります。

　抵当権は、通常は貸金の担保として不動産に設定されます。債務者が貸金を返還しないときは、債権者は被担保債権を限度として抵当不動産に対して抵当権の実行をして、抵当物件から優先的に弁済を受けることができます（民法369条1項）。抵当権は不動産以外にも地上権及び永小作権に設定することができます（同2項）。しかし、賃借権に設定することはできません。

　抵当権設定契約は抵当権者（債権者）と抵当権設定者（不動産の所有者）で行うのが一般的ですが、抵当権設定者は、債務者以外の第三者でもかまいません。たとえば、子の債務を担保するために親の不動産に抵当権を設

定することができます。この第三者を「物上保証人」といいます。

　抵当権によって担保される債権の範囲は、元本はもちろんですが、利息も満期となった最後の2年分だけについては担保されます（同法375条1項）。また、遅延損害金も最後の2年分となります（同2項）。

　抵当権の登記原因としては、次のようなものがあります。

「令和○年○月○日金銭消費貸借同日設定」
　※金銭消費貸借の場合、原因証明情報が「金銭消費貸借契約」となっていても登記簿には「金銭消費貸借」と記録し、「契約」の文字は記録しません。
「令和○年○月○日金銭消費貸借予約同日設定」
「令和○年○月○日金銭消費貸借金○円のうち金○円同日設定」
　※昭和30年4月8日民甲第683号民事局長通達『登記研究』90号
「令和○年○月○日売買代金同日設定」
　※『登記研究』436号103頁
「令和○年○月○日保証委託契約による求償債権同日設定」
　※『登記研究』345号79頁
「令和○年○月○日保証契約同日設定」
　※『登記研究』441号116頁
「令和○年○月○日保証委託契約同日設定」
「令和○年○月○日賃貸借契約の保証金返還債権同日設定」
　※昭和51年10月15日民三第5414号第三課長回答『登記研究』417号
「令和○年○月○日養育費、慰謝料債権同日設定」
　※『登記研究』355号89頁

Q & A 抵当権設定後に増築した場合

Q. 債務者所有の建物に抵当権を設定しましたが、その後に債務者が増築をしました。増築部分にも抵当権は及ぶのですか。

A. 増築部分にも抵当権の効力は及びます。建物を増築しても登記簿上は床面積が増えるだけで、建物の同一性に変更があるわけではないので、抵当権の効力には変更はありません。

なお、倉庫、車庫等の附属建物を建築した場合にも、それらが附属建物として登記されるならば、主である建物の一部とみなされますので、抵当権の効力はこの附属建物にも及びます。

Q & A 保証委託契約による求償債権とは

Q. 抵当権の登記の原因に「令和○年○月○日保証委託契約による求償債権」とありますが、どういう意味ですか。また、保証契約とはどう違うのですか。

A. たとえば、Aが銀行からお金を借りるとき、保証人を立てる場合があります。すなわち、Aは保証人に対し、保証人になることを委託するわけです（民法459条参照）。この場合のAを「主たる債務者」といいます。将来、Aが弁済できない場合には保証人が銀行に対して債務を弁済しますが、そうすると保証人は弁済した元金と利息を返すようにAに請求します。保証委託契約による求償債権とは、この将来発生する可能性のある求償債権を担保するために抵当権を設定するものです。

保証委託契約の当事者は保証人と主たる債務者ですが、保証契約の当事者は保証人と債権者です。また、保証契約は書面でしなければ効力が生じません（民法446条2項）。

Ⅰ　抵当権設定登記

1　目的不動産が一個の場合

▶ 記録例

権利部（乙区）（所有権以外の権利に関する事項）			
順位番号	登記の目的	受付年月日・受付番号	権利者その他の事項
1	抵当権設定	令和○年○月○日 第○号	原因　令和○年７月７日金銭消費貸 　　　借同日設定 債権額　金２,０００万円 利息　年１・７５％（年３６５日 　　　割計算） 損害金　年１４・０％ 債務者　○市○町○番○号 　　　甲野太郎 抵当権者　○市○町○番○号 　　　株式会社Ａ銀行 　　　（取扱店　○○支店）

　記録例は、債務者甲野太郎が株式会社Ａ銀行から令和○年７月７日に金銭を借りる契約をして、同じ日にその債権を担保するために抵当権を設定した例です。

　原因：「令和○年７月７日金銭消費貸借」とは、債権契約の日付と債権の種類です。その後の「同日設定」とは、同日に抵当権設定契約がされたことを意味します。債権契約の日付と抵当権設定契約の日付が相違する場合には、「令和○年○月○日金銭消費貸借令和○年○月○日設定」のような記録になります。

　債権額：抵当権の登記事項として、債権額は必ず登記します。ここでいう債権額とは、抵当権で担保される債権額のことであり、実際に貸し付けた債権額という意味ではありません。債権の一部を担保する場合

には、原因はたとえば「令和○年○月○日金銭消費貸借金2,000万円のうち金1,000万円同日設定」、債権額は「金1,000万円」のように記録されます。

利息・損害金：利息、損害金の定めがある場合には、それらを登記します。無利息の定めがある場合は、「無利息」と登記します（『登記研究』470号質疑応答）。なお、1か月に満たない端数期間を生ずる場合に、その分について365日日割計算とする旨の特約があるときは、記録例のように「（年365日日割計算）」として登記することができます。

抵当権者：銀行が抵当権者となる場合には、取扱店を登記することができます。ただし、取扱店を登記できるのは通達によって認められた場合のみで、一般の会社には認められていません。

2 共有持分を目的とする場合

▶ **記録例1：通常の場合**

権利部（乙区）（所有権以外の権利に関する事項）			
順位番号	登記の目的	受付年月日・受付番号	権利者その他の事項
2	甲野太郎持分抵当権設定	令和○年○月○日第○号	原因　令和○年7月7日保証委託契約による求償債権令和○年○月○日設定 債権額　金1,000万円 損害金　年14・0％ 債務者　○市○町○番○号 　　　　甲野太郎 抵当権者　○市○町○番○号 　　　　A信用保証株式会社

　記録例1は、不動産を共有で持っている場合に、共有者の甲野太郎の持分全部について抵当権が設定されている場合の例です。その場合、登記の目的は「甲野太郎持分抵当権設定」のように、誰の持分に対しての抵当権

設定かがわかるように記録されています。

▶ **記録例 2：数回にわたって取得した場合**

権利部（甲区）（所有権に関する事項）			
順位番号	登記の目的	受付年月日・受付番号	権利者その他の事項
4	所有権一部移転	令和○年○月○日第○号	原因　令和○年○月○日売買 共有者　○市○町○番○号 　　　持分5分の1 　　　甲野太郎
5	何某持分一部移転	令和○年○月○日第○号	原因　令和○年○月○日売買 共有者　○市○町○番○号 　　　持分5分の2 　　　甲野太郎

　所有権または共有持分の一部を目的とする抵当権設定の登記申請は受理されないのが原則ですが（昭和 35 年 6 月 1 日民甲第 1340 号民事局長回答『登記研究』153 号）、記録例 2 のように同じ所有者が数回にわたって取得した場合には、所有権の一部が一つのハコとして特定できるので、このハコ全部に対する抵当権の設定はすることができます。

▶ **記録例 3：数回にわたって取得した持分についての設定**

権利部（乙区）（所有権以外の権利に関する事項）			
順位番号	登記の目的	受付年月日・受付番号	権利者その他の事項
2	甲野太郎持分一部（順位 5 番で登記した持分）抵当権設定	令和○年○月○日第○号	（省略）

　記録例 3 は、記録例 2 で甲野太郎が数回にわたって不動産を取得したう

ちの甲区順位5番で登記した持分全部について抵当権を設定した例です（昭和58年4月4日民三第2252号民事局長通達『改訂先例・通達集』181頁、『登録研究』428号）。

3 | 共同抵当の場合

共同抵当とは、同一の債権を担保するために、数個の不動産の上に抵当権を設定することをいいます。共同抵当権設定の時期は同時でも、あとから追加設定してもかまいません。

抵当権者は、債務の不履行があった場合には、担保不動産の全部または一部から自由に優先弁済を受けることができます。反面においては、後<ruby>順位<rt>じゅんい</rt></ruby>抵当権者との利害を調整する必要があり、民法はそのための規定を置いています（民法392条・共同抵当における代価の配当）。

▶▶ 記録例1：通常の場合

権利部（乙区）（所有権以外の権利に関する事項）			
順位番号	登記の目的	受付年月日・受付番号	権利者その他の事項
1	抵当権設定	令和○年○月○日 第○号	原因　令和○年7月7日金銭消費貸借同日設定 債権額　金1,000万円 利息　年1・75％（年365日日割計算） 損害金　年14・0％ 債務者　○市○町○番○号 　甲野太郎 抵当権者　○市○町○番○号 　株式会社A銀行 共同担保　目録（あ）第○号

記録例1は、共同抵当権を設定した例です。登記官は、二つ以上の不動産に関する権利を目的とする担保権の保存または設定の登記申請があった

場合には、規則 167 条に定めるところにより共同担保目録を作成し、当該担保権の登記記録の末尾に共同担保目録の記号と目録番号を記録しなければなりません（規則 166 条 1 項）。

▶ **記録例 2：共同担保目録**

共同担保目録				
記号及び番号	（あ）第○号		調製	令和○年○月○日
番号	担保の目的である権利の表示	順位番号	予　備	
1	○市○町　○番の土地	1	余白	
2	○市○町　○番地　家屋番号　○番の建物	1	余白	

　記録例 2 は、共同担保目録の記録例です。登記事項証明書を請求する際に、共同担保目録も必要な場合には、その旨を申請書に記載してください（規則 193 条 1 項 5 号）。

　番号：共同担保目録に記録した順序が記録されます。

　担保の目的である権利の表示：共同担保の目的である不動産の表示が記録されます。

　順位番号：登記簿に記録されている順位番号が記録されます。

4　工場抵当法 2 条の設定の場合

　工場抵当法（明治 38 年 3 月 13 日法律第 54 号）は、明治 38 年当時の民法上の担保制度では貸金債権の保全が十分にされないという不備を補^{おぎな}い、工場企業の金融において工場施設を効率的に担保化できるようにするために制定された法律です。工場抵当法には、工場財団を設定しないで、単に工場に属する土地、建物及びこれに備え付けられた機械、器具等を一体として抵当権の目的とする狭い意味での工場抵当（2 条）と、工場に属する

土地、建物のほか機械、器具等の物的設備はもちろん、工業所有権、ダム使用権等も結合して財団を構成してこれを法律上の一個の不動産とみなし、その上に抵当権を設定する工場財団（8条）の規定があります。本項で扱うのは、狭義の工場抵当です。工場に属する土地または建物に抵当権を設定すると、原則として、当事者間において工場抵当にするという特約がなくても当然に、土地または建物に附加して一体をなした物のみでなく、それに備え付けられた機械、器具その他工場の用に供する物にまで抵当権の効力が及ぶことになります（工場抵当法2条1項本文）。

工場抵当法でいうところの工場とは、営業のため物品を製造もしくは加工または印刷もしくは撮影の目的に使用する場所です（同法1条1項）。また、営業のため電気もしくはガスの供給または電気通信役務の提供の目的に使用する場所は工場とみなされ、営業のために放送法にいう放送または有線テレビジョン放送法にいう有線テレビジョン放送の目的に使用する場所もまた、工場とみなされます（同2項）。

工場抵当権設定の登記の申請がなされた場合、登記官は、土地または建物に備え付けた機械、器具その他の工場の用に供する物を明らかにするために、目録を作成して（同法3条2項。以下、この目録を「3条2項目録」という）、抵当権の登記記録の末尾に3条2項目録を作成した旨を記録しなければなりません（工場抵当登記規則2条）。そのため、申請人は、当該目録に記録すべき情報を提供しなければならないとされていますが（工場抵当法3条3項）、3条2項目録はまだコンピュータ化されていませんので、現在の取扱いでは、申請人が作成した目録がそのまま3条2項目録として使用されます。なお、この目録の提出は、第三者対抗要件を備えるためのものであって、工場抵当権の成立要件ではありません。

▶ 記録例 1：工場抵当法第 2 条の設定の場合

権利部（乙区）（所有権以外の権利に関する事項）			
順位番号	登記の目的	受付年月日・受付番号	権利者その他の事項
1	抵当権設定	令和○年○月○日 第○号	原因　令和○年 7 月 7 日金銭消費貸 　　借同日設定 債権額　金 1，0 0 0 万円 利息　年 1・7 5％（年 3 6 5 日日 　　割計算） 損害金　年 1 4・0％ 債務者　○市○町○番○号 　　株式会社甲工業 抵当権者　○市○町○番○号 　　株式会社 A 銀行 工場抵当法第 3 条第 2 項目録作成

　記録例 1 は、工場に属する土地または建物を目的とした抵当権を設定した場合の例です。権利者その他の事項欄の末尾に、3 条 2 項目録を作成した旨が記録されています（なお、平成 16 年の工場抵当法の改正前は、「工場抵当法第 3 条目録提出」と記録されていました）。

MEMO　工場抵当権の仮登記の可否

　工場抵当権の設定予約による請求権保全の仮登記も申請することができますが、その場合に先例では、3 条目録（現行 3 条 2 項目録）の提出を要するとしています（昭和 30 年 9 月 26 日民甲第 2052 号民事局長回答）。この仮登記の本登記の際には、再度 3 条 2 項目録を提出する必要はありません。先例は、法 105 条 2 号の仮登記の場合ですが、同条 1 号の仮登記の場合にも取扱いは同じと考えます。

▶▶ 記録例2：3条2項目録の提出がある場合とない場合

順位番号	登記の目的	受付年月日・受付番号	権利者その他の事項
権利部（乙区）（所有権以外の権利に関する事項）			
1	抵当権設定	令和○年○月○日 第○号	（一部省略） 抵当権者　○市○町○番○号 　　　　　A
2	抵当権設定	令和○年○月○日 第○号	（一部省略） 抵当権者　○市○町○番○号 　　　　　B 工場抵当法第3条第2項目録作成

　工場に属する土地または建物に抵当権を設定すると、原則として、土地または建物に附加して一体をなした物のみでなく、それに備え付けられた機械、器具その他工場の用に供する物にまでその効力が及ぶとされています（工場抵当法2条1項本文）。工場に属する土地または建物のみに関する抵当権の効力を第三者に対抗するためには、それらの不動産に抵当権設定の登記をすることで足ります。これに対し、土地または建物に附加して一体をなした物のみでなく、それに備え付けられた機械、器具その他工場の用に供する物に対する抵当権の効力を第三者に対抗するには3条2項の目録の提出が必要かどうかについて、最高裁は次のような判断をしています——「工場に属する建物に順位1番でAのために抵当権が設定されているが、これには3条目録（注・現行3条2項目録）の提出がない。順位2番でBのために抵当権が設定されていて、3条目録の提出がある。この場合、機械器具等の工場の用に供する物件に対していずれの抵当権者が優先弁済権を有するかが争われた事例に対して、土地または建物に附加して一体をなした物のみでなく、それに備え付けられた機械、器具その他工場の用に供する物に対する抵当権の効力を第三者に対抗するには、3条目録にその物件が記載されていなければならない」（最一小判平成6年7月14日民集48巻5号1126頁）。

　記録例 2 の場合、工場に備え付けられた機械等については 2 番抵当権が優先します。

〈参考先例〉
●昭和 26 年 10 月 22 日民甲第 2050 号民事局長通達（要旨）
『登記研究』46 号
　工場抵当法 3 条の目録を提出しないでした抵当権設定登記の抵当権者と、同目録を提出して抵当権設定登記をした後順位抵当権者との関係においては、同目録に記載された物で、民法の規定により先順位抵当権の目的とならないものは、その目録を提出した抵当権者の債権についてのみ担保の目的となる。

●昭和 34 年 11 月 20 日民甲第 2537 号民事局長回答（要旨）
『登記研究』145 号
　新たに追加された機械器具に対する優先権は、抵当権設定の登記の順位にかかわらず、機械器具目録の記載変更登記の順位による。なお、抵当権設定登記の順位と機械器具目録変更の登記の順位を同一の順位とするための登記の方法はない。

Ⅱ　抵当権移転登記

　抵当権の移転原因は、その態様によっておよそ次の三つに分けることができます。

第 1：抵当権で担保されている債権が譲渡されれば抵当権もその随伴性（ずいはんせい）から譲受人に移転する場合

　「債権譲渡」「転付命令」「相続」「合併」等がこれに当たります。これ

ら移転原因のうち、「転付命令」とは、債務者の第三債務者に対する金銭債権が差し押さえられた場合に、支払いに代えて債権をその額面で差押債権者に移転させる執行裁判所の命令をいいます（民事執行法159条1項）。転付命令が効力を生じた場合には、差押債権者の債権及び執行費用は、転付命令に係る金銭債権が存する限り、その券面額で、転付命令が第三債務者に送達された時に弁済があったものとみなされます（同法160条）。

第2：代位弁済が行われた場合

　代位弁済とは、第三者または共同債務者（保証人、連帯債務者）による弁済をいいます。債権の全部または一部について代位弁済が行われると、債務者に代位した者は、債権者が有していた債権及びその担保権としての一切の権利を行うことができます（民法501条）。その結果、弁済した債権の全部または一部及び抵当権の全部または一部は、法律上当然に弁済者へ移転します。

第3：被担保債権に移動がなく抵当権のみが移転する場合

　一つは民法392条2項の規定による場合です。同条1項の規定によると、共同抵当権の目的不動産の全部が一括競売されたときの各不動産が分担すべき被担保債権の割合は、その不動産価格の割合によることとされています。競売は共同担保物件の一部についてのみ行うことも可能なのですが、このときに2項の規定に従うと、当該目的不動産に後順位担

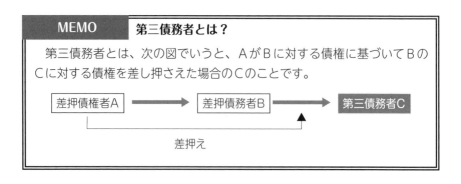

MEMO　第三債務者とは？

　第三債務者とは、次の図でいうと、AがBに対する債権に基づいてBのCに対する債権を差し押さえた場合のCのことです。

差押債権者A　　→　　差押債務者B　　→　　第三債務者C

差押え

保権者がいる場合はその者を害することになり、公平を欠くことになります。そこで、後順位担保権者を保護するため、後順位担保権者は、民法 392 条 1 項の規定に基づき目的不動産の全部が一括競売されて配当されたときに、各不動産が分担すべき被担保債権の金額を限度として他の目的不動産に存する抵当権を代位行使できるとしています。その結果、抵当権のみが法律上当然に移転することになります。

　もう一つは、物上保証人または第三取得者所有の共同抵当権の目的不動産が競売された場合です。第三者弁済（代位弁済）として他の共同抵当の目的不動産上の抵当権に代位するので、この場合も物上保証人または第三取得者による抵当権のみの移転が生じます。

●民法 392 条（共同抵当における代価の配当）

1　債権者が同一の債権の担保として数個の不動産につき抵当権を有する場合において、同時にその代価を配当すべきときは、その各不動産の価額に応じて、その債権の負担を按分する。

2　債権者が同一の債権の担保として数個の不動産につき抵当権を有する場合において、ある不動産の代価のみを配当すべきときは、抵当権者は、その代価から債権の全部の弁済を受けることができる。この場合において、次順位の抵当権者は、その弁済を受ける抵当権者が前項の規定に従い他の不動産の代価から弁済を受けるべき金額を限度として、その抵当権者に代位して抵当権を行使することができる。

▶▶ 記録例 1：債権の全部譲渡の場合

権利部（乙区）（所有権以外の権利に関する事項）			
順位番号	登記の目的	受付年月日・受付番号	権利者その他の事項
1	抵当権設定	平成○年○月○日 第○号	（一部省略） 抵当権者　○市○町○番○号 　甲株式会社
付記1号	1番抵当権移転	令和○年○月○日 第○号	原因　令和○年○月○日債権譲渡 抵当権者　○市○町○番○号 　乙株式会社

　記録例1は、甲株式会社が乙株式会社に被担保債権（当該抵当権で担保されている債権）を全部譲渡したために、甲株式会社から乙株式会社に抵当権が移転した例です。したがって、現在の抵当権者は乙株式会社であることを公示しています。登記は付記登記で行いますので、順位には変更は起こりませんから、乙株式会社は順位1番の抵当権者となります。なお、債権譲渡を債務者に対抗するためには債務者の承諾または債務者に対する通知が必要ですが（民法467条1項）、抵当権の移転登記の際には、これらの承諾書等の提供は必要ありません。

　抵当権移転の登記をしても、前の抵当権者の住所、氏名または名称には下線は引かれません。

　原因は「債権譲渡」であり、その日付は債権譲渡の成立した日（通常は契約成立の日）となります。

▶ 記録例 2：債権の全部譲渡を受けた者がその債権をさらに譲渡した場合

権利部（乙区）（所有権以外の権利に関する事項）			
順位番号	登記の目的	受付年月日・受付番号	権利者その他の事項
1	抵当権設定	平成○年○月○日 第○号	（一部省略） 抵当権者　○市○町○番○号 　甲株式会社
付記 1 号	1 番抵当権移転	平成○年○月○日 第○号	原因　平成○年○月○日債権譲渡 抵当権者　○市○町○番○号 　乙株式会社
付記 2 号	1 番抵当権移転	令和○年○月○日 第○号	原因　令和○年○月○日債権譲渡 抵当権者　○市○町○番○号 　丙株式会社

　記録例 2 は、甲株式会社が乙株式会社へ債権を全部譲渡した後、さらに乙株式会社が丙株式会社へ債権を全部譲渡したことにより、抵当権が甲株式会社から乙株式会社、乙株式会社から丙株式会社へと順次移転した例です。現在の抵当権者は丙株式会社であることを公示しています。

　なお、債権譲渡の登記は、付記登記によってすると定められている「所有権以外の権利の移転の登記」に該当しますので、付記登記の形式で行われます（規則 3 条 5 号）。付記登記の付記で行われるのではありません。

2 債権の一部譲渡

▶ 記録例1：債権の一部譲渡

権利部（乙区）（所有権以外の権利に関する事項）			
順位番号	登記の目的	受付年月日・受付番号	権利者その他の事項
1	抵当権設定	平成○年○月○日 第○号	原因　平成○年○月○日金銭消費貸 　　　借同日設定 債権額　１，０００万円 （中略） 抵当権者　○市○町○番○号 　　　　　甲株式会社
付記1号	1番抵当権一部移転	令和○年○月○日 第○号	原因　令和○年○月○日債権一部譲 　　　渡 譲渡額　金６００万円 抵当権者　○市○町○番○号 　　　　　乙株式会社

　記録例1は、甲株式会社が被担保債権額1,000万円の一部である600万円を乙株式会社に譲渡した例です。抵当権が準共有ということになります。その結果、抵当権者は甲株式会社と乙株式会社の二人となり、それぞれ400万円、600万円の被担保債権を持っていることになります。

　債権の一部譲渡の場合には、譲渡した金額を登記します（法84条）。

> **MEMO**　　**準共有とは？**
>
> 　準共有とは、所有権以外の財産権を共有することをいいます（民法264条）。準共有が認められる権利として、地上権、地役権、抵当権等があります。

▶ **記録例2：債権の一部譲渡を受けた者がその債権をさらに譲渡した場合**

権利部（乙区）（所有権以外の権利に関する事項）			
順位番号	登記の目的	受付年月日・受付番号	権利者その他の事項
1	抵当権設定	平成○年○月○日 第○号	原因　平成○年○月○日金銭消費貸借同日設定 債権額　1,000万円 （中略） 抵当権者　○市○町○番○号 　甲株式会社
付記1号	1番抵当権一部移転	令和○年○月○日 第○号	原因　令和○年○月○日債権一部譲渡 譲渡額　金600万円 抵当権者　○市○町○番○号 　乙株式会社
付記1号の付記1号	1番抵当権乙株式会社持分移転	令和○年○月○日 第○号	原因　令和○年○月○日債権譲渡 抵当権者　○市○町○番○号 　丙株式会社

　記録例2は、乙株式会社が甲株式会社から債権の一部（600万円）を譲り受けた後、その債権全部を丙株式会社に譲渡した例です。抵当権の一部が甲株式会社から乙株式会社、乙株式会社から丙株式会社へ移転しています。その結果、抵当権者は甲株式会社と丙株式会社の二人であることを公示しています。

付記1号：甲株式会社から乙株式会社への債権の一部譲渡が記録されています。原因は「債権一部譲渡」です。あわせて、譲渡額が記録されています（法84条）。

付記1号の付記1号：乙株式会社から丙株式会社への抵当権の持分全部移転が記録されています。原因は、乙株式会社の持っている債権の全部譲渡なので「債権譲渡」となっています。一部譲渡ではないため、譲渡額の登記はしません。

　なお、記録例2の場合には、付記登記の付記の形式で登記されます。

「付記2号」としないのは、乙株式会社からの移転だからです。債権の一部譲渡を受けた乙株式会社からの移転のため、乙株式会社が権利取得した登記（付記1号）に対して付記することになります。なお、甲株式会社から債権譲渡された場合には、付記2号による移転登記となります。

▶▶▶ 記録例3：連帯債務者のうちの一人に対する債権を譲渡した場合

権利部（乙区）（所有権以外の権利に関する事項）			
順位番号	登記の目的	受付年月日・受付番号	権利者その他の事項
1	抵当権設定	平成○年○月○日 第○号	原因　平成○年○月○日金銭消費貸 　　借同日設定 債権額　金1億円 連帯債務者　○市○町○番○号 　　A 　　○市○町○番○号 　　B 　　○市○町○番○号 　　C 　　○市○町○番○号 　　D 抵当権者　○市○町○番○号 　　甲株式会社
付記1号	1番抵当権一部移転	令和○年○月○日 第○号	原因　令和○年○月○日債権譲渡 　　（連帯債務者Dに係る債権） 抵当権者　○市○町○番○号 　　乙株式会社

　　※　債務者Dの表示には下線を引きません。

　連帯債務者の一人に対する債権も譲渡することができるとされています。記録例3は、A・B・C・Dが甲株式会社に対して1億円の連帯債務を負っている場合に、甲株式会社が乙株式会社に対し、Dに対する1億円の債権のみを譲渡した場合の例です（平成9年12月4日民三第2155号第三課長回答『登記研究』608号）。その結果、A・B・Cは甲株式会社に

対して債務を負担し、Dは乙株式会社に対して債務を負担することになります。

Ⅲ　転抵当の登記

1　転抵当

　転抵当とは、抵当権者がその抵当権をもって他の債権の担保とすることをいいます（民法376条1項）。たとえば、BがCに対して金銭を貸して、それを担保するためにCの不動産に抵当権を設定しているとします。今度、BがAから金銭を借りるのにめぼしい担保物件がないので、Cの不動産に設定した抵当権を担保に入れてお金を借りることができます。この場合のBを「原抵当権者」、Aを「転抵当権者」といいます。

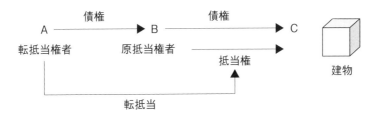

　転抵当の場合、転抵当権の債権額が原抵当権の債権額を超えても差し支えありませんし、転抵当権の被担保債権の弁済期が原抵当権の被担保債権の弁済期より後でも差し支えありません。また、抵当権の一部について設定することもできますし、債権の一部のために設定することもできます。

　転抵当権者は、原抵当権者が受けるべき配当額の限度において優先弁済を受けます。たとえば、原抵当権の被担保債権額が800万円、転抵当権の被担保債権額が1,000万円の場合に抵当権が実行されると、転抵当権者が

優先的に弁済を受ける金額は800万円になります。また、原抵当権の被担保債権額が、転抵当権の被担保債権額より大きいときは、原抵当権者もその超過部分については自ら抵当権を実行できます。

　転抵当権を一般第三者に対抗するためには登記を要しますが、主たる債務者（前記の図のＣのことです）、保証人、物上保証人、抵当不動産の第三取得者等が弁済して原抵当が消滅してしまうことを防ぐため、これらの者との関係では、原抵当権者（Ｂ）から主たる債務者への通知または主たる債務者の承諾を対抗要件としています（民法377条1項、467条）。

▶ 記録例：通常の場合

権利部（乙区）（所有権以外の権利に関する事項）			
順位番号	登記の目的	受付年月日・受付番号	権利者その他の事項
1	抵当権設定	令和○年○月○日第○号	原因　令和○年○月○日金銭消費貸借同日設定 債権額　金1,000万円 利息　年1・75％（年365日日割計算） 損害金　年14・0％ 債務者　○市○町○番○号 　甲野太郎 抵当権者　○市○町○番○号 　Ｂ株式会社
付記1号	1番抵当権転抵当	令和○年○月○日第○号	原因　令和○年○月○日金銭消費貸借同日設定 債権額　金700万円 利息　年1・75％（年365日日割計算） 損害金　年14・0％ 債務者　○市○町○番○号 　Ｂ株式会社 転抵当権者　○市○町○番○号 　Ａ株式会社

　記録例の付記 1 号は、抵当権者 B 株式会社が、 A 株式会社からの債務 700 万円を担保するために 1 番抵当権を A 株式会社のために転抵当に入れた例です。記録例の場合、原抵当権が実行されると、 A 株式会社が優先的に 700 万円の配当を受け、残余がある場合には B 株式会社も 300 万円を限度として配当を受けることができます。転抵当の登記は、付記登記によってすると定められている「所有権以外の権利を目的とする保存等に関する登記」ですから、付記登記によります（法 4 条 2 項、規則 3 条 4 号）。

　なお、数個の不動産に関する抵当権を目的とする転抵当権を設定する場合には、共同担保目録の記号と目録番号を登記しますので（規則 66 条 1 項、昭和 15 年 7 月 30 日民甲第 983 号民事局長回答）、これらも記録されています。

2　転抵当の転抵当

　転抵当権者は、その転抵当権を自己の債務の担保または物上保証人として、さらに転抵当を設定することができます（転抵当権も抵当権の一種ですから、民法 376 条 1 項により他の債権の担保とすることができます（昭和 30 年 5 月 31 日民甲第 1029 号民事局長回答『登記研究』92 号））。その場合の登記は付記 1 号の付記 1 号で行い、登記の目的は「○番付記 1 号転抵当の転抵当」となります。

▶▶▶ 記録例：転抵当の転抵当

権利部（乙区）（所有権以外の権利に関する事項）			
順位番号	登記の目的	受付年月日・受付番号	権利者その他の事項
1	抵当権設定	令和○年○月○日 第○号	（一部省略） 抵当権者　○市○町○番○号 　B株式会社
付記1号	1番抵当権転抵当	令和○年○月○日 第100号	原因　令和○年7月7日金銭消費貸借同日設定 債権額　金700万円 利息　年1・75％（年365日日割計算） 損害金　年14・0％ 債務者　○市○町○番○号 　B株式会社 転抵当権者　○市○町○番○号 　A株式会社
付記1号 の付記1 号	1番付記1号 転抵当の転抵当	令和○年○月○日 第101号	原因　令和○年7月7日金銭消費貸借同日設定 債権額　金700万円 利息　年1・75％（年365日日割計算） 損害金　年14・0％ 債務者　○市○町○番○号 　A株式会社 転抵当権者　○市○町○番○号 　C株式会社

　記録例は、転抵当権者が転抵当権を設定した例です。

Ⅳ　抵当権の変更または更正の登記

　抵当権の変更または更正登記は、抵当権者の表示（たとえば、住所、氏名、名称）の変更以外で、抵当権の登記事項に変更が生じた場合または当初の登記から誤りがあるためこれを実体に一致させる場合に行われます。具体的には、債権額、利息、損害金、債務者等に変更または更正すべき事項があった場合です。

1　債権額の変更または更正

　債権額の変更または更正を行う原因には、次のようなものがあります。

---

① 　一部弁済、免除等による債権額の減額の場合

② 　抵当権設定契約の変更契約により担保する債権の額を変更する場合

　　たとえば、債権額 1,000 万円の抵当権を、そのうちの 700 万円を担保する抵当権に変更した場合

③ 　重利の場合の利息の元本組入れによる債権額の増額の場合

④ 　登記した債権額に誤りがある場合

▶▶▶ **記録例：一部弁済による債権額の変更**

権利部（乙区）（所有権以外の権利に関する事項）			
順位番号	登記の目的	受付年月日・受付番号	権利者その他の事項
1	抵当権設定	令和○年○月○日 第○号	原因　令和○年７月７日金銭消費貸 　　　借同日設定 債権額　金８００万円 利息　年１・７５％（年３６５日日 　　　割計算） 損害金　年１４・０％ 債務者　○市○町○番○号 　　　　甲野太郎 抵当権者　○市○町○番○号 　　　　株式会社Ａ銀行 　　　　（取扱店　○○支店）
付記１号	１番抵当権 変更	令和○年○月○日 第○号	原因　令和○年○月○日一部弁済 債権額　金５００万円

　記録例は、債権額800万円のうち、その一部を弁済して残りの債権額が500万円となった例です。この場合、変更前の債権額には下線が引かれます。

　原因は「一部弁済」であり、その日付は弁済した日です。付記１号の「債権額金500万円」は、弁済した金額ではなくて残りの債権額を意味します。

　権利の変更登記は、登記上の利害関係を有する第三者の承諾がある場合及び当該第三者がいない場合には、付記登記によって行うことができます（法66条）。登記上の利害関係を有する第三者とは、たとえば、転抵当権者、抵当権の移転仮登記権利者、抵当権の移転請求権の仮登記権利者等です。

2　債務引受

　債務引受（さいむひきうけ）とは、債務者の債務を他人が引き受ける契約のことをいいます。債務引受には、免責的債務引受と併存的債務引受（または重畳的（ちょうじょうてき）債

務引受という）があります。

(1)　免責的債務引受

　免責的債務引受とは、債務者Ａの債務をＢが引き受けてＡが債権関係
から離脱し、当初の債務者Ａが当該債務を免<ruby>れ</ruby>ることになるものです
（民法 472 条１項）。

　免責的債務引受は、債権者と引受人との契約によってすることができ
ます。この場合において、免責的債務引受は、債権者が債務者に対して
その契約をした旨を通知した時に、その効力が生じます（同条２項）。
また、免責的債務引受は、債務者と引受人が契約をし、債権者が引受人
に対して承諾をすることによってもすることができます（同条３項）。

▶ **記録例１：免責的債務引受**

権利部（乙区）（所有権以外の権利に関する事項）			
順位番号	登記の目的	受付年月日・受付番号	権利者その他の事項
1	抵当権設定	令和○年○月○日 第○号	原因　令和○年７月７日金銭消費貸 　　借同日設定 債権額　金１，０００万円 利息　年１・７５％（年３６５日日 　　割計算） 損害金　年１４・０％ 債務者　○市○町○番○号 　　<u>乙川花子</u> 抵当権者　○市○町○番○号 　　株式会社Ａ銀行 　　（取扱店　○○支店）
付記１号	１番抵当権変更	令和○年○月○日 第○号	原因　令和○年○月○日免責的債務 　　引受 債務者　○市○町○番○号 　　甲野太郎

　※　旧債務者である乙川花子の表示に下線が引かれます。

記録例1は、債務者乙川花子の債務を甲野太郎が債権者の承諾を得て引き受け、乙川花子が債務を免れた例です。したがって、現在の債務者は、甲野太郎であることを公示しています。

　原因は「免責的債務引受」であり、その日付は債務引受成立の日です。

⑵　併存的債務引受

　併存的債務引受（または重畳的債務引受）とは、BがAの債務を引き受けるがAは債務を免れずに依然としてBと並んで債務者である形態です。AとBは連帯債務の関係となります（民法470条）。

　併存的債務引受は、債権者と引受人との契約または債務者と引受人との契約によって成立します（民法470条2項、3項前段）。なお、債務者と引受人との契約によって成立する併存的債務引受は、債権者が引受人に対して承諾をした時に効力が生じます（同項後段）。

MEMO　連帯債務とは？

　連帯債務とは、数人の債務者が同一内容の債務の弁済について、各自が独立して全部の債務の弁済の義務を負担する債務です。そのうちの一人が債務を弁済すれば他の債務者の債務は消滅します。弁済した者は、一定の条件のもとで他の債務者に求償することができます。

▶▶ 記録例2：併存的債務引受

権利部（乙区）（所有権以外の権利に関する事項）			
順位番号	登記の目的	受付年月日・受付番号	権利者その他の事項
1	抵当権設定	令和○年○月○日 第○号	原因　令和○年7月7日金銭消費貸借同日設定 債権額　金1，000万円 利息　年1・75％（年365日日割計算） 損害金　年14・0％ 債務者　○市○町○番○号 　　乙川花子 抵当権者　○市○町○番○号 　　株式会社A銀行 　　（取扱店　○○支店）
付記1号	1番抵当権変更	令和○年○月○日 第○号	原因　令和○年○月○日併存的債務引受 連帯債務者　○市○町○番○号 　　甲野太郎

　記録例2は、甲野太郎が乙川花子の債務を引き受けるが、乙川花子は依然として債務者として残る例です。原因は「併存的債務引受」であり、その日付は担保権の設定者と債権者との合意の効力が生じた日です。

　甲野太郎と乙川花子は連帯債務の関係となりますので、付記1号の債務者の表記は「連帯債務者」となり、乙川花子の表示には下線は引かれません。

　民法改正により、第三者が債務を負担した後も元の債務者が引き続き債務を負担する債務引受については、「併存的債務引受」として、その基本的な要件等が定められました。そのため、改正法の施行（令和2年4月1日）後は、併存的債務引受による担保権の変更登記の原因は「重畳的債務引受」ではなく「併存的債務引受」となりました。

　なお、これまでのように登記原因が「重畳的債務引受」とされている場合であっても、当該申請を受け付け、「重畳的債務引受」を登記原因とし

て登記しても差し支えないとされました（令和2年3月31日民二第328号民事局長通達）。

3　債務者の相続

▶▶ 記録例1：共同相続人の一人が遺産分割により、債権者の承認を得て債務を引き受けた場合

権利部（乙区）（所有権以外の権利に関する事項）			
順位番号	登記の目的	受付年月日・受付番号	権利者その他の事項
1	抵当権設定	平成○年○月○日 第○号	（一部省略） 債務者　○市○町○番○号 　甲野太郎 抵当権者　○市○町○番○号 　株式会社A銀行
付記1号	1番抵当権変更	平成○年○月○日 第○号	原因　平成○年○月○日相続 債務者　○市○町○番○号 　甲野久子

　　※　債務者の相続の場合、従前の債務者の表示に下線を引くかどうかは明確ではなく、下線を引いてある例と引いていない例の両方の登記事例が見受けられます。

　記録例1は、共同相続人の一人が遺産分割により、債権者の承認を得て債務を引き受けた例です。その場合の原因は「相続」であり、その日付は、遺産分割の効果は相続開始の時にさかのぼるので（民法909条）、債務者の死亡した日となります。

▶ 記録例2：共同相続人全員が債務承継をした場合

権利部（乙区）（所有権以外の権利に関する事項）			
順位番号	登記の目的	受付年月日・受付番号	権利者その他の事項
1	抵当権設定	平成○年○月○日 第○号	（一部省略） 債務者　○市○町○番○号 　甲野太郎 抵当権者　○市○町○番○号 　株式会社A銀行
付記1号	1番抵当権変更	平成○年○月○日 第○号	原因　平成○年○月○日相続 債務者　○市○町○番○号 　甲野久子 　○市○町○番○号 　甲野啓一

> ※　債務者の相続の場合、従前の債務者の表示に下線を引くかどうかは明確ではなく、下線を引いてある例と引いていない例の両方の登記事例が見受けられます。

　記録例2は、債務者の死亡により共同相続人全員が債務を相続した例です。その場合の原因は「相続」であり、その日付は債務者の死亡した日です。

▶ 記録例3：共同相続人全員による債務の相続登記後、そのうちの一人が債務を引き受けた場合

権利部（乙区）（所有権以外の権利に関する事項）			
順位番号	登記の目的	受付年月日・受付番号	権利者その他の事項
1	抵当権設定	平成○年○月○日 第○号	（一部省略） 債務者　○市○町○番○号 　甲野太郎 抵当権者　○市○町○番○号 　株式会社A銀行
付記1号	1番抵当権変更	平成○年○月○日 第○号	原因　平成○年○月○日相続 債務者　○市○町○番○号 　甲野久子 　○市○町○番○号 　甲野啓一
付記2号	1番抵当権変更	平成○年○月○日 第○号	原因　平成○年○月○日甲野久子の 　　　債務引受 債務者　○市○町○番○号 　甲野啓一

※　債務者の相続の場合、従前の債務者の表示に下線を引くかどうかは明確ではなく、下線を引いてある例と引いていない例の両方の登記事例が見受けられます。

　記録例3は、債務者甲野太郎の死亡後、共同相続人全員である甲野久子、甲野啓一が債務を承継し、その旨の登記をしましたが（付記1号）、その後、甲野啓一が抵当権者の承認を得て甲野久子の債務を引き受けた例です。

　付記2号の原因の日付は債務引受契約の成立の日です。

Ⅴ　順位の変更の登記

　同一の不動産について数個の抵当権が設定されたときは、その抵当権の順位は登記の申請順によって定まりますが（民法 373 条）、抵当権（根抵当権も含む）の順位変更登記を行うことにより、各抵当権者の合意によって既に定まっている順位を絶対的に変更することができます。ただし、利害関係を有する者があるときは、その者の承諾を得なければなりません（同法 374 条 1 項ただし書）。また、順位の変更は、その登記をしなければ、その効力は生じません（同 2 項）。

　抵当権の順位の変更登記は、順位を変更する当該抵当権者の登記名義人が共同して申請します（法 89 条 1 項）。たとえば、順位 1 番の甲の抵当権、順位 2 番の乙の抵当権、順位 3 番の丙の抵当権がある場合、これを順位 1 番丙の抵当権、順位 2 番乙の抵当権、順位 3 番甲の抵当権に変更する場合の申請人は甲、乙、丙となります。この場合、順位に変更がない乙も申請人となります。

　形式的な順位に変更がない乙も順位変更の合意の当事者になるのは、次のような理由からとされています。たとえば、丙の抵当権の債権額が甲の抵当権の債権額よりも大きい場合、乙は不利益を被ることとなりますから、順位変更の合意の当事者になることは当然です。これと逆に、甲の抵当権の債権額が丙の抵当権の債権額よりも大きい場合に、丙の抵当権が乙の抵当権よりも先順位となることは乙にとっては有利になると思われますが、有利になるか不利になるかの判断は債権額だけで決まるものではなく、利息、損害金または抵当権者の社会的信用度等も考慮する必要があります。結局、順位変更が有利になるのか不利になるのかは当事者しかわからないことなので、順位変更に関わる抵当権者全員の合意が必要とされているものと思われます。また、丙が先順位となる順位変更を乙に主張するためには、丙と乙との間にも順位変更の合意が必要となります。

なお、順位1番甲、2番乙、3番丙、4番丁の抵当権がある場合に、順位1番から3番までの抵当権の順位をどのように変更しても4番丁の順位に変更がない場合には、丁の優先弁済を受ける権利には変更がないので、丁は順位変更の合意の当事者にはなりません。

1　通常の順位変更

▶ **記録例：初めて変更する場合**

権利部（乙区）（所有権以外の権利に関する事項）			
順位番号	登記の目的	受付年月日・受付番号	権利者その他の事項
1 (5)	抵当権設定	令和○年○月○日 第○号	（一部省略） 抵当権者　○市○町○番○号 　　株式会社A
2 (5)	抵当権設定	令和○年○月○日 第○号	（一部省略） 抵当権者　○市○町○番○号 　　株式会社B
3	地上権設定	令和○年○月○日 第○号	（省略）
4 (5)	根抵当権設定	令和○年○月○日 第○号	（一部省略） 根抵当権者　○市○町○番○号 　　株式会社C
5	1番、2番、 4番順位変更	令和○年○月○日 第○号	原因　令和○年○月○日合意 第1　4番根抵当権 第2　2番抵当権 第3　1番抵当権

　記録例は、順位番号5番の登記で、順位番号1番抵当権、2番抵当権、4番根抵当権の登記の順位を、第1順位を4番根抵当権、第2順位を2番抵当権、第3順位を1番抵当権に変更した例です。

　なお、順位番号3番に地上権設定登記がありますが、地上権等の用益権との順位変更の登記は認められていませんので、問題にする必要はありま

せん。なぜなら、順位変更というのは、優先弁済を受ける順位を変更することなので、優先弁済を受ける権利を有しない地上権等の用益権との間では順位変更という問題が生じないからです。

2 ┃ 同順位がある場合の順位変更

同順位で登記されている抵当権がある場合には、その順位番号と記号を「2番（あ）」「2番（い）」のように記録して、担保権を特定します（昭和44年5月21日民甲第1133号民事局長回答『登記研究』260号）。

▶ 記録例：同順位の抵当権がある場合

権利部（乙区）（所有権以外の権利に関する事項）			
順位番号	登記の目的	受付年月日・受付番号	権利者その他の事項
1 （3）	抵当権設定	令和○年○月○日 第○号	（一部省略） 抵当権者　○市○町○番○号 　　株式会社A
2（あ） （3）	抵当権設定	令和○年○月○日 第○号	（一部省略） 抵当権者　○市○町○番○号 　　株式会社B
2（い） （3）	根抵当権設定	令和○年○月○日 第○号	（一部省略） 根抵当権者　○市○町○番○号 　　株式会社C
3	1番、2番（あ）、2番（い）順位変更	令和○年○月○日 第○号	原因　令和○年○月○日合意 第1　2番（あ）抵当権 第2　2番（い）抵当権 第3　1番抵当権

記録例は、順位変更によって、同順位の抵当権を異順位に変更する例です。順位番号3番の登記で、2番（あ）抵当権を第1順位にし、2番（い）抵当権を第2順位にし、1番抵当権を第3順位に変更しています。

Ⅵ 抵当権の順位の譲渡または順位の放棄の登記

　抵当権が実行され当該不動産が競売されると、競売代金は、登記をした順番で各抵当権者に配当されます。そうすると、後順位の者は充分な配当が受けられない場合もあります。そこで、抵当権に基づく優先的に配当を受ける権利を他の特定の抵当権者に譲渡または放棄をすることが認められています（民法376条）。

　なお、民法376条1項は順位の譲渡または放棄を受ける担保権者は同一の債務者に対して債権を有するとしていますが、同一の債務者には、債務者ではない抵当権設定者（物上保証人）も含まれるとされています（昭和30年7月11日民甲第1427号民事局長回答）。

　しかし、順位の譲渡または順位の放棄の登記の実例はほとんどなく、現在では順位変更の登記がその役割を果たしています。

1 抵当権の順位の譲渡

　抵当権の順位の譲渡とは、先順位の抵当権者が後順位の抵当権者に抵当権の順位を譲ることです。

▶ **記録例**

権利部（乙区）（所有権以外の権利に関する事項）			
順位番号	登記の目的	受付年月日・受付番号	権利者その他の事項
1	抵当権設定	令和○年○月○日 第○号	原因　令和○年7月7日金銭消費貸 　　借同日設定 債権額　金1，500万円 利息　年1・75％（年365日日 　　割計算） 損害金　年14・0％ 債務者　○市○町○番○号 　　甲野太郎 抵当権者　○市○町○番○号 　　A
付記1号	1番抵当権の 3番抵当権へ の順位譲渡	令和○年○月○日 第○号	原因　令和○年○月○日順位譲渡
2	抵当権設定	令和○年○月○日 第○号	（前略） 債権額　金1，000万円 （一部省略） 抵当権者　○市○町○番○号 　　B
3 （ 付1 ）	抵当権設定	令和○年○月○日 第○号	（前略） 債権額　金3，500万円 （一部省略） 抵当権者　○市○町○番○号 　　C

　記録例は、順位番号1番の抵当権者Aが、順位番号3番の抵当権者C
のために順位を譲渡した例です。

　記録例によると、債権額はAが1,500万円、Bが1,000万円、Cが3,500
万円です。たとえば競売代金が5,000万円の場合、AがCに順位譲渡をし
なければ、A・Bには満額が配当されますが、Cには債権額の一部（2,500
万円）しか配当されません（利息等は考慮していません）。

　この場合に、Aがその抵当権の順位をCに譲渡すると、AとCへの配当

額の合計額 4,000 万円（1,500 万円 + 2,500 万円）からCが優先的に 3,500 万円を受け取り、その残額 500 万円をAが取得することになります。AからCへの順位の譲渡が行われても、Bへの配当金には影響はありませんので、Bには 1,000 万円が配当されます。

2 抵当権の順位の放棄

　抵当権の順位の放棄とは、先順位の抵当権者が後順位の抵当権者に対し、自己の優先弁済の利益を放棄することです。これにより、両者の抵当権は同順位となり、競売代金が不足する場合には各自の債権額に比例した配当額を受け取ることになります。

▶ **記録例**

権利部（乙区）（所有権以外の権利に関する事項）			
順位番号	登記の目的	受付年月日・受付番号	権利者その他の事項
1	抵当権設定	令和○年○月○日 第○号	原因　令和○年7月7日金銭消費貸借同日設定 債権額　金1，500万円 利息　年1・75％（年365日日割計算） 損害金　年14・0％ 債務者　○市○町○番○号 　甲野太郎 抵当権者　○市○町○番○号 　A
付記1号	1番抵当権の3番抵当権への順位放棄	令和○年○月○日 第○号	原因　令和○年○月○日順位放棄
2	抵当権設定	令和○年○月○日 第○号	（前略） 債権額　金1，000万円 （一部省略） 抵当権者　○市○町○番○号 　B
3 （1 付1）	抵当権設定	令和○年○月○日 第○号	（前略） 債権額　金3，500万円 （一部省略） 抵当権者　○市○町○番○号 　C

　記録例は、先順位の抵当権者Aが後順位の抵当権者Cに対し抵当権の順位を放棄した例です。この場合に、抵当権が実行され不動産が5,000万円で売却されたとすると、AとCはそれぞれの優先弁済枠の金額について各自の債権額に比例した額を受け取ることになるので、配当金は次のようになります。

① 　AとCの債権額の比は3対7なので、順位番号1番の優先弁済枠である1,500万円を3対7で分配します。結果、Aは450万円、Cは1,050万円の配当を受けます。

② 　Bへの配当金には影響がありませんので、Bは1,000万円の配当を受

③　残りの 2,500 万円を A と C に 3 対 7 で分配します。結果、A は 750 万円、C は 1,750 万円の配当を受けます。

④　したがって、A は 1,200 万円（450 万円 + 750 万円）、C は 2,800 万円（1,050 万円 + 1,750 万円）、B は 1,000 万円の配当を受け取ることになります。

Ⅶ　抵当権の抹消登記

　抵当権が被担保債権の弁済等によって消滅した場合には、抵当権抹消登記の申請をすることができます。

　抵当権の主な消滅原因としては、「弁済」「放棄」「解除」「合意解除」「主債務消滅」等があります。

〈弁済〉

　担保している債権全部が弁済された場合です。たとえば、銀行が A に住宅ローンとして 1,000 万円を貸す時に、担保として A の土地に抵当権を設定したとします。その後、A が 1,000 万円と利息を弁済すれば債務がなくなり、抵当権も消滅します。

〈放棄〉

　抵当権者の権利放棄のことです。すなわち、設定者からの要請で、抵当権者が抵当権の解約に応ずることをいいます。共同抵当の場合には、一部の不動産に対してのみ権利を放棄することもできます。したがって、原因が「放棄」の場合には、債務が消滅しているとは限りません。なお、無担保債権者に抵当権を放棄する場合の「抵当権の放棄」

とは異なります。

〈解除〉

　抵当権設定契約の解除のことです。これは、契約当事者の一方の意思表示によってされます。「放棄」と同様、共同抵当の場合には、一部の不動産に対してのみ契約を解除することもできます。したがって、原因が「解除」の場合には、債務が消滅しているとは限りません。

〈合意解除〉

　契約当事者が合意して契約を解除することです。しかし、合意解除を原因とする抹消登記の実例は少なく、通常は「解除」と厳格に区別することなく、「合意解除」と思われる場合でも「解除」を原因として申請しているようです。

〈主債務消滅〉

　抵当権設定契約の原因が「保証委託契約」または「保証委託契約による求償債権」の抵当権を抹消する場合にみられます。たとえば、ＢがＡに対して債務を負っている場合に、ＣがＢの委託を受けて保証人となった場合の保証委託契約に基づき、求償債権を担保するための抵当権設定の登記がされている場合（抵当権者はＣ、債務者はＢ）において、主たる債務者Ｂが債権者Ａに対して債務の弁済をした場合には、主たる債務が消滅しますので、保証債務も消滅することになります。その場合、抵当権も消滅することになりますので、「主債務消滅」を抵当権抹消の登記原因とします。

　抵当権の抹消登記は、抵当物件である土地、建物の所有者（所有権の登記名義人）が登記権利者、抵当権者が登記義務者となり、共同で申請します。

　なお、申請人となる所有者の住所、氏名または名称に変更がある場合には、これらの変更登記をしないと抵当権の抹消登記申請は受理されませ

ん。このほか、抵当権者または所有者に変更が生じた場合について、次のように取り扱われることとなっています。

所有者が死亡した後に抹消登記を行う場合

⇨当該不動産の所有者が死亡した後に抵当権が消滅した場合には、申請人となる所有者について相続登記をした後でなければ抹消登記の申請は受理されません。

抵当権者の合併または相続後に抵当権が消滅した場合

⇨抵当権者である会社が合併された後に抵当権が消滅した場合には、合併による抵当権の移転登記をした後、抵当権の抹消登記を申請します。抵当権者が死亡した後に抵当権が消滅した場合には、抵当権者の相続による移転登記をした後、抵当権の抹消登記を申請します。

抵当権者の住所、氏名または名称に変更があった場合

⇨抵当権者の住所、氏名または名称に変更があった場合には、便宜、それらの変更登記を省略して、抵当権の抹消登記の申請をすることができます。ただし、その場合には、変更を証する情報を提供しなければなりません。

▷ 記録例１：弁済による抵当権の消滅

順位番号	登記の目的	受付年月日・受付番号	権利者その他の事項
権利部（乙区）（所有権以外の権利に関する事項）			
<u>1</u>	抵当権設定	平成○年○月○日 第○号	原因　平成○年７月７日金銭消費貸 　　借同日設定 債権額　金１，０００万円 利息　年１・７５％（年３６５日日 割計算） 損害金　年１４・０％ 債務者　○市○町○番○号 　　甲野太郎 抵当権者　○市○町○番○号 　　株式会社Ａ銀行
<u>付記１号</u>	<u>１番抵当権移 転</u>	平成○年６月６日 第○号	原因　平成○年４月１日合併 抵当権者　○市○町○番○号 　　株式会社Ｂ銀行
2	１番抵当権抹 消	令和○年７月１０日 第○号	原因　令和○年７月７日弁済

　記録例１は、抵当権者株式会社Ａ銀行が株式会社Ｂ銀行に合併された後に債務が全額弁済されたので、それによって抵当権が消滅した例です。

　抹消登記をした場合には、抹消された登記事項には下線が引かれます。

▶ 記録例2：本登記と仮登記の抹消

権利部（乙区（所有権以外の権利に関する事項））			
順位番号	登記の目的	受付年月日・受付番号	権利者その他の事項
<u>1</u>	抵当権設定仮登記	平成○年7月7日 第○号	原因　平成○年7月7日金銭消費貸借同日設定 債権額　金1,000万円 利息　年1・75％（年365日日割計算） 損害金　年14・0％ 債務者　○市○町○番○号 　　　　甲野太郎 権利者　○市○町○番○号 　　　　株式会社A銀行
	抵当権設定	平成○年8月1日 第○号	原因　平成○年7月7日金銭消費貸借同日設定 債権額　金1,000万円 利息　年1・75％（年365日日割計算） 損害金　年14・0％ 債務者　○市○町○番○号 　　　　甲野太郎 抵当権者　○市○町○番○号 　　　　株式会社A銀行
2	1番抵当権本登記及び仮登記抹消	令和○年1月5日 第○号	原因　令和○年1月4日解除

　記録例2は、抵当権の仮登記後に本登記された抵当権の本登記と仮登記を抹消した例です。仮登記に基づく本登記及び仮登記の抹消登記の申請情報とあわせて提供する登記義務者の登記識別情報は、本登記の完了後に通知された登記識別情報を提供すれば足ります（『登記研究』391号質疑応答）。

2 | 根抵当権に関する登記

　根抵当権とは、債権者と債務者との間に生ずる債権のうち一定の範囲に属する不特定の債権を、一定の枠である極度額まで担保する抵当権のことです。

　抵当権は、たとえば住宅ローンなどで銀行から金銭を借りた場合、その債権を担保するために設定されますので、担保される債権は特定しています。また、ローンを返済すると、抵当権も消滅しますので、新たに金銭を借りるためには再度、抵当権を設定することになります。

　一方、根抵当権は、債権者と債務者の間に継続的に何回も取引が行われる場合に一定の金額（極度額）まで担保する抵当権ですので、設定契約時には被担保債権が特定していません。また、いったん発生した債権は弁済をすれば消滅しますが、根抵当権は消滅するわけではありませんし、極度額が縮減するわけではありませんので、金銭を借りるごとに抵当権を設定する必要がありません。

Ⅰ 根抵当権設定登記

　根抵当権は、根抵当権者と設定者の合意で設定され、その対抗要件は登記ですが、根抵当権の設定登記をする場合には、法59条各号及び83条1項各号（1号を除く）のほか、①担保すべき債権の範囲及び極度額、②民法370条ただし書の別段の定めがあるときは、その定め、③担保すべき元

本の確定すべき期日の定めがあるときは、その定め、④民法398条の14第1項ただし書の定めがあるときは、その定めを登記しなければなりません（法88条2項）。

1 通常の場合

▶▶▶ 記録例

権利部（乙区）（所有権以外の権利に関する事項）			
順位番号	登記の目的	受付年月日・受付番号	権利者その他の事項
1	根抵当権設定	令和○年○月○日 第○号	原因　令和○年○月○日設定 極度額　金1,000万円 債権の範囲　銀行取引　手形債権 　小切手債権　電子記録債権 確定期日　令和○年○月○日 債務者　○市○町○番○号 　株式会社A 根抵当権者　○市○町○番○号 　甲銀行株式会社 　（取扱店　東京支店） 共同担保　目録（あ）第○号

　記録例は、共同根抵当権の例です。登記の目的は「根抵当権設定」です。

原因：根抵当権設定の旨と契約成立の日が記録されています。

極度額：確定した元本、利息その他の定期金及び損害金のすべてが極度額を限度として担保されることになりますので、その額を登記します。しかし、極度額は貸し付けた債権額と異なりますので、実際にいくら債権があるかはわかりません。

債権の範囲：債権の範囲には、次の類型が認められます。アとイは債務者との取引によって生ずるものです。ウとエは債務者との直接の取引から生じたものではありませんが、根抵当権の被担保債権となる場合もあります。

ア　特定の継続的取引契約によって定めるもの

例　「令和○年○月○日当座貸越契約」

「令和○年○月○日特約販売契約」

「令和○年○月○日フランチャイズ契約」

「令和○年○月○日石油販売特約店契約」

「令和○年○月○日電気製品供給契約」

イ　債務者との一定の種類の取引により定めるもの

一定の種類の取引というのは、担保する債権の範囲を限定的に画することができて、かつ、第三者が取引の範囲を明確に認識できるものでなくてはなりません。

〈認められる例〉

銀行取引　委託取引　金銭消費貸借取引　信用金庫取引

信用組合取引　売買取引　売買委託取引　保証取引

保証委託取引　信託取引　手形貸付取引　手形割引取引

新聞・テレビ・ラジオによる広告請負取引　物品供給取引

商品供給取引　輸出入業務委託取引　請負取引　運送取引

消費貸借取引　使用貸借取引　賃貸借取引　寄託取引

物品加工委託取引　立替払委託取引

労働金庫取引　当座貸越取引　　　　　　　　　　　　　など

〈認められない例〉

委託加工取引　委託販売取引　運転資金融資取引　金融取引

小切手貸付取引　口座貸越取引　債務引受取引　商社取引

商取引　商品委託取引　商品取引　準消費貸借取引

信用保証取引　信用保証協会取引　新聞広告取引

信用保証委託取引　手形取引　小切手取引　取次取引

問屋取引　仲立取引　根抵当取引　農業共同組合取引

ファクタリング取引　保証債務取引　融資取引　リース取引

レンタル取引

ウ　取引によらない特定の原因に基づき債務者との間に継続して生ずる債権

〈認められる例〉

「甲工場の排液による損害賠償債権」

「軽油の取引による軽油取引税債権」

「乙工場からの清酒移出による酒税債権」

〈認められない例〉

「債権者の不法行為に基づく損害賠償債権」

エ　手形上もしくは小切手上の請求権

ここでいう手形債権、小切手債権とは、回り手形、回り小切手のことをいいます。たとえば、Aが振出し、裏書または保証した手形・小切手が転々流通してBの所持となり、甲銀行がこれを割り引き、その手形・小切手が不渡りとなったために甲銀行がAに対して手形上の債権を取得した場合には、この手形上の債権を根抵当権で担保できます。

オ　電子記録債権

電子記録債権とは、債務者が債権者に対して一定の金額を一定の期日に支払うことを内容とするものであり、その発生または譲渡について電子債権記録機関（電子記録債権法51条1項の規定により主務大臣の指定を受けた株式会社をいいます）による電子記録を要件とする金銭債権です（同法2条1項）。また、手形債権と同様に取引の安全を保護するために、善意取得、人的抗弁の切断、支払免責等が認められています。電子記録債権は、平成24年4月27日民二第1106号第二課長通知（『改訂先例・通達集』198頁、『登記研究』776号）により債権の範囲として認められました。なお、民法の改正により明文化されました（民法398条の3）。

確定期日：確定期日を定めるかどうかは当事者の仕意ですが、設定契約において担保すべき元本の確定すべき期日を定めた場合には登記しなければなりません。しかし、実際には、確定期日を定めている例はほとんどありません。確定期日は、これを定めまたは変更した日から5年以内でなければなりません（民法398条の6第3項）。

債務者：個人の場合には住所、氏名、会社等の法人の場合には本店、商号または名称等が記録されています。なお、債務者が複数の場合でも、債務者の表記については「連帯債務者」とはしません。

根抵当権者：個人の場合には住所、氏名、会社等の法人の場合には本店、商号または名称等が記録されています。根抵当権者が複数の場合（共有根抵当権）でも、持分の記録はされません。

2　債務者が数人で、それぞれについて債権の範囲が異なる場合

▶ 記録例：債務者が二人の場合・債権の範囲が異なる場合

権利部（乙区）（所有権以外の権利に関する事項）			
順位番号	登記の目的	受付年月日・受付番号	権利者その他の事項
1	根抵当権設定	令和○年○月○日 第○号	原因　令和○年○月○日設定 極度額　金1,000万円 債権の範囲 　債務者　株式会社甲商店につき 　　令和○年○月○日当座貸越契約 　債務者　甲野太郎につき 　　銀行取引 債務者 　　○市○町○番○号 　　株式会社甲商店 　　○市○町○番○号 　　甲野太郎 根抵当権者　○市○町○番○号 　甲銀行株式会社

記録例は、債務者が複数いる場合に、それぞれについて債権の範囲が異なる場合の例です。この場合には、債務者ごとに債権の範囲を登記します。

　なお、債務者が複数いる場合でも、債権の範囲が同じならば、債務者ごとに債権の範囲を登記していません。

Ⅱ　根抵当権移転の登記

　根抵当権は、元本の確定前においては、根抵当権設定者の承諾を得て、根抵当権自体を債権と切り離して第三者に譲渡することができます（民法398 条の 12 第 1 項）。根抵当権の譲渡には、全部譲渡（同項）、分割譲渡（同2 項）、一部譲渡（同法 398 条の 13）の 3 種類があります。

1　全部譲渡

　根抵当権を全部譲渡すると、以後、その根抵当権によって担保されるのは譲渡人の債権ではなく譲受人の債権となります。根抵当権の全部譲渡の登記を申請する際には、設定者の承諾書（印鑑証明書付き）も提供します（令 7 条 1 項 5 号ハ）。

▶ **記録例**

権利部（乙区）（所有権以外の権利に関する事項）			
順位番号	登記の目的	受付年月日・受付番号	権利者その他の事項
1	根抵当権設定	令和○年○月○日 第○号	原因　令和○年○月○日設定 極度額　金１，０００万円 債権の範囲　銀行取引　手形債権 　　小切手債権 確定期日　令和○年○月○日 債務者　○市○町○番○号 　　株式会社 A 根抵当権者　○市○町○番○号 　　甲銀行株式会社
付記 1 号	1 番根抵当権移転	令和○年○月○日 第○号	原因　令和○年○月○日譲渡 根抵当権者　○市○町○番○号 　　株式会社乙銀行

記録例は、根抵当権が甲銀行株式会社から株式会社乙銀行に全部譲渡された場合の例です。原因は単に「譲渡」であり、「全部譲渡」ではありません。その日付は、全部譲渡の契約をする前に根抵当権設定者の承諾を得ている場合には全部譲渡契約の日です。そうでない場合には、根抵当権設定者が承諾した日です。

　なお、根抵当権設定者が所有権移転によって変更している場合には、現在の所有権の登記名義人が承諾者となります。

2 分割譲渡

　元本の確定前において、根抵当権者は、根抵当権設定者の承諾を得て根抵当権を二個の根抵当権に分割して、その一方を第三者に譲渡することができます（民法 398 条の 12 第 2 項）。根抵当権は同時に三個以上に分割できませんので、三個に分割したい場合には、いったん二個に分割した後、再度分割することになります。なお、分割だけして、譲渡しないということはできません。

　根抵当権を分割譲渡した場合には、譲渡前の根抵当権と分割譲渡された根抵当権は、同順位の別個の根抵当権として、以後、存続することになります。

　根抵当権の分割譲渡は、設定者の承諾を得なければ効力が生じないため、登記申請の際には設定者の承諾書も提供しなければなりません（令 7 条 1 項 5 号ハ）。

▶▶ 記録例：分割譲渡と債権の範囲の変更

権利部（乙区）（所有権以外の権利に関する事項）			
順位番号	登記の目的	受付年月日・受付番号	権利者その他の事項
１（あ）	根抵当権設定	平成２年３月２日 第１２３４号	原因　平成２年３月１日設定 極度額　金１，０００万円 債権の範囲　売買取引　手形債権 　　小切手債権 債務者　○市○町○番○号 　　株式会社Ａ 根抵当権者　○市○町○番○号 　　甲銀行株式会社 　　（取扱店　東京支店） 共同担保　目録（あ）第○号
付記１号	１番（あ）根 抵当権変更	余白	極度額　金３００万円 分割譲渡により令和○年７月８日付 記
１（い）	１番根抵当権 分割譲渡	令和○年７月８日 第４５６７号	原因　令和○年７月６日分割譲渡 （根抵当権の表示） 平成２年３月２日受付 第１２３４号 原因　平成２年３月１日設定 極度額　金７００万円 債権の範囲　売買取引　手形債権 　　小切手債権 債務者　○市○町○番○号 　　株式会社Ａ 根抵当権者　○市○町○番○号 　　乙銀行株式会社 　　（取扱店　渋谷支店） 共同担保　目録（か）第○号
付記１号	１番（い）根 抵当権変更	令和○年７月８日 第４５６８号	原因　令和○年７月６日変更 債権の範囲　銀行取引　手形債権 　　小切手債権

記録例は、極度額 1,000 万円の根抵当権を極度額 300 万円と極度額 700 万円の二個の根抵当権に分割して、極度額 700 万円の根抵当権を乙銀行に譲渡した後、その債権の範囲を変更した例です。

　順位番号 1 番の根抵当権を二個に分割すると、1 番（あ）と 1 番（い）の同順位の根抵当権になります（規則 165 条 2 項・3 項）。

　1 番（い）の権利者その他の事項欄には、根抵当権の表示として、極度額と根抵当権者及び共同担保目録番号以外の受付年月日及び受付番号、債権の範囲、債務者について、1 番（あ）根抵当権と同様の記録がされます。極度額は、譲渡された極度額が記録されています。

　1 番（あ）根抵当権については、極度額が減少しますので、職権により付記 1 号で減少後の極度額と根抵当権を分割して譲渡することにより登記した旨が記録されています（同 4 項）。付記の日付は分割譲渡の登記申請日です。その際、もとの極度額 1,000 万円には下線が引かれ、変更されたことがわかるようになっています。

3 　一部譲渡と優先の定め

　根抵当権の一部譲渡とは、元本の確定前において、根抵当権設定者の承諾を得て根抵当権の一部を譲渡して、譲渡人と譲受人が根抵当権を準共有することです（民法 398 条の 13）。

　根抵当権は数人で共有することができますが（同法 398 条の 14）、その場合、共有者間の優先弁済の割合は、原則として債権額の割合によります（同 1 項本文）。ただし、元本の確定前においては、共有者間でこれと異なる割合または優先弁済を受ける順序を定めることができるとされています（同ただし書）。これを「優先の定め」といいます。

▶ **記録例**

権利部（乙区）（所有権以外の権利に関する事項）			
順位番号	登記の目的	受付年月日・受付番号	権利者その他の事項
1	根抵当権設定	令和○年○月○日 第○号	（前略） 根抵当権者　○市○町○番○号 　　甲銀行株式会社
付記1号	1番根抵当権 一部移転	令和○年○月○日 第○号	原因　令和○年○月○日一部譲渡 根抵当権者　○市○町○番○号 　　乙銀行株式会社
付記2号	1番根抵当権 優先の定	令和○年○月○日 第○号	原因　令和○年○月○日合意 優先の定　乙銀行株式会社は甲銀行 　　株式会社に優先する

　記録例は、甲銀行が乙銀行へ根抵当権を一部譲渡して、共有者間で優先の定めをした例です。この一部譲渡により、根抵当権が甲銀行と乙銀行の準共有となりました。付記1号の原因は「一部譲渡」であり、その日付は一部譲渡の契約をする前に根抵当権設定者の承諾を得ている場合には一部譲渡契約の日、そうでない場合は根抵当権設定者が承諾した日です。

　記録例は、乙銀行が甲銀行より優先的に配当を受けることを意味しますので、配当時には、甲銀行は乙銀行が優先的に弁済を受けた後に残額を受け取ることになります。

　優先の定めは、記録例のように「甲は乙に優先する」という定め方のほか、たとえば「甲3・乙7の割合」のように定めることもできます。

4 ┃ 根抵当権の譲渡に係る特例

　特定破綻金融機関等は、民法398条の12第1項の規定にかかわらず、事業の譲渡により、譲渡される債権を担保する根抵当権（以下「移転根抵当権」という）に係る根抵当権の設定者の承諾を得ることなく、預金保険

法126条の34第3項5号に規定する特定承継金融機関等（特定承継銀行、特定承継保険会社、特定承継金融商品取引業者または特定承継会社をいいます）その他の金融機関等に対して、元本の確定前に移転根抵当権をその担保すべき債権（以下「移転債権」という）の全部とともに譲渡することができるとされました。

この場合には、民法398条の4第1項の規定にかかわらず、当該移転根抵当権者と当該承継金融機関等との間において、当該移転根抵当権の譲渡の後においても当該移転根抵当権が当該移転債権を担保すべきものとする旨の合意があったものとされます（預金保険法133条の2第1項）。

この移転根抵当権の移転の登記の申請には、特定破綻金融機関等が預金保険法133条の2第1項の規定による事業の譲渡をしたことを証する情報を提供しなければなりません（預金保険法134条2項）。

▶▶ **記録例：預金保険法133条の2第1項による根抵当権の移転**

権利部（乙区）（所有権以外の権利に関する事項））			
順位番号	登記の目的	受付年月日・受付番号	権利者その他の事項
1	根抵当権設定	令和○年○月○日 第○号	（一部省略） 根抵当権者　○市○町○番○号 　株式会社　甲銀行
付記1号	1番根抵当権移転	令和○年○月○日 第○号	原因　令和○年○月○日預金保険法 　第133条の2第1項による譲渡 根抵当権者　○市○町○番○号 　株式会社　乙銀行

※　平成26年3月11日民二第193号民事局長通達『登記研究』798号

●預金保険法 133 条の 2

1　特定破綻金融機関等は、民法第 398 条の 12 第 1 項の規定にかかわら
ず、事業の譲渡により譲渡される債権を担保する根抵当権（以下この条並
びに次条第 2 項及び第 3 項において「移転根抵当権」という。）に係る根
抵当権設定者（以下この条において「移転根抵当権設定者」という。）の
承諾を得ることなく、特定承継金融機関等（第 126 条の 34 第 3 項第 5
号に規定する特定承継金融機関等をいう。第 7 項において同じ。）その他
の金融機関等（以下この条において「承継金融機関等」という。）に対す
る事業の譲渡により元本の確定前に移転根抵当権をその担保すべき債権
（以下この条において「移転債権」という。）の全部とともに譲渡すること
ができる。この場合には、同法第 398 条の 4 第 1 項の規定にかかわらず、
当該移転根抵当権設定者と当該承継金融機関等との間において、当該移転
根抵当権の譲渡の後においても当該移転根抵当権が当該移転債権を担保す
べきものとする旨の合意があったものとみなす。

（2 項から 7 項省略）

根抵当権変更（債権の範囲の変更）の登記

　元本の確定前であれば、債権の範囲を変更することができます。この変更は、根抵当権者と根抵当権設定者との合意によって行い、債務者の同意または承諾を必要としません。根抵当権が共同担保となっている場合には、その全部の不動産について債権の範囲の変更登記をしないと効力が生じません（民法398条の17第1項）。なお、当該根抵当権の設定されている不動産が第三者に譲渡されている場合には、その第三者が設定者に代わり変更の当事者となります。

▶ 記録例1：債権の範囲の変更

権利部（乙区）（所有権以外の権利に関する事項）			
順位番号	登記の目的	受付年月日・受付番号	権利者その他の事項
1	根抵当権設定	令和○年○月○日 第○号	原因　令和○年○月○日設定 極度額　金1，000万円 債権の範囲　金銭消費貸借取引　<u>手形債権　小切手債権</u> 債務者　○市○町○番○号 　　株式会社A 根抵当権者　○市○町○番○号 　　甲銀行株式会社
付記1号	1番根抵当権変更	令和○年○月○日 第○号	原因　令和○年○月○日変更 債権の範囲　金銭消費貸借取引　売買取引　手形債権　小切手債権

　※　債権の範囲の変更については、後順位の抵当権者その他の第三者の承諾を得ることは要しません（民法398条の4第2項）。

　※　変更前の債権の範囲に下線が引かれます。

　記録例1は、債権の範囲に「売買取引」を追加した例です。原因は「変更」であり、その日付は合意のあった日です。

▶ 記録例 2 : 全部譲渡と譲り受けた債権の担保

権利部（乙区）（所有権以外の権利に関する事項）			
順位番号	登記の目的	受付年月日・受付番号	権利者その他の事項
1	根抵当権設定	令和○年○月○日 第○号	（前略） 根抵当権者　○市○町○番○号 　甲株式会社
付記 1 号	1 番根抵当権 移転	令和○年○月○日 第○号	原因　令和○年○月○日譲渡 根抵当権者　○市○町○番○号 　乙株式会社
付記 2 号	1 番根抵当権 変更	令和○年○月○日 第○号	原因　令和○年○月○日変更 債権の範囲　令和○年○月○日債 　権譲渡（譲渡人甲株式会社）に 　かかる債権　金銭消費貸借取引

※　変更前の債権の範囲に下線が引かれます。

　記録例 2 は、根抵当権を甲株式会社から乙株式会社に全部譲渡するとともに債権の範囲を変更して、乙株式会社が甲株式会社から譲り受けた債権を根抵当権で担保する例です。

　付記 2 号の債権の範囲として記録されている「令和○年○月○日債権譲渡（譲渡人甲株式会社）にかかる債権」とは、令和○年○月○日に甲株式会社より譲り受けた債権という意味で、甲株式会社に対する債権という意味ではありません。

Ⅳ 根抵当権の債務者の相続登記

　たとえば、根抵当権の確定前に債務者が死亡した場合には、相続の時に存在する債務は根抵当権によって担保されたまま、共同相続人の法定相続分に従って分割相続されます。したがって、相続による債務者変更の登記が必要になります。

　根抵当権の確定前に債務者が死亡した場合には、6か月以内に指定債務者の合意の登記をすれば指定債務者が相続開始後に負担する債務も担保します。6か月以内に指定債務者の合意の登記をしなければ根抵当取引は終了し、元本は相続開始の時に確定したものとみなされます（民法398条の8第4項）。

MEMO　　**指定債務者**

　根抵当権の確定前に債務者が死亡した場合には、その債務者の共同相続人全員を債務者として登記しますが、その債務者の中から、根抵当権者と根抵当権設定者との間で根抵当取引における債務者の地位を承継する相続人を決めることができます。この債務者のことを「指定債務者」といいます。

1　債務者の相続と合意の登記

▶ 記録例

権利部（乙区）（所有権以外の権利に関する事項）			
順位番号	登記の目的	受付年月日・受付番号	権利者その他の事項
1	根抵当権設定	平成○年○月○日 第○号	原因　平成○年○月○日設定 極度額　金1,000万円 債権の範囲　銀行取引　手形債権 　小切手債権 債務者　○市○町○番○号 　甲野太郎 根抵当権者　○市○町○番○号 　甲銀行株式会社
付記1号	1番根抵当権 変更	平成○年○月○日 第○号	原因　平成○年○月○日相続 債務者 　○市○町○番○号 　甲野花子 　○市○町○番○号 　甲野次郎
付記2号	1番根抵当権 変更	平成○年○月○日 第○号	原因　平成○年○月○日合意 指定債務者　○市○町○番○号 　甲野次郎

　記録例は、債務者である甲野太郎が死亡したので、甲野次郎を指定債務者と定めた例です。付記1号は根抵当権の債務者を法定相続人宛て変更する登記が行われたこと、付記2号は甲野次郎を指定債務者とする合意の登記が行われたことを記録したものです。この指定債務者の合意の登記は、相続開始後6か月以内にしなければなりません。

付記1号：登記の目的は「1番根抵当権変更」として、順位番号何番の登記の変更かがわかるように記録されています。原因は「相続」であり、その日付は債務者の死亡した日です。権利者その他の事項欄には、債務者として、法定相続人全員の住所、氏名が記録されています。債務者の

相続の登記をしても、従前の債務者甲野太郎の表示には下線は引かれません（昭和46年12月27日民三第960号三課長依命通知第6、一）。

付記2号：原因は「合意」であり、その日付は根抵当権者と根抵当権設定者が合意した日です。根抵当権設定者と債務者が同じである場合は、当該根抵当権の担保物権である不動産の相続人と合意することになります。権利者その他の事項欄には、指定債務者の住所、氏名が記録されています。指定債務者の合意の登記は、債務者甲野太郎の相続開始後においては指定債務者甲野次郎との間の根抵当取引で生じた債権を担保することを意味します。甲野花子の債務を甲野次郎が引き受けることを意味するのではありません。したがって、相続開始時に存在していた債務は甲野花子と甲野次郎が承継し負担していますので、この登記をしても、付記1号の債務者の表示には下線は引かれません。

2 債務者の相続と債務引受

▶ 記録例：債務者の一人について相続が発生した場合

権利部（乙区）（所有権以外の権利に関する事項）			
順位番号	登記の目的	受付年月日・受付番号	権利者その他の事項
1	根抵当権設定	平成○年○月○日 第○号	原因　平成○年○月○日設定 極度額　金1,000万円 債権の範囲　銀行取引　手形債権　小切手債権 債務者 　○市○町○番○号 　甲野太郎 　○市○町○番○号 　甲野次郎 根抵当権者　○市○町○番○号 　乙銀行株式会社
付記1号	1番根抵当権変更	平成20年12月2日 第○号	原因　平成20年4月8日債務者甲野太郎の相続 債務者 　○市○町○番○号 　甲野花子 　○市○町○番○号 　丙川あゆみ
付記2号	1番根抵当権変更	平成21年3月2日 第○号	原因　平成21年3月1日変更 債権の範囲　債務者甲野次郎につき 　銀行取引　手形債権　小切手債権 　債務者　甲野花子につき 　平成21年3月1日債務引受（旧債務者丙川あゆみ）にかかる債権 　平成20年4月8日相続による甲野花子の相続債務のうち変更前根抵当権の被担保債権の範囲に属するものにかかる債権 　銀行取引　手形債権　小切手債権 債務者 　○市○町○番○号 　甲野次郎 　○市○町○番○号 　甲野花子

記録例は、債務者のうちの一人である甲野太郎が平成20年4月8日に死亡した後、6か月以内に指定債務者の合意の登記がなされなかった場合において、債務者と債権の範囲を変更した例です。

　債務者の死亡後、6か月以内に指定債務者の合意の登記がなされない場合、債務者に対する債権は確定したものとみなされますが、根抵当権の複数債務者の一人に確定事由が生じても、根抵当権全体としては確定しません。

付記1号：債務者の相続の登記の記録です。原因は、誰の相続かがわかるように、「債務者甲野太郎の相続」と記録されています。原因の日付（甲野太郎が死亡した日。平成20年4月8日）と登記の受付年月日（平成20年12月2日）との間に6か月以上の間があることから、甲野太郎死亡後6か月以内に指定債務者の合意の登記がされなかったことがわかります。その結果、甲野太郎に対する債権が確定していることがわかります。この場合でも、債務者として法定相続人全員の住所、氏名を登記します。

付記2号：付記1号の登記によって甲野太郎の債務を甲野花子と丙川あゆみの二人が引き受けたことがわかります。この後、甲野花子が丙川あゆみの債務を引き受けるにはどうすればよいかということですが、確定前の根抵当権では、「債務引受」を原因とした債務者変更登記はできません。また、債務者の変更だけでは、債務者である丙川あゆみの債務を担保できなくなります。そこで、債務者を甲野花子に変更して、債務者甲野花子に対する債権の範囲として記録例のように登記します。

　「平成21年3月1日債務引受（旧債務者丙川あゆみ）にかかる債権」とは、丙川あゆみが相続によって承継した債務をいいます。

　しかし、これでも甲野花子が相続によって承継した債務が担保されないおそれがあります。そこで、記録例のように「平成20年4月8日相続による甲野花子の相続債務のうち変更前根抵当権の被担保債権の範囲に属するものにかかる債権」と登記します。

（参考：宮本俊忠『民事法務』135号30頁・民事法務協会《登記のページ》）

Ⅴ　根抵当権の元本確定の登記

　根抵当権の元本が確定すると、根抵当権が担保する債権はその時点において存在するものに確定し、根抵当権は、元本債権額とそれに附随して発生する利息及び損害金を極度額の範囲内で担保することになります。したがって、その後発生する債権は担保されなくなります。

　確定後には、債権の範囲の変更、債務者の変更、根抵当権の譲渡、分割譲渡、一部譲渡などができなくなります（民法 398 条の 4、398 条の 12、398 条の 13）。その反対に、確定後は、債権譲渡、代位弁済などによる根抵当権の移転または一部移転ができるようになります。

　根抵当権が確定する場合には、次のようなものがあります（民法各条項）。

① **確定期日の到来（398 条の 6 第 1 項）**
　　根抵当権の元本の確定期日を定めている場合には、その確定期日の到来により根抵当権の元本が確定します。

② **根抵当権設定者による確定請求による場合（398 条の 19 第 1 項）**
　　根抵当権設定者は、元本確定期日の定めがある場合を除き、根抵当権の設定の時から 3 年を経過すると元本の確定を請求することができます。この場合、担保すべき元本は、請求の時から 2 週間を経過することによって確定します。

③ **根抵当権者が元本の確定請求をした場合（398 条の 19 第 2 項）**
　　根抵当権者は、元本確定期日の定めがある場合を除き、いつでも元本の確定を請求することができ、この請求があった場合は、その時に根抵当権の元本が確定します。

　　その場合、確定の登記は根抵当権の登記名義人が単独で申請することができますが（法 93 条）、単独で申請する場合には、民法 398

条の 19 第 2 項の規定による請求をしたことを証する情報を提供しなければなりません（令別表の 61 の項添付情報欄）。

④　**債務者または根抵当権者の相続開始後 6 か月以内に指定債務者または指定根抵当権者を定める合意の登記をしなかった場合（398条の 8 第 4 項）**

　この場合、担保すべき元本は、相続開始の時に確定したものとみなされます。

⑤　**根抵当権者または債務者が合併した場合において根抵当権設定者が確定請求をした場合（398 条の 9 第 3 項）**

　ただし、債務者の合併の場合について、債務者と根抵当権設定者が同一の場合はこの限りではありません。

　この場合、担保すべき元本は、合併の時に確定したものとみなされます。ただし、この請求は、根抵当権設定者が合併のあったことを知った日から 2 週間を経過したときはすることができません。また、合併の日から 1 か月を経過した場合も同じです。

⑥　**根抵当権者が抵当不動産について競売もしくは担保不動産収益執行または物上代位による差押え（民法 372 条、304 条）を申し立てた場合（398 条の 20 第 1 項 1 号）**

　差押えの申立ての時に元本は確定します。

　ただし、競売手続もしくは担保不動産収益執行手続の開始または差押えがあったときに限ります。

⑦　**根抵当権者が抵当不動産に対し滞納処分による差押えをした場合（398 条の 20 第 1 項 2 号）**

　国または地方公共団体が抵当不動産に対し滞納処分による差押えをした場合は、元本はその差押えをした時に確定します。

⑧　**根抵当権者が第三者の申立てにより抵当不動産に対する競売手続の開始または滞納処分による差押えがあったことを知った時から 2 週間が経過した場合（398 条の 20 第 1 項 3 号）**

　この場合、確定の登記は根抵当権の登記名義人が単独で申請することができます（法 93 条）。ただし、この登記は当該根抵当権またはこれを目的とする権利の取得の登記の申請とあわせてしなければなりません（同ただし書）。

　なお、競売手続の開始もしくは差押えの効力が消滅したときは、担保すべき元本は確定しなかったものとみなされます。ただし、元本が確定したものとしてその根抵当権またはこれを目的とする権利を取得した者があるときは、元本は確定したものとして取り扱われます（民法 398 条の 20 第 2 項）。

⑨　**債務者または根抵当権設定者が破産手続開始の決定を受けた場合（398 条の 20 第 1 項 4 号）**

　この場合、元本は破産手続開始決定の時に確定します。

　この確定の登記は根抵当権の登記名義人が単独で申請できます（法 93 条）。ただし、当該根抵当権またはこれを目的とする権利の取得の登記の申請とあわせてしなければなりません（同ただし書）。

　なお、破産手続開始の効力が消滅したときは、担保すべき元本は確定しなかったものとみなされます。ただし、元本が確定したものとしてその根抵当権またはこれを目的とする権利を取得した者があるときは、元本は確定したものとして取り扱われます（民法 398 条の 20 第 2 項）。

⑩　**根抵当権者または債務者が会社分割をした場合（民法 398 条の 10、398 条の 9 第 4 項）**

　元本確定前に根抵当権者または債務者を分割会社とする分割があったときは、根抵当権設定者（債務者が根抵当権設定者であるときを除く）は元本の確定を請求することができます。

　この場合、担保すべき元本は、会社分割の時に確定したものとみなされます。ただし、この請求は、根抵当権設定者が会社分割のあったことを知った日から 2 週間を経過したときはすることができ

ません。また、会社分割の日から1か月を経過した場合も同じです。

⑪ **民事再生法による担保権の消滅の許可があった場合（民事再生法 148条6項）**

　民事再生法148条1項により再生債務者等（同法2条1号、2号）が、裁判所に対し、担保権を消滅させることについて許可の申立てを行い、裁判所がこの申立てに対し許可の決定をしたときは、この裁判書を申立書とともに担保権者に送達されます（同法148条3項）。根抵当権者が裁判書等の送達を受けたときから2週間を経過したときは、元本は確定します（民事再生法148条6項）。

MEMO	根抵当権またはこれを目的とする権利の取得の登記

　「根抵当権の取得の登記」とは、根抵当権の被担保債権の全部もしくは一部の譲渡または代位弁済による根抵当権の全部もしくは一部の移転（民法398条の7第1項）の登記をいいます。また、「根抵当権を目的とする権利の取得の登記」とは、民法376条1項の規定により根抵当権またはその順位の譲渡または放棄を受けた場合（民法398条の11第1項）のその旨の登記、更改契約により債権者が交替した場合（民法398条の7第4項）の根抵当権の変更登記をいいます（平成10年10月23日民三第2069号民事局長通達『登記研究』612号）。

▶ 記録例：元本の確定と債権譲渡により移転した場合

権利部（乙区）（所有権以外の権利に関する事項）			
順位番号	登記の目的	受付年月日・受付番号	権利者その他の事項
1	根抵当権設定	平成○年○月○日 第○号	原因　平成○年○月○日設定 極度額　金1，000万円 債権の範囲　銀行取引　手形債権 　小切手債権 債務者　○市○町○番○号 　株式会社A 根抵当権者　○市○町○番○号 　甲銀行株式会社
付記1号	1番根抵当権 元本確定	令和○年○月○日 第○号	原因　令和○年○月○日確定
付記2号	1番根抵当権 移転	令和○年○月○日 第○号	原因　令和○年○月○日債権譲渡 根抵当権者　○市○町○番○号 　株式会社B

　記録例は、元本確定後に確定した債権を譲渡したことにより根抵当権が株式会社Bに移転した例です。確定したことによって、元本が具体的に特定され、根抵当権が債権に随伴するため、債権を第三者に譲渡した場合には根抵当権も移転することになります。

付記1号：元本確定の登記です。その際に、確定時における債権額は記録されません。原因は「確定」ですが、登記簿上からはどのような理由で確定したのかはわかりません。

　付記2号の債権譲渡による移転登記をする前提として、根抵当権が確定していることが登記簿上明らかであることが必要となります。記録例では、付記1号の確定の登記で確定していることが明らかですので、問題はありません。

3 | 地上権に関する登記

　地上権とは、他人の土地において、工作物または竹木を所有する目的でその土地を使用する権利のことです（民法265条）。工作物とは、建物・橋・広告塔・記念碑等の地上工作物のほか、地下鉄・地下室倉庫等の地下工作物をいいます。竹木とは、主として植林の目的とされる竹木林の所有を意味し、耕作の目的となる植物類、たとえば、稲、麦、桑、茶、果樹などは含まないとされています。なぜなら、これらについては、永小作権が成立するからです。

　地上権の登記の登記事項は、法59条（権利に関する登記の登記事項）各号に掲げるもののほか、次のとおり定められています（法78条）。

---

① 地上権設定の目的

② 地代またはその支払時期の定めがあるときは、その定め

③ 存続期間または借地借家法22条前段もしくは23条1項もしくは大規模な災害の被災地における借地借家に関する特別措置法7条1項の定めがあるときは、その定め

④ 地上権設定の目的が借地借家法23条1項または2項に規定する建物の所有であるときは、その旨

⑤ 民法269条の2第1項前段に規定する地上権（区分地上権）の設定にあっては、その目的である地下または空間の上下の範囲及び同項後段の定めがあるときは、その定め

　なお、地上権は土地の使用を目的とした権利ですので、土地の登記簿に記録されます。

1　通常の地上権の設定

▶　記録例：通常の地上権の設定

権利部（乙区）（所有権以外の権利に関する事項）			
順位番号	登記の目的	受付年月日・受付番号	権利者その他の事項
1	地上権設定	令和○年○月○日 第○号	原因　令和○年○月○日設定 目的　建物所有 存続期間　６０年 地代　１平方メートル１年１万円 支払時期　毎年○月○日 地上権者　○市○町○番○号 　　甲野太郎

　記録例は、地上権者甲野太郎のために地上権を設定した例です。登記の目的は「地上権設定」、原因は「設定」であり、その日付は契約の成立した日です。地上権設定の目的は、たとえば建物所有を目的とする場合は、「建物所有」と登記します（平成4年7月7日民三第3930号民事局長通達『登記研究』535号）。ただし、借地権が地上権である場合の設定の目的については、建物の構造等もあわせて記録する従来の取扱いによっても差し支えないとされています（同通達）。その場合には、「木造建物所有」「鉄筋コンクリート造建物所有」等のように登記します。

2　区分地上権

　地上権には、通常の地上権のほかに、「区分地上権」があります（民法269条の2）。区分地上権は、高架鉄道、空中ケーブル、地下鉄、地下駐車

場の設置のように、空中または地下のある部分のみの使用という必要性から認められた地上権です。通常の地上権は、土地の所有権の及ぶ範囲、すなわち、その土地の上下に及びますが、区分地上権は、地下または空間の上下の範囲を定めてその部分を目的とします。

　区分地上権の設定にあっては、その目的である地下または空間の上下の範囲及び民法 269 条の 2 第 1 項後段の定めがあるときはその定めが登記事項とされています（法 78 条 5 号）。

▶▶ 記録例：区分地上権の設定

権利部（乙区）（所有権以外の権利に関する事項）			
順位番号	登記の目的	受付年月日・受付番号	権利者その他の事項
1	地上権設定	令和○年○月○日 第○号	原因　令和○年○月○日設定 目的　高架鉄道敷設 範囲　東京湾平均海面の上１００ 　　　メートルから上30メートルの間 地代　１平方メートル１年○万円 支払時期　毎年○月○日 特約　土地の所有者は高架鉄道の運 　　　行の障害となる工作物を設置しな 　　　い 地上権者　○市○町○番○号 　　　株式会社甲

　記録例は、区分地上権を設定した例です。通常の地上権との違いは、地上権設定の目的が工作物を所有することに限られていることと、範囲が地下または空間の上下の一定の範囲に限定して設定されることです。

　範囲の定め方の例としては、記録例のほかに、たとえば、「標高 100 メートルから上 30 メートルの間」「土地東南隅の地点の下 20 メートルから下 30 メートルの間」等があります（昭和 41 年 11 月 14 日民甲第 1907 号民事局長通達『登記研究』231 号）。

> ●民法 269 条の 2（地下又は空間を目的とする地上権）
> 1　地下又は空間は、工作物を所有するため、上下の範囲を定めて地上権の目的とすることができる。この場合においては、設定行為で、地上権の行使のためにその土地の使用に制限を加えることができる。
> 2　前項の地上権は、第三者がその土地の使用又は収益をする権利を有する場合においても、その権利又はこれを目的とする権利を有するすべての者の承諾があるときは、設定することができる。この場合において、土地の使用又は収益をする権利を有する者は、その地上権の行使を妨げることができない。

3　定期借地権

　借地権には普通借地権と定期借地権があります。普通借地権は「定期借地権以外の借地権」と考えればよいでしょう。定期借地権とは、簡単にいうと、存続期間が満了すると更新されずに権利が消滅し、土地が所有者に返ってくる借地権のことをいいます。なお、借地権とは、建物の所有を目的とする地上権または土地の賃借権のことをいいますが（借地借家法2条1号）、これを登記する場合には借地権という特別な登記があるわけではなく、地上権または賃借権の登記としてされます。

　定期借地権は、一般定期借地権（借地借家法 22 条）、事業用定期借地権（同法 23 条）及び建物譲渡特約付借地権（同法 24 条）に分類できますが、本書は、借地借家法の定めに従い、一般定期借地権の用語を使用せずに借地借家法 22 条の借地権のことを単に「定期借地権」と表現します。

　定期借地権は、存続期間として 50 年以上の確定した期間を定めた場合ですが、その特色としては次の三つがあります。

①　契約の更新がないこと。ただし、定期借地権が終了後、更新ではなく、土地所有者と借地権者が再契約することは自由であるとされています（澤野順彦編『実務解説借地借家法』青林書院、94 頁）。

② 建物滅失後に建物を再築した場合にも期間が延長されないこと。

③ 建物買取り請求権がないこと。したがって、期間満了により借地権者は原則として建物を取り壊して更地にして返還することになります。ただし、建物を取り壊さずに返還するという特約も有効とされています（澤野順彦『定期借地権』日本評論社、101頁）。

▶ **記録例：定期借地権としての地上権の設定**

権利部（乙区）（所有権以外の権利に関する事項）			
順位番号	登記の目的	受付年月日・受付番号	権利者その他の事項
1	地上権設定	令和○年○月○日 第○号	原因　令和○年○月○日設定 目的　建物所有 存続期間　５０年 地代　１平方メートル１年○万円 支払時期　毎年○月○日 特約　借地借家法第２２条の特約 地上権者　○市○町○番○号 　　甲野太郎

記録例は、存続期間を50年とする定期借地権を地上権設定登記で設定した例です。登記申請の際は、存続期間と、地代及び地代の支払時期があれば、それを登記しますが、定期借地権の場合には存続期間が50年以上ですので、存続期間は必ず登記されます。

特約として、「借地借家法第22条の特約」と登記しますが、その内容は、契約の更新がないこと、建物の築造による存続期間の延長がないこと及び借地借家法13条による建物等の買取りの請求をしないことです。この場合、特約は、公正証書による等書面によってしなければなりません（借地借家法22条後段）。

なお、借地権の設定の登記に借地借家法22条の特約を追加する変更の登記の申請は、受理されません（平成4年7月7日民三第3930号民事局長通達『登記研究』535号）。

4　事業用定期借地権としての地上権

　事業用定期借地権とは、もっぱら事業の用に供する建物（居住の用に供するものを除く）の所有を目的とする借地権です。定期借地権に比べて、存続期間を短く設定することができます。

　存続期間を30年以上50年未満とする場合には、契約の更新がないこと、建物の築造による存続期間の延長がないこと及び建物の買取りの請求をしないことを内容とする特約をすることができます（借地借家法23条1項）。

　存続期間を10年以上30年未満とする場合には、借地借家法3条から8条まで、13条及び18条の規定は適用しません（同法23条2項）。

　事業用定期借地権設定契約は、公正証書によってしなければなりません（同3項）。

▶▶▶　**記録例1：借地借家法23条1項の事業用定期借地権**

権利部（乙区）（所有権以外の権利に関する事項）			
順位番号	登記の目的	受付年月日・受付番号	権利者その他の事項
1	地上権設定	令和○年○月○日 第○号	原因　令和○年○月○日設定 目的　借地借家法第23条第1項の 　　　建物所有 存続期間　45年 地代　1平方メートル1年○万円 支払時期　毎年○月○日 特約　借地借家法第23条第1項の 　　　特約 地上権者　○市○町○番○号 　　　　　株式会社甲

　記録例1は、借地借家法23条1項の規定による事業用定期借地権が地上権の場合の例です。この場合、借地権設定の目的は「借地借家法第23

条第 1 項の建物所有」、特約は「借地借家法第 23 条第 1 項の特約」となります。

▶ 記録例 2：借地借家法 23 条 2 項の事業用定期借地権

権利部（乙区）（所有権以外の権利に関する事項）			
順位番号	登記の目的	受付年月日・受付番号	権利者その他の事項
1	地上権設定	令和○年○月○日 第○号	原因　令和○年○月○日設定 目的　借地借家法第 23 条第 2 項の 　　　建物所有 存続期間　２５年 地代　１平方メートル１年○万円 支払時期　毎年○月○日 地上権者　○市○町○番○号 　　　　　株式会社甲

　記録例 2 は、存続期間が 10 年以上 30 年未満とする借地借家法 23 条 2 項の規定による事業用定期借地権が地上権の場合の例です。この場合、借地権設定の目的は「借地借家法第 23 条第 2 項の建物所有」です。

●借地借家法 22 条（定期借地権）
　存続期間を 50 年以上として借地権を設定する場合においては、第 9 条及び第 16 条の規定にかかわらず、契約の更新（更新の請求及び土地の使用の継続によるものを含む。次条第 1 項において同じ。）及び建物の築造による存続期間の延長がなく、並びに第 13 条の規定による買取りの請求をしないこととする旨を定めることができる。この場合においては、その特約は、公正証書による等書面によってしなければならない。
●借地借家法 23 条（事業用定期借地権等）
1　専ら事業の用に供する建物（居住の用に供するものを除く。次項において同じ。）の所有を目的とし、かつ、存続期間を 30 年以上 50 年未満として借地権を設定する場合においては、第 9 条及び第 16 条の規定に

かかわらず、契約の更新及び建物の築造による存続期間の延長がなく、並びに第13条の規定による買取りの請求をしないこととする旨を定めることができる。

　2　専ら事業の用に供する建物の所有を目的とし、かつ、存続期間を10年以上30年未満として借地権を設定する場合には、第3条から第8条まで、第13条及び第18条の規定は、適用しない。

　3　前2項に規定する借地権の設定を目的とする契約は、公正証書によってしなければならない。

5　被災地短期借地権としての地上権の設定

　大規模な災害の被災地において、災害により借地上の建物が滅失（めっしつ）した場合において、借地権者の保護等を図るための特別措置が認められました（大規模な災害の被災地における借地借家に関する特別措置法1条。以下「特措法」という）。

　特定大規模災害を指定する政令の施行の日から起算して2年を経過する日までの間に、指定された地区に所在する土地について借地権を設定する場合においては、借地借家法9条の規定にかかわらず、存続期間を5年以下とし、かつ、契約の更新（更新の請求及び土地の使用の継続によるものを含む）及び建物の築造による存続期間の延長がないこととする旨を定めることができます（特措法7条1項）。

　この定めがある借地権を設定するときは、借地借家法13条（建物買取請求権）、17条（借地条件の変更及び増改築の許可）及び25条（一時使用の目的の借地権）の規定は適用されません（特措法7条2項）。また、この借地権の設定を目的とする契約は、公正証書による等書面によってしなければなりません（同3項）。この「公正証書」は例示であって、必ずしも公正証書でなければならないものではありませんが、この契約は必ず書面によってしなければなりません。

特措法7条1項の定めがあるときは、この定めが地上権の登記または賃借権の登記もしくは賃借物の転貸の登記事項とされています（法78条3号、81条8号）。その定めは、「大規模な災害の被災地における借地借家に関する特別措置法第7条第1項の特約」と記録されます。

▶▶ 記録例：特別措置法7条1項の被災地短期借地権（地上権）の設定

権利部（乙区）（所有権以外の権利に関する事項）			
順位番号	登記の目的	受付年月日・受付番号	権利者その他の事項
1	地上権設定	令和○年○月○日 第○号	原因　令和○年○月○日設定 目的　建物所有 存続期間　5年 地代　1平方メートル1年○万円 支払時期　毎年○月○日 特約　大規模な災害の被災地における借地借家に関する特別措置法第7条第1項の特約 地上権者　○市○町○番○号 　　　　　甲野太郎

※　平成25年9月13日民二第384号民事局長通達『登記研究』795号

```
●大規模な災害の被災地における借地借家に関する特別措置法7条
　（被災地短期借地権）
1　第2条第1項の政令の施行の日から起算して2年を経過する日までの
　間に、同条第2項の規定により指定された地区に所在する土地について
　借地権を設定する場合においては、借地借家法第9条の規定にかかわら
　ず、存続期間を5年以下とし、かつ、契約の更新（更新の請求及び土地
　の使用の継続によるものを含む。）及び建物の築造による存続期間の延長
　がないこととする旨を定めることができる。
2　前項に規定する場合において、同項の定めがある借地権を設定するとき
　は、借地借家法第13条、第17条及び第25条の規定は、適用しない。
```

　3　第 1 項の定めがある借地権の設定を目的とする契約は、公正証書による等書面によってしなければならない。

4 ┃ 永小作権に関する登記

永小作権とは、小作料を支払って、他人の土地で耕作または牧畜をする権利です（民法 270 条）。

永小作権の存続期間は、20 年以上 50 年以下とされています（民法 278 条）。設定行為で 50 年より長い期間を定めたときであっても、その期間は 50 年となります。また、永小作権の設定は更新することができますが、その場合の存続期間は、更新の時から 50 年を超えることができません。設定行為で永小作権の存続期間を定めなかったときは、その期間は、別段の慣習がある場合を除き、30 年となります（同 3 項）。

なお、一筆の土地の一部について永小作権設定の登記をすることはできません。

永小作権の登記の登記事項としては、法 59 条各号に掲げるもののほか、次のものがあります（法 79 条）。

① 小作料
② 存続期間または小作料の支払時期の定めがあるときは、その定め
③ 民法 272 条ただし書の定め（永小作権譲渡転貸禁止の特約）があるときは、その定め
④ ②③に規定するもののほか、永小作人の権利または義務に関する定め（民法 273 条から 276 条）があるときは、その定め

▶ 記録例：永小作権の設定

権利部（乙区）（所有権以外の権利に関する事項）			
順位番号	登記の目的	受付年月日・受付番号	権利者その他の事項
1	永小作権設定	令和○年○月○日 第○号	原因　令和○年○月○日設定 小作料　1年○万円 支払時期　毎年○月○日 存続期間　○年 特約　譲渡、賃貸することができない 永小作権者　○市○町○番○号 　　甲野太郎

記録例は、永小作権者甲野太郎のために永小作権を設定した例です。

原因：「設定」であり、その日付は設定の効力が生じた日です。農地または採草放牧地に永小作権を設定する場合には、原則として農地法3条の規定により農業委員会または都道府県知事の許可を受けなければその効力が生じないとされていますので、その場合には許可のあった日が原因日付となります。

小作料：一筆ごとにその額を登記しなくてはなりません。

存続期間：存続期間を定めた場合には登記をします。

5 | 地役権に関する登記

地役権とは、一定の目的のために他人の土地（承役地）を自己の土地（要役地）の便益に供する権利です（民法280条）。

他人の土地を利用して便益を受ける自己の土地を「要役地」といい、利用される他人の土地を「承役地」といいます。この二つの土地は、必ずしも隣接している必要はありません。

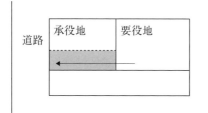

※　図は、要役地所有者のため、道路に出るために承役地の一部を通行できるよう地役権を設定した例です。

地役権は、要役地の所有権に従たるものとして、その所有権とともに移転し、または要役地について存する他の権利の目的となります（民法281条1項）。ただし、設定行為に別段の定めがあるときは、この限りではありません。また、地役権は、要役地から分離して譲渡し、または他の権利の目的とすることができません（同2項）。

要役地は一筆の土地であることを要しますが、承役地は一筆の土地である必要はありませんので、土地の一部分の上にも地役権は成立し、その旨の登記もできます。地役権設定の登記は承役地についてするものであり、要役地については、登記官が職権で要役地である旨の登記をします。

承役地に地役権を設定する登記の登記事項は、法59条各号に掲げるも

ののほか、次のものがあります（法80条1項）。

① 　要役地の表示
② 　地役権設定の目的及び範囲
　　　地役権の目的としては、たとえば「通行」「用水使用」「庭園観望」
　「電線路の障害となる工作物を設置しない」などがあります。
③ 　民法281条1項ただし書もしくは285条1項ただし書の別段の
　　定めまたは286条の定めがあるときは、その定め
④ 　地役権の設定の範囲が承役地の一部の場合において、地役権設定
　　の登記をするときは、その登記の末尾に地役権図面の番号（規則
　　160条）

　なお、地役権者の住所、氏名または名称は登記しません（法80条2項）。
これは、地役権が要役地の所有権に付従するためです（民法281条1項）。
要役地の所有権が移転するとそれとともに地役権も移転するため、あえて
地役権者の住所、氏名または名称を登記する必要はありません。
　登記官は、承役地に地役権設定の登記をしたときは、要役地について、
職権で、法務省令（規則159条1項）で定める事項を登記しなければなり
ません（法80条4項）。法務省令で定める事項は次のとおりです（規則
159条1項）。

① 　要役地の地役権の登記である旨
② 　承役地に係る不動産所在事項及び当該土地が承役地である旨
③ 　地役権設定の目的及び範囲
④ 　登記の年月日

なお、要役地に所有権の登記がないとき（表題登記しかされていない場合）は、承役地に地役権の設定登記をすることはできません（法80条3項）。

▶▶ 記録例1：承役地の登記記録にする地役権設定の登記

権利部（乙区）（所有権以外の権利に関する事項）			
順位番号	登記の目的	受付年月日・受付番号	権利者その他の事項
1	地役権設定	令和○年○月○日 第○号	原因　令和○年○月○日設定 目的　通行 範囲　東側１２平方メートル 要役地　○市○町○番 地役権図面第○号

　※　地役権者の住所、氏名または名称は登記しません。

　記録例1は、承役地の東側12平方メートルに通行のために地役権を設定した例です。登記の目的は「地役権設定」です。

　地役権設定の登記をすると、要役地の表示（所在及び地番）、目的及び範囲が記録されます。範囲が全部であれば「全部」、一部の場合には、その一部を特定できるように具体的・明確に記録され、その部分を明らかにした地役権図面番号が記録されます（規則160条）。

　地役権の設定契約または特別契約をもって、地役権は要役地の所有権とともに移転しない旨の特約を設けたような場合（例：「地役権は要役地と共に移転せず要役地の上の他の権利の目的とならない」）や、用水地役権の場合における水の使用方法や使用量等に関して特約を設けたような場合（例：「用水は要役地のためにまず使用し承役地の所有者は用水使用のための溝を修繕する義務を負う」民法285条1項ただし書）には、それを登記します。

▶ 記録例2：要役地の登記記録に職権でする登記

権利部（乙区）（所有権以外の権利に関する事項）			
順位番号	登記の目的	受付年月日・受付番号	権利者その他の事項
1	要役地地役権	余白	承役地　○市○町○番 目的　通行 範囲　東側１２平方メートル 令和○年○月○日登記

※　要役地が承役地と同一登記所の管轄に属する場合の例です。

　承役地において地役権の登記をした場合には、登記官は職権で要役地の登記記録に規則159条1項で定める事項を登記しなければなりません（法80条4項）。

　記録例2は、その場合の例ですが、具体的には、登記の目的としてその土地が要役地の地役権の登記である旨、承役地の土地の表示（所在及び地番）と地役権設定の目的及び範囲が登記されており、これらの事項とあわせて登記の年月日が記録されています。

6 | 賃借権に関する登記

1 通常の賃借権の設定

　賃貸借契約とは、賃貸人が賃借人に対して目的物を使用収益させること
を約束し、賃借人がその目的物の賃料を支払う約束をすることです（民法
601条）。賃借人の使用収益する権利を「賃借権」といいます。

　なお、賃借権は物権ではないので、賃貸人が登記に応ずる旨の特約がな
い限り、賃借人は賃借権設定の登記請求権を有しないものと解されていま
す。また、不動産の一部及び共有持分については賃借権の登記はすること
ができないとされています（昭和48年10月13日民三第7694号民事局長
回答『登記研究』313号）。

　賃借権の登記事項には、法59条各号に掲げるもののほか、次のものが
あります（法81条）。

---

　① 　賃料
　② 　存続期間または賃料の支払時期の定めがあるときは、その定め
　③ 　賃借権の譲渡または賃借物の転貸を許す旨の定めがあるときは、
　　　その定め
　④ 　敷金があるときは、その旨
　⑤ 　賃貸人が財産の処分につき行為能力の制限を受けた者または財
　　　産の処分の権限を有しない者であるときは、その旨
　⑥ 　土地の賃借権設定の目的が建物の所有であるときは、その旨

⑦　⑥に規定する場合において建物が借地借家法 23 条 1 項または 2
　　項に規定する建物であるときは、その旨

⑧　借地借家法 22 条前段、23 条 1 項、38 条 1 項前段もしくは 39
　　条 1 項、高齢者の居住の安定確保に関する法律 52 条または大規模
　　な災害の被災地における借地借家に関する特別措置法 7 条 1 項の
　　定めがあるときは、その定め

▶▶　**記録例：敷金がある場合**

権利部（乙区）（所有権以外の権利に関する事項）			
順位番号	登記の目的	受付年月日・受付番号	権利者その他の事項
1	賃借権設定	令和○年○月○日 第○号	原因　令和○年○月○日設定 賃料　1 月○万円 支払時期　毎月末日 存続期間　○年 敷金　金○円 特約　譲渡、転貸ができる 賃借権者　○市○町○番○号 　甲野太郎

　記録例は、甲野太郎が当該不動産を借りて、その旨の登記をした例です。

原因：賃借権の設定契約ですから、原因は「設定」であり、その日付は
　　通常は契約成立の日です（農地については、契約成立後都道府県知事
　　の許可があった場合は許可の日です）。

賃料：賃貸借契約において必ず定めることが必要ですから、登記も必ず
　　しなければなりません。賃料は、月または年単位で定められるのが普
　　通です。記録は、たとえば、記録例のように「1 月○万円」、「1 平方
　　メートル 1 月○円」等の方法でされています。なお、数個の不動産に
　　つき同時に賃借権を設定した場合でも、賃料の定めは不動産ごとにす
　　べきであって、合計額を記録すべきでないとされています。

支払時期・存続期間・敷金：その旨の定めがあれば登記をしなければなりません。

特約：賃借権は、賃貸人の承諾がなければ譲渡または転貸することができません。あらかじめその契約において、賃借権の譲渡または転貸を許す旨の特約がある場合でも、その特約を登記しなければ第三者に対抗できませんから、その旨の登記をすることとされています。

２ 賃借権が先順位抵当権に優先する同意の登記

抵当権が設定されている不動産も、自由に賃貸することができます。しかし、登記した抵当権が設定されている場合には、いつ抵当権が実行されるか不安なため、当該不動産の借り手が現れない場合もあるでしょう。そこで、賃貸借を保護するために、抵当権設定登記後に賃借権の登記がされ、かつ、これに優先する抵当権を有するすべての者（以下、「総先順位抵当権者」という）が、これに対抗力を与えることに同意し、その同意の登記がされたときは、その賃借権は抵当権者に対抗することができるとされました（民法387条1項）。その場合、抵当権者がその同意をするには、その抵当権を目的とする権利を有する者その他、抵当権者の同意によって不利益を受ける者の承諾を得なければならないとされています（民法387条2項）。

同意の登記は、当該賃借権の権利者（賃借人）を登記権利者、総先順位抵当権者を登記義務者として、共同で申請します。

▶ **記録例：賃借権の先順位抵当権に優先する同意の登記**

権利部（乙区）（所有権以外の権利に関する事項）			
順位番号	登記の目的	受付年月日・受付番号	権利者その他の事項
1 (5)	抵当権設定	平成○年○月○日 第○号	（一部省略） 抵当権者　○市○町○番○号 　株式会社A
2 (5)	抵当権設定	平成○年○月○日 第○号	（一部省略） 抵当権者　○市○町○番○号 　株式会社B
3 (5)	根抵当権設定	平成○年○月○日 第○号	（一部省略） 根抵当権者　○市○町○番○号 　株式会社C
4 (5)	賃借権設定	平成○年○月○日 第○号	（一部省略） 賃借権者　○市○町○番○号 　甲野太郎
5	4番賃借権の1番抵当権、2番抵当権、3番根抵当権に優先する同意	令和○年○月○日 第○号	原因　令和○年○月○日同意

　記録例は、賃借権が先順位抵当権に優先する同意の登記が行われた場合の例です。

3 | 定期借地権としての賃借権の設定

　定期借地権とは、存続期間を50年以上として建物所有を目的とする地上権または賃借権のことであり、存続期間が満了すると更新されずに権利が消滅し、土地が所有者に返ってくる借地権のことをいいます。

権利部（乙区）（所有権以外の権利に関する事項）			
順位番号	登記の目的	受付年月日・受付番号	権利者その他の事項
1	賃借権設定	令和○年○月○日 第○号	原因　令和○年○月○日設定 目的　建物所有 賃料　1平方メートル1月○万円 支払時期　毎月末日 存続期間　50年 特約　譲渡、転貸ができる 　　　借地借家法第22条の特約 賃借権者　○市○町○番○号 　　　甲野太郎

　記録例は、存続期間を50年とする定期借地権を賃借権設定登記で登記した例です。登記申請の際は、存続期間と、賃料の支払時期があれば、それを登記しますが、定期借地権の場合には存続期間が50年以上ですので、存続期間は必ず登記されます。

　特約として、「借地借家法第22条の特約」と登記しますが、その内容は、契約の更新がないこと、建物の築造による存続期間の延長がないこと及び借地借家法13条による建物等の買取りの請求をしないことです。この場合、特約は、公正証書による等書面によってしなければなりません（借地借家法22条後段）。

4　事業用定期借地権としての賃借権

　事業用定期借地権とは、もっぱら事業の用に供する建物（居住の用に供するものを除く）の所有を目的とする借地権です。定期借地権に比べて、存続期間を短く設定することができます。

　存続期間を30年以上50年未満とする場合には、契約の更新がないこと、建物の築造による存続期間の延長がないこと及び建物の買取りの請求

をしないことを内容とする特約をすることができます（借地借家法 23 条
1 項）。存続期間を 10 年以上 30 年未満とする場合には、借地借家法 3 条
から 8 条まで、13 条及び 18 条の規定は適用しません（同 2 項）。

▶ **記録例 1 ：借地借家法 23 条 1 項の事業用定期借地権**

権利部（乙区）（所有権以外の権利に関する事項）			
順位番号	登記の目的	受付年月日・受付番号	権利者その他の事項
1	賃借権設定	令和○年○月○日 第○号	原因　令和○年○月○日設定 目的　借地借家法第２３条第１項の 　　　建物所有 賃料　１月○万円 支払時期　毎月末日 存続期間　４５年 特約　譲渡、転貸ができる 　　　借地借家法第２３条第１項の特約 賃借権者　○市○町○番○号 　　　甲野太郎

　記録例 1 は、借地借家法 23 条 1 項の規定による事業用定期借地権が賃
借権の場合の例です。この場合、借地権設定の目的は「借地借家法第 23
条第 1 項の建物所有」、特約は「借地借家法第 23 条第 1 項の特約」です。

▶ **記録例 2 ：借地借家法 23 条 2 項の事業用定期借地権**

権利部（乙区）（所有権以外の権利に関する事項）			
順位番号	登記の目的	受付年月日・受付番号	権利者その他の事項
1	賃借権設定	令和○年○月○日 第○号	原因　令和○年○月○日設定 目的　借地借家法第２３条第２項の 　　　建物所有 賃料　１月○万円 支払時期　毎月末日 存続期間　２５年 特約　譲渡、転貸ができる 賃借権者　○市○町○番○号 　　　甲野太郎

記録例2は、存続期間が10年以上30年未満とする借地借家法23条2項の規定による事業用定期借地権が賃借権の場合の例です。この場合、借地権設定の目的は「借地借家法第23条第2項の建物所有」です。

5 定期建物賃借権の設定

　定期建物賃借権とは、期間の定めがある建物の賃借権において、契約の更新がないことの特約がある場合の賃借権です。この特約は、公正証書による等書面で契約しなければなりません（借地借家法38条1項）。

●借地借家法38条（定期建物賃貸借）
1　期間の定めがある建物の賃貸借をする場合においては、公正証書による等書面によって契約をするときに限り、第30条の規定にかかわらず、契約の更新がないこととする旨を定めることができる。この場合には、第29条第1項の規定を適用しない。
（2項から7項省略）

▶▶ 記録例：定期建物賃借権の設定

権利部（乙区）（所有権以外の権利に関する事項）			
順位番号	登記の目的	受付年月日・受付番号	権利者その他の事項
1	賃借権設定	令和○年○月○日 第○号	原因　令和○年○月○日設定 賃料　1月○万円 支払時期　毎月末日 存続期間　令和○年○月○日から○年 特約　譲渡、転貸ができる 　　　契約の更新がない 賃借権者　○市○町○番○号 　　　甲野太郎

　記録例は、契約の更新がない旨の特約のある建物の賃借権設定の例です。特約は、「契約の更新がない」となります。

　存続期間は、その旨の定めがあるときは登記します。その場合の記録は、「令和○年○月○日から○年」、「令和○年○月○日から令和○年○月○日まで」のようになされます。なお、存続期間は 1 年未満でも差し支えないとされています（借地借家法 38 条 1 項後段）。

6　終身建物賃借権の設定

　終身建物賃借権とは、賃借人が死亡した時に終了する旨の特約のある賃借権です。

　賃借人は、自ら居住するため住宅を必要とする高齢者（60 歳以上の者であって、賃借人となる者以外に同居する者がないものまたは同居する者が配偶者もしくは 60 歳以上の親族（配偶者を除く）であるものに限る）または当該高齢者と同居するその配偶者です。

　当該賃借人の終身にわたって住宅を賃貸する事業を行おうとする者（以下、「終身賃貸事業者」という）は、当該事業について都道府県知事（独立行政法人都市再生機構または都道府県が終身賃貸事業者である場合にあっては、国土交通大臣）の許可を受けた場合には、借地借家法 30 条の規定にかかわらず、当該事業に係る建物の賃借権について、賃借人が死亡した時に終了する旨の特約をすることができます。ただし、その場合、公正証書による等書面によって契約をする必要があります（高齢者の居住の安定確保に関する法律 52 条）。

▶▶ 記録例：終身建物賃借権の設定

権利部（乙区）（所有権以外の権利に関する事項）			
順位番号	登記の目的	受付年月日・受付番号	権利者その他の事項
1	賃借権設定	令和○年○月○日 第○号	原因　令和○年○月○日設定 賃料　１月○万円 支払時期　毎月末日 存続期間　賃借人の死亡時まで 特約　賃借人の死亡時に賃貸借終了 賃借権者　○市○町○番○号 　甲野太郎

　記録例は、高齢者の居住の安定確保に関する法律に基づいて、新たに設けられた終身建物賃借権の例です。

　存続期間は「賃借人の死亡時まで」、特約は「賃借人の死亡時に賃貸借終了」とされています。

7 期間付死亡時終了建物賃借権の設定

　期間付死亡時終了建物賃借権とは、契約の更新がなく、期間が定められた契約であり、かつ、賃借人が死亡した場合には、その期間満了前でも賃貸借契約が終了する賃借権です。期間満了前に賃借人が死亡しても、その相続人が借家権を相続することはありません。

　都道府県知事等の認可を受けた終身賃貸事業者は、当該認可に係る賃貸住宅について期間の定めがある建物の賃貸借をするに際し、賃借人になろうとする者から特に申出があった場合においては、公正証書による等書面によって契約をするときに限り、借地借家法38条１項の規定により契約の更新がないこととする旨の特約をし、かつ、賃借人が死亡した時に終了する旨の特約をすることができます（高齢者の居住の安定確保に関する法律57条）。

▶ 記録例：期間付死亡時終了建物賃借権の設定

権利部（乙区）（所有権以外の権利に関する事項）			
順位番号	登記の目的	受付年月日・受付番号	権利者その他の事項
1	賃借権設定	令和○年○月○日 第○号	原因　令和○年○月○日設定 賃料　１月○万円 支払時期　毎月末日 存続期間　令和○年○月○日から○ 　年又は賃借人の死亡時までのうち、 　いずれか短い期間 特約　契約の更新がない 　賃借人の死亡時に賃貸借終了 賃借権者　○市○町○番○号 　甲野太郎

　期間付死亡時終了建物賃借権を設定する場合、存続期間は、「令和○年○月○日から○年又は賃借人の死亡時までのうち、いずれか短い期間」または「令和○年○月○日から令和○年○月○日まで又は賃借人の死亡時までのうち、いずれか短い期間」と登記します。特約については、「契約の更新がない」及び「賃借人の死亡時に賃貸借終了」です。

8　被災地短期借地権としての賃借権の設定

　大規模な災害の被災地において、災害により借地上の建物が滅失した場合において、借地権者の保護等を図るための特別措置が認められましたが、本記録例は賃借権に被災地短期借地権を設定した場合の例です。詳細は、地上権に関する登記（261 頁）を参照してください。

▶▶ 記録例：特別措置法7条1項の被災地短期借地権（賃借権）の設定

権利部（乙区）（所有権以外の権利に関する事項）			
順位番号	登記の目的	受付年月日・受付番号	権利者その他の事項
1	賃借権設定	令和○年○月○日 第○号	原因　令和○年○月○日設定 目的　建物所有 賃料　1月○万円※ 支払時期　毎年○月○日 存続期間　5年 特約　譲渡、転貸ができる 　　　大規模な災害の被災地における借 　　　地借家に関する特別措置法第7条 　　　第1項の特約 賃借権者　○市○町○番○号 　　　　　甲野太郎

※　または「1平方メートル1年○万円」と記録します。

※　平成25年9月13日民二第384号民事局長通達『登記研究』795号

7 | 先取特権に関する登記

　先取特権は、一般の先取特権と特別の先取特権とに大別されます。

　一般の先取特権とは、民法その他の規定に基づき特定の債権を有する人が、法律上当然に債務者の一般財産（総財産）から他の債権者に先立ち優先弁済を受ける法定担保物権です。

　一般の先取特権が発生する債権には、共益の費用、雇用関係、葬式の費用、日用品の供給を原因とする債権（民法306条）等がありますが、その他、特別法の規定するものも多くあります（国税徴収法8条等）。

　一般の先取特権は、登記をしなくても一般に優先するのですが、登記をした抵当権者に対しては対抗できないので（民法336条）、これらの者に優先するためには登記が必要となります。

　特別の先取特権とは、特定の動産または不動産に対する先取特権をいいます。

　債務者の特定不動産の上に存する先取特権を「不動産先取特権」といい、次の3種類があります。しかし、これらの不動産の先取特権はほとんど利用されておらず、登記の事例を見ることは少ないです。

MEMO　法定担保物権

　質権・抵当権などのように当事者間の設定行為によって生ずるものを「約定担保物権」といいますが、特定の債権者を保護するために一定の立法政策によって法律上当然に生ずる担保物権を「法定担保物権」といいます。留置権と先取特権が認められています。

① **不動産保存の先取特権（民法 326 条）**

　　不動産の保存のために要した費用または不動産に関する権利の保存、承認もしくは実行のために要した費用に関し、その不動産について存在します。

② **不動産工事の先取特権（民法 327 条）**

　　工事の設計、施工または監理をする者が債務者の不動産に関してした工事の費用に関し、その不動産について存在します。この先取特権は、工事によって生じた不動産の価格の増加が現存する場合に限り、その増加額についてのみ存在します。

③ **不動産売買の先取特権（民法 328 条）**

　　不動産の代価及びその利息に関し、その不動産について存在します。

▶▶ **記録例：一般の先取特権**

権利部（乙区）（所有権以外の権利に関する事項）			
順位番号	登記の目的	受付年月日・受付番号	権利者その他の事項
1	一般の先取特権保存	令和○年○月○日第○号	原因　令和○年○月○日から令和○年○月○日までの給料債権の先取特権発生 債権額　金○万円 債務者　○市○町○番○号 　　　　乙株式会社 先取特権者　○市○町○番○号 　　　　甲野太郎

　　記録例は、甲野太郎が乙株式会社に対する給料債権についての先取特権保存の登記を行った場合の例です。

　登記の目的：「一般の先取特権保存」として、特別の先取特権との区別

を明らかにしています。なお、抵当権等の場合のように「設定」としないのは、当事者間の設定行為によって生じた権利の設定ではなく、法律の規定によって生じた権利についての初めての登記だからです。

原因：先取特権の発生原因が記録されています。給料債権のようなものはその日付までは登記する必要はなく、記録例のように債権の発生期間を登記すれば足りるとされています。

8 | 質権に関する登記

　質権とは、債権者がその債権の担保として債務者または第三者（物上保証人）から引渡しを受けた担保物を債務の履行があるまで占有し、債務不履行の場合は、その担保物から他の債権者に優先して弁済を受けることができる担保物権です。

　不動産質権者は、質物をその用法に従い使用、収益をすることができますが、その代わりに設定行為に別段の定めがない限り、利息を請求することができません（民法 356 条、358 条）。不動産担保の場合は抵当権が主流で、不動産質権の例はあまりありません。

　質権の登記の登記事項には、法 59 条各号及び 83 条 1 項各号に掲げるもののほか、次のものがあります（法 95 条）。

---

① 　存続期間の定めがあるときは、その定め

② 　利息に関する定めがあるときは、その定め

③ 　違約金または賠償額の定めがあるときは、その定め

④ 　債権に付した条件があるときは、その条件

⑤ 　民法 346 条ただし書の別段の定めがあるときは、その定め

⑥ 　民法 359 条の規定によりその設定行為について別段の定め（民法 356 条または 357 条に規定するものに限る）があるときは、その定め

⑦ 　民法 361 条において準用する 370 条ただし書の別段の定めがあるときは、その定め

1　質権の設定

▶ 記録例：複数の不動産に対する質権の設定

権利部（乙区）（所有権以外の権利に関する事項）			
順位番号	登記の目的	受付年月日・受付番号	権利者その他の事項
1	質権設定	令和○年○月○日 第○号	原因　令和○年7月7日金銭消費貸 　借同日設定 債権額　金1，000万円 存続期間　令和○年○月○日から○ 　年 利息　年1・75％（年365日日 　割計算） 特約　質権者は質物を使用収益でき 　ない 債務者　○市○町○番○号 　乙川次郎 質権者　○市○町○番○号 　甲野太郎 共同担保　目録（あ）第○号

　記録例は、債権者甲野太郎、債務者乙川次郎間の金銭消費貸借に基づく債権を担保するために、質権を設定した例です。

　原因：令和○年7月7日に契約した金銭消費貸借契約を担保するために同日に質権を設定したという意味です。

　債権額：質権で担保される債権額です。債権額は必ず登記されます。

　存続期間：その定めがある場合に登記されますので、必ず記録されているものではありません。不動産質権の存続期間は、10年を超えることはできません（民法360条1項）。また、不動産質権の設定は、更新することができますが、その存続期間は更新の時から10年を超えることができません（同2項）。

　利息：利息は、債権契約として請求できる場合でも質権によっては担保されないのが原則ですが（民法358条）、質権設定契約において別段

の定めをすることができるとされています（同法 359 条）。利息を請求できる債権で質権設定契約において「利息に関する定め」をした場合は、そのことを登記しないと第三者に対抗できません。

特約：不動産質権者は目的不動産の使用・収益権を有しますが（民法356 条）、設定行為によって別段の定めをすることができるとされています（同法 359 条）。記録例は、この定めをした場合の例です。

債務者：質権によって担保される債権の債務者です。

質権者：その住所、氏名または名称が記録されています。質権者が複数の場合は、その持分も登記しますが（法 59 条）、その持分は各債権額の割合をもって表示しても差し支えないとされています（昭和 35 年3 月 31 日民甲第 712 号民事局長通達『登記研究』149 号）。

質権の目的不動産が二個以上の場合には、登記官は、規則 167 条に定めるところにより共同担保目録を作成し、当該担保権の登記の末尾に共同担保目録の記号と目録番号を記録しなければなりません（規則 166 条 1 項）。

2 根質権の設定

根質権とは、設定行為で定めるところにより、一定の範囲に属する不特定の債権を極度額の範囲内で担保する質権です。不動産質権においては根抵当権の規定が準用されるので（民法 361 条）、極度額の定めが必要となるなど、根抵当権と考え方は同様です。

記録例

権利部（乙区）（所有権以外の権利に関する事項）			
順位番号	登記の目的	受付年月日・受付番号	権利者その他の事項
1	根質権設定	令和○年○月○日 第○号	原因　令和○年7月7日設定 極度額　金1,000万円 債権の範囲　売買取引　手形債権 　小切手債権 債務者　○市○町○番○号 　乙川次郎 根質権者　○市○町○番○号 　甲野太郎

　記録例は、継続的取引契約等から生じる債権を担保するために根質権を設定した例です。

　原因：根質権設定の旨と契約成立の日が記録されています。

　極度額：確定した元本、利息その他の定期金及び損害金のすべてが極度額を限度として担保されることになりますので、その額を登記します。極度額は貸し付けた債権額と異なりますので、実際にいくら債権があるかはわかりません。

　債権の範囲：債権の範囲には、次の類型が認められます。

① 特定の継続的取引契約によって定めるもの

② 債務者との一定の種類の取引により定めるもの

③ 取引によらない特定の原因に基づき債務者との間に継続して生ずる債権

④ 手形上もしくは小切手上の請求権

⑤ 電子記録債権

　被相続人が死亡した場合、その配偶者は住み慣れた建物に住み続けたいと思うのが一般的ですが、それを権利として認めたのが配偶者居住権です。

1 配偶者居住権の成立要件

　被相続人の配偶者（以下、単に「配偶者」という）は、被相続人の財産に属した建物に相続開始の時に居住していた場合において、次のいずれかに該当するときは、その居住していた建物の全部について無償で使用及び収益をする権利（配偶者居住権）を取得するとされました（民法1028条1項本文）。

> ① 遺産の分割によって配偶者居住権を取得するものとされたとき（同項1号）
> ② 配偶者居住権が遺贈の目的とされたとき（同項2号）
> 　ただし、被相続人が相続開始の時に居住建物を配偶者以外の者と共有していた場合にあっては、この限りではないとされています。
> 　なお、被相続人と配偶者との間で締結した配偶者に配偶者居住権を取得させる旨の死因贈与契約によっても配偶者居住権は成立します（民法554条、同1028条1項2号）。

　また、配偶者が相続開始の時に居住建物の一部に居住していた場合であっても配偶者居住権は成立し、その効力は居住建物の全部に及ぶとされています。

2 ｜ 審判による配偶者居住権の取得

　遺産分割の請求を受けた家庭裁判所は、次に掲げる場合に限り、配偶者が配偶者居住権を取得する旨を定めることができるとされました（民法1029条注書）

> ①　共同相続人間に配偶者が配偶者居住権を取得することについて合意が成立しているとき（同条 1 号）。
> ②　配偶者が家庭裁判所に対して配偶者居住権の取得を希望する旨を申し出た場合において、居住建物の所有者の受ける不利益の程度を考慮してもなお配偶者の生活を維持するために特に必要があると認めるとき（前記①に掲げる場合を除く）（同条 2 号）。

3 ｜ 配偶者居住権の登記の効力

　配偶者居住権は、これを登記したときは、その後にその不動産について物権を取得した者その他の第三者に対抗することができます（民法1031条 2 項、同 605 条）。

4 ｜ 登記事項

　配偶者居住権の登記事項としては、法 59 条各号に掲げるもののほか、次のとおりとされています。

① **存続期間（法 81 条の 2 第 1 号）**

　存続期間について別段の定めがない場合には、配偶者の終身の間が存続期間となります（民法 1030 条本文）

　ア　存続期間の定めがない場合の例

　　「存続期間　配偶者居住権者の死亡時まで」

　　「存続期間　年月日から配偶者居住権者の死亡時まで」

　イ　存続期間の定めがある場合の例

　　「存続期間　年月日から何年又は配偶者居住権者の死亡時までのうち、いずれか短い期間」

　　「存続期間　年月日から年月日まで又は配偶者居住権者の死亡時までのうち、いずれか短い期間」

② **第三者に居住建物（民法 1028 条 1 項に規定する居住建物をいう）の使用または収益をさせることを許す旨の定めがあるときは、その定め（法 81 条の 2 第 2 号）**

5　登記手続

　登記の手続は、配偶者居住権を取得した配偶者が登記権利者、居住建物の所有者が登記義務者となって共同で申請します。

　なお、配偶者が遺贈によって配偶者居住権を取得した場合において、遺言執行者があるときは、その遺言執行者は、配偶者居住権の設定の登記について、登記義務者の立場から、その資格においてその登記を申請することができるとされています。

　また、配偶者が遺産分割に関する審判や調停によって配偶者居住権を取得して、その審判書または調停調書に配偶者が単独で配偶者居住権の登記が単独で申請できる旨の記載がされている場合には、配偶者は単独で配偶者居住権の設定の登記を申請することができます。

　なお、配偶者居住権の登記をする前には、被相続人名義の居住建物について相続または遺贈を原因とする登記をしておく必要があります。

　また、居住建物が被相続人と配偶者以外の者との共有である場合には、配偶者居住権は成立しないことから、このような場合には、配偶者居住権の設定登記は申請できません。

6　配偶者居住権の抹消登記等

　配偶者居住権の消滅等による配偶者居住権の登記の抹消は、配偶者居住権者を登記義務者とし、居住建物の所有者を登記権利者とする共同申請によります。

　ただし、配偶者居住権が配偶者居住権者の死亡によって消滅した場合には、法 69 条の規定に基づき、登記権利者（居住建物の所有者）は、単独で当該配偶者居住権の登記の抹消を申請することができます。

　配偶者居住権は、譲渡することができないことから（民法 1032 条 2 項）、配偶者居住権の移転等を内容とする登記は申請することができません。

▶ 記録例：配偶者居住権の設定の登記

権利部（乙区）	（所有権以外の権利に関する事項）		
順位番号	登記の目的	受付年月日・受付番号	権利者その他の事項
何	配偶者居住権設定	令和○年○月○日第○号	原因　令和○年○月○日遺産分割※1 存続期間　配偶者居住権者の死亡時まで※2 特約　第三者に居住建物の使用又は収益をさせることができる 配偶者居住権者　○市○町○番○号 　　甲　某

※1　原因は他に、「遺贈」または「贈与」があります。

※2　記録例は、存続期間の定めがない場合です。

　記録例は、遺産分割をして被相続人の配偶者が配偶者居住権を取得し、その旨を登記した例です。

　原因日付について、令和2年3月30日民二第324号民事局長通達では、配偶者居住権の設定の登記の申請において、申請情報の内容とする登記原因及びその日付は、次の振り合いによる、とされています。

　　ア　登記原因が「遺産分割」である場合

　　　「年月日【遺産分割の協議若しくは調停の成立した年月日又はその審判の確定した年月日】遺産分割」

　　イ　登記原因が「遺贈」である場合

　　　「年月日【遺贈の効力の生じた年月日】遺贈」

　　ウ　登記原因が「死因贈与」である場合

　　　「年月日【贈与者の死亡の年月日】死因贈与」

　　※　ここで疑問があります。通達では、死因贈与の場合、申請情報の原因

は「死因贈与」と記載するとなっていますが、記録例は「贈与」となっています。これは、申請情報としては「死因贈与」とするが、登記簿には「贈与」と記録するのか、それとも、通達の記載の誤りなのか、疑問の残るところです。

8　配偶者居住権の設定の仮登記と本登記

▶▶ 記録例1：配偶者居住権の設定の仮登記と本登記

権利部（乙区）	（所有権以外の権利に関する事項）		
順位番号	登記の目的	受付年月日・受付番号	権利者その他の事項
何	配偶者居住権設定仮登記	令和○年○月○日第○号	原因　令和○年○月○日遺産分割[※1] 存続期間　配偶者居住権者の死亡時まで[※2] 特約　第三者に居住建物の使用又は収益をさせることができる 権利者　○市○町○番○号 　　　　甲　某
	配偶者居住権設定	令和○年○月○日第○号	原因　令和○年○月○日遺産分割 存続期間　配偶者居住権者の死亡時まで 特約　第三者に居住建物の使用又は収益をさせることができる 配偶者居住権者　○市○町○番○号 　　　　　　　　甲　某

　※1　原因は他に、「遺贈」または「贈与」があります。

　※2　記録例は、存続期間の定めがない場合です。

　記録例1は、遺産分割によって配偶者が配偶者居住権を取得したが、登記の申請に必要な手続上の条件を具備していないため（法105条1号）、順位保全のために仮登記をした例と、登記の申請に必要な手続上の条件が整ったため、本登記をした例です。

本登記の原因日付は、1号仮登記の場合には、既に物権変動が生じているため、仮登記の原因日付と同じです。

▶ 記録例2：始期付配偶者居住権の設定の仮登記と本登記

権利部（乙区）	（所有権以外の権利に関する事項）		
順位番号	登記の目的	受付年月日・受付番号	権利者その他の事項
何	始期付配偶者居住権設定仮登記	令和○年○月○日第○号	原因　令和○年○月○日贈与（始期　甲某の死亡） 存続期間　配偶者居住権者の死亡時まで 特約　第三者に居住建物の使用又は収益をさせることができる 権利者　○市○町○番○号　　　　　　　乙　某
	配偶者居住権設定	令和○年○月○日第○号	原因　令和○年○月○日贈与 存続期間　配偶者居住権者の死亡時まで 特約　第三者に居住建物の使用又は収益をさせることができる 配偶者居住権者　○市○町○番○号　　　　　　　乙　某

記録例2は、甲某が生存中に配偶者乙某と死因贈与契約をして、甲某が死亡した時にその効力が生じる旨の仮登記（法105条2号）をした例と、甲某が死亡して贈与の効力が生じたために本登記をした例です。本登記の原因日付は、甲某の死亡した日です。

10 採石権に関する登記

　採石権とは、設定行為をもって定めるところに従い、他人の土地におい
て岩石及び砂利（砂及び玉石を含む）を採取することを目的とする権利で
す（採石法4条1項）。採石権は、土地所有者と採石権を取得しようとす
る者との契約によって設定するのが原則ですが、例外的に経済産業局長の
決定によっても設定することができます（同法19条）。

　採石権は、その内容が地上権または永小作権による土地の利用を妨げ
ないものに限り、これらの権利の目的となっている土地にも、設定するこ
とができます。ただし、その場合には地上権者または永小作権者の承諾を
得なければなりません（同条2項）。

　採石権の登記事項は、法59条各号に掲げるもののほか、次のものがあ
ります（法82条）。

---

① 存続期間

　採石権の存続期間は、設定行為をもって定めることを要します
が、その期間は、20年以内とされています（採石法5条2項）。も
し、20年より長い期間を定めたときは、20年に短縮されます（同
条2項）。経済産業局長の決定によって成立する場合には、局長が
存続期間を決定します（同法19条1項3号）。

　存続期間は、更新することができますが、更新の時から20年を
こえることができません（同法6条）。

② 採石権の内容または採石料もしくはその支払時期の定めがある
ときはその定め

　採石権の内容とは、採石法2条の定める岩石の種類のうち、採取
する岩石の種類、数量、採取の方法、その他採石権を行使するにつ
いての態様、制限等です。

▶ 記録例1：契約による場合

権利部（乙区）（所有権以外の権利に関する事項）			
順位番号	登記の目的	受付年月日・受付番号	権利者その他の事項
1	採石権設定	令和○年○月○日 第○号	原因　令和○年○月○日設定 存続期間　○年 内容　花こう岩採取 採石料　毎年○万円※ 支払時期　毎年○月○日 採石権者　○市○町○番○号 　甲　株式会社

※　または「1平方メートル1年○万円」と記録します。

▶ 記録例2：決定による場合

権利部（乙区）（所有権以外の権利に関する事項）			
順位番号	登記の目的	受付年月日・受付番号	権利者その他の事項
1	採石権設定	令和○年○月○日 第○号	原因　令和○年○月○日設定決定 存続期間　令和○年○月○日から○年 内容　雲母採取 採石料　1年○万円 支払時期　毎年○月○日 採石権者　○市○町○番○号 　甲　株式会社

　この記録例 2 は、経済産業局長の決定によって採石権を設定した場合のものです。

　採石権は、原則として当事者の契約によって設定されますが、例外的に経済産業局長の決定によっても設定されます（採石法 19 条）。

11 | 信託に関する登記

　信託とは、委託者が受託者に一定の目的に従い財産の管理または処分その他の当該目的の達成のために必要な行為を託すことです。

MEMO　　受益者と受益権

　信託は受益者に利益を与えるためにされる行為です。信託は通常、委託者と受託者により信託財産から得た利益を受益者に与えるとする契約によって成立します。一般的には委託者と受益者が同一人であることが多いのですが、親が子を受益者とするように、委託者と受益者が相違する場合もあります。信託法では、受益権を有する者を受益者と定義しています（同法2条6項）。受益者の能力については、信託法上はとくに規定があるわけではありませんが、権利能力は必要であるといわれています。ただし、例外的に胎児は受益者になれると解されています。

　受益権とは、信託行為に基づいて受託者が受益者に対し負う債務であって信託財産に属する財産の引渡しその他の信託財産に係る給付すべきものに係る債権（受益債権）及びこれを確保するためにこの法律の規定に基づいて受託者その他の者に対し一定の行為を求めることができる権利とされています（同法2条7項）。受益権は、その性質が許すかぎり譲渡することができます（同法93条1項本文）。

信託は、次の方法で成立します（信託法3条）。

---

① **信託契約を締結する方法**

② **遺言による方法**

③ **自己信託（信託宣言）をする方法**

　受託者に信託された財産を「信託財産」といいますが、これは、受託者に属する財産であって、信託により管理または処分をすべき一切の財産のことです（信託法2条3項）。たとえば、不動産が信託された場合、その不動産は受託者の所有になりますが、受託者は自分の利益のために用いるのではなくて、信託の目的に従って管理・処分等をすることになります。

　信託の目的等の内容は、信託目録に記録され、公示されていますので、その内容を確認するためには、登記事項証明書の交付を請求する際に、信託目録付きであることを請求してください。

　信託目録に設けられた各欄には、以下の事項が記録されます。

〈委託者に関する事項欄〉

　○委託者の氏名または名称及び住所

〈受託者に関する事項欄〉

　○受託者の氏名または名称及び住所

〈受益者に関する事項等欄〉

　○受益者の氏名または名称及び住所

　○受益者の指定に関する条件または受益者を定める方法の定めがあるときは、その定め

　○信託管理人があるときは、その氏名または名称及び住所

　○受益者代理人があるときは、その氏名または名称及び住所

○信託法185条3項に規定する受益証券発行信託であるときは、その旨

○信託法258条1項に規定する受益者の定めのない信託であるときは、その旨

○公益信託であるときは、その旨

〈信託条項欄〉

○信託の目的

○信託財産の管理方法

○信託の終了の事由

○その他の信託の条項

1 所有権移転と信託

委託者となるべき者と受託者となるべき者の間で、委託者所有の不動産を移転する旨ならびに当該不動産の管理・処分・運用等を目的として必要な行為をすべき旨の信託契約を締結した場合には、当該不動産は委託者の固有財産から受託者が管理運用する信託財産となります。

この場合、信託の登記は、所有権移転の登記と同時に一つの申請書でしなければなりません（法98条1項、令5条2項）。

▶ **記録例1：受託者が一人の場合**

権利部（甲区）（所有権に関する事項）			
順位番号	登記の目的	受付年月日・受付番号	権利者その他の事項
2	所有権移転	平成○年○月○日 第○号	原因　平成○年○月○日売買 所有者　○市○町○番○号 　　　甲野太郎
3	所有権移転	令和○年○月○日 第○号	原因　令和○年○月○日信託 受託者　○市○町○番○号 　　　株式会社A
	信託	余白	信託目録第○号

　記録例1は、甲野太郎の不動産を株式会社Aに信託した場合の例です。その場合の原因は「信託」、権利者の表記は「受託者」です。

　信託登記の内容は信託目録によって公示されますので、登記記録には、目録の番号が記録されています。信託目録の番号は、不動産ごとに異なる番号となっています。

▶ 記録例 2：信託目録

信 託 目 録		調製	令和○年○月○日
番　　号	受付年月日・受付番号	予　　　備	
第○号	令和○年○月○日 第○号	余白	
1　委託者に関する事項	○市○町○番○号 　甲野太郎		
2　受託者に関する事項	○市○町○番○号 　株式会社Ａ		
3　受益者に関する事項等	受益者　○市○町○番○号 　甲野花子		
4　信託条項	1　信託の目的 （省略） 2　信託財産の管理方法 （省略） 3　信託の終了の事由 （省略） 4　その他の信託の条項 （省略）		

　記録例 2 は、信託目録の記録例です。

▶ **記録例3：受託者が二人以上の場合**

権利部（甲区）（所有権に関する事項）			
順位番号	登記の目的	受付年月日・受付番号	権利者その他の事項
2	所有権移転	令和○年○月○日 第○号	原因　令和○年○月○日売買 所有者　○市○町○番○号 　　甲　某
3	所有権移転 （合有）	令和○年○月○日 第○号	原因　令和○年○月○日信託 受託者　○市○町○番○号 　　乙　某 　　○市○町○番○号 　　丙　某
	信託	余白	信託目録第○号

※　登記の目的は所有権移転（合有）とし、受託者の持分は記録しません。

　記録例3は、受託者が二人以上の場合の例です。受託者が二人以上いるということは、信託財産を共同で受託することですが、この場合の信託財産は合有となります（信託法79条）。

　合有の性質は次のようなものとされています。

① 　共同受託者は、他人のために行動すべき義務を負い、信託財産に対して、固有の利益を持たない。

② 　共同受託者は、それぞれ信託財産の分割を請求することができない。

③ 　持分があるとしてこれを譲渡したりすることができない。

④ 　共同受託者は持分を持たないのであるから、共同受託者の一部が死亡しても、持分の相続は起こらず、信託財産は残りの受託者に当然に帰属する。

2 遺言信託

　遺言信託とは、受託者となるべき人に対し財産の譲渡、担保権の設定その他の財産の処分をする旨ならびに受託者となるべき人が一定の目的（専らその人の利益を図る目的を除く）に従い財産の管理または処分及びその他の当該目的の達成のために必要な行為をすべき旨の遺言をする方法による信託のことです（信託法3条2号）。

　遺言信託は、原則として遺言の効力発生によってその効力が発生します（信託法4条2項）。したがって、受託者が指定されていない場合または指定されていても引受けの承諾をしていない場合でも遺言の効力が発生したときは遺言信託の効力が発生します。ただし、遺言に停止条件または始期が付されているときは、当該停止条件の成就または当該始期の到来によってその効力が生じます（同条4項）。

▶▶ 記録例：遺言信託の場合

権利部（甲区）（所有権に関する事項）			
順位番号	登記の目的	受付年月日・受付番号	権利者その他の事項
2	所有権移転	令和○年○月○日第○号	原因　令和○年○月○日売買 所有者　○市○町○番○号 　甲　某
3	所有権移転	令和○年○月○日第○号	原因　令和○年○月○日遺言信託 受託者　○市○町○番○号 　乙　某
	信託	余白	信託目録第○号

　記録例は遺言信託をした場合の例です。原因は「遺言信託」として、その日付は遺言の効力が発生した日です。通常は、遺言者が死亡した日となります。権利者の表記は「受託者」とします。

3 ｜ 自己信託

　自己信託は、委託者が自己を受託者とする信託のことです。受益者を他人とする場合もありますが、自己を受益者とすることもできます。

　自己信託は、公正証書その他の書面または電磁的記録（電子的方式、磁気的方式その他人の知覚によっては認識することができない方式で作られる記録であって、電子計算機による情報処理の用に供されるものとして法務省令で定めるものをいう）で当該目的、当該財産の特定に必要な事項その他の法務省令（信託法施行規則）で定める事項を記載しまたは記録したものによってします（信託法3条3号）。

　公正証書等の書面には次の事項を記載します（信託法施行規則3条）。

① 　信託の目的

② 　信託をする財産を特定するために必要な事項

③ 　自己信託をする者の氏名または名称及び住所

④ 　受益者の定め（受益者を定める方法の定めを含む）

⑤ 　信託財産に属する財産の管理または処分の方法

⑥ 　信託行為に条件または期限を付すときは、条件または期限に関する定め

⑦ 　信託法163条9号の事由（当該事由を定めない場合にあっては、その旨）

⑧ 　前各号に掲げるもののほか、信託の条項

　自己信託の効力は、次の区分に応じ、各号によって定めるものによって効力が生じます（信託法4条3項）。ただし、いずれも信託行為に停止条件または始期が付されているときは、当該停止条件の成就または当該始期の到来によってその効力が生じます（信託法4条4項）。

① 　公正証書または公証人の認証を受けた書面もしくは電磁的記録（以下「公正証書等」という）によってされる場合は、これらのものが作

成された時に効力が生じます。

②　公正証書等以外の書面または電磁的記録によってされる場合は、受
益者となるべき者として指定された第三者（当該第三者が二人以上あ
る場合にはあっては、その一人）に対する確定日付のある証書による
当該信託がされた旨及びその内容の通知によって効力が生じます。

▶ **記録例：自己信託の場合**

権利部（甲区）（所有権に関する事項）			
順位番号	登記の目的	受付年月日・受付番号	権利者その他の事項
2	所有権移転	令和○年○月○日 第○号	原因　令和○年○月○日売買 所有者　○市○町○番○号 　　　　甲　某
3	信託財産と なった旨の登 記	令和○年○月○日 第○号	原因　令和○年○月○日自己信託 受託者　○市○町○番○号 　　　　甲　某
	信託	余白	信託目録第○号

※　2番の所有者（委託者）と3番の受託者は同一人となります。

4 信託財産の処分による信託

たとえば、金銭を信託すれば、その金銭が信託財産となります。この金
銭で第三者から不動産を買えば、その不動産は信託財産となります。この
場合、信託財産である金銭を処分して、不動産を取得したということがで
きますので、「信託財産の処分による信託」といいます。この場合の登記
義務者は当該信託の委託者ではありません。委託者は金銭信託の委託者で
あり、当該信託登記の義務者は、不動産の所有権の登記名義人（売主）と
なります。

▶ 記録例1：受託者が信託財産に属する金銭をもって第三者から不動産
を取得した場合

権利部（甲区）（所有権に関する事項）			
順位番号	登記の目的	受付年月日・受付番号	権利者その他の事項
3	所有権移転	令和○年○月○日 第○号	原因　令和○年○月○日売買 所有者　○市○町○番○号 　甲　某
	信託財産の処分による信託	余白	信託目録第２００号

※　原因は「信託」ではなく、「売買」となり、権利者の表記は「受託者」
ではなく「所有者」となります。

　記録例1は、信託財産である金銭によって当該不動産を買い受けたの
で、当該不動産が信託財産となった例です。

▶▶▶ **記録例2：受託者が信託財産に属する金銭をもって別信託の受託者である第三者から当該別信託の目的である不動産を取得した場合**

権利部（甲区）（所有権に関する事項）			
順位番号	登記の目的	受付年月日・受付番号	権利者その他の事項
2	所有権移転	令和○年○月○日 第○号	原因　令和○年○月○日信託 受託者　○市○町○番○号 　甲　某
	信託	余白	信託目録第１００号
3	所有権移転	令和○年○月○日 第○号	原因　令和○年○月○日売買 所有者　○市○町○番○号 　乙　某
	２番信託登記 抹消	余白	原因　信託財産の処分
	信託財産の処 分による信託	余白	信託目録第２００号

　※　順位番号３番の登記の原因は「信託」ではなく、「売買」となり、権利者の表記は「受託者」ではなく「所有者」となります。

　記録例2は、別信託の受託者が信託の目的に従い信託財産である当該不動産を売却した場合です。その場合、当該不動産は信託財産ではなくなるので所有権移転登記と同時に信託の登記が抹消されます。しかし、買主である乙某が当該不動産を買った金銭が信託財産である場合には、当該不動産は信託財産となりますので、その旨の登記をします。

5 抵当権移転と信託・担保付債権の場合

　不動産の所有権以外の権利（抵当権等）も、信託に供することができます。この場合、信託の登記は、抵当権の移転登記と同時にしなければなりません（法98条1項、令5条2項）。

▶ **記録例：担保付債権の信託**

権利部（乙区）（所有権以外の権利に関する事項）			
順位番号	登記の目的	受付年月日・受付番号	権利者その他の事項
2	抵当権移転	令和○年○月○日 第○号	原因　令和○年○月○日金銭消費貸 　　借同日設定 債権額　金○万円 利息　年○% 損害金　年○% 債務者　○市○町○番○号 　　乙川次郎 抵当権者　○市○町○番○号 　　株式会社B
付記1号	2番抵当権移転	令和○年○月○日 第○号	原因　令和○年○月○日債権譲渡 　　（信託） 受託者　○市○町○番○号 　　株式会社A
	信託	余白	信託目録第○号

　記録例は、抵当権で担保している債権を信託し、それにともなって抵当権が移転した場合の例です。債権も財産権ですから、その債権を信託することも可能です。

　原因は「債権譲渡（信託）」です。

　※　新信託法改正当時は原因は「信託」とされていましたが、平成21年2月20日付民二第500号民事局長通達により不動産登記記録例が見直され、信託に関する記録例にも変更がありました。担保権の信託（セキュリティ・トラスト）の記録例と区別しやすくするためと思われます。

6 担保権の信託（セキュリティ・トラスト）

　セキュリティ・トラストとは、担保権と債権を分離して、担保権を信託財産とすることです。債権者が多数の場合には、各債権者が担保権を有しているよりも特定の者が債権者のために担保権を有しているのが便利であるとされています。たとえば、債権譲渡をすればそれにともなって抵当権も移転するので、債権者が多数の場合には、その登記費用もばかになりません。抵当権自体を債権者と切り離しておけば移転の登記をする必要がなくなるということになります。

▶ 記録例：受託者を直接担保権者とする方法

権利部（乙区）（所有権以外の権利に関する事項）			
順位番号	登記の目的	受付年月日・受付番号	権利者その他の事項
2	抵当権設定	令和○年○月○日 第○号	原因　令和○年○月○日金銭消費貸借同日信託 債権額　金○万円 利息　年○% 損害金　年○% 債務者　○市○町○番○号 　乙川次郎 受託者　○市○町○番○号 　株式会社B
	信託	余白	信託目録第○号

　記録例は、担保権を信託した場合の例です。

　原因は「信託」であり、その日付は信託契約が成立した日です。また、権利者の表記は「受託者」です。

7 信託終了

　信託が終了すると、受託者は清算等の手続をしなければなりませんが、この清算事務が結了するまでは信託はなお存続するものとされています（信託法176条）。清算事務が結了すると、残余財産は、信託行為で指定された残余財産受益者または帰属権利者に帰属します。これらの帰属権利者等がいない場合には、委託者またはその相続人、またはその他の一般承継人に帰属します。

　このように信託財産が帰属権利者等に引き継がれると、信託不動産は信託財産でなくなります。

▶ **記録例：所有権移転及び信託・信託財産引継**

権利部（甲区）（所有権に関する事項）			
順位番号	登記の目的	受付年月日・受付番号	権利者その他の事項
3	所有権移転	令和○年○月○日 第○号	原因　令和○年○月○日信託 受託者　○市○町○番○号 　　　株式会社A
	信託	余白	信託目録第○号
4	所有権移転	令和○年○月○日 第○号	原因　令和○年○月○日信託財産引継 所有者　○市○町○番○号 　　　甲野太郎
	3番信託登記抹消	余白	原因　信託財産引継

　記録例は、信託財産が引き継がれた場合の例です。所有権移転及び信託登記抹消の原因は「信託財産引継」であり、所有権移転の日付は信託財産が帰属権利者等に引き継がれた日です。

所有権以外の権利の登記名義人の氏名もしくは名称または住所が変更した場合には、その旨の変更登記を申請することができます。この変更登記は必ずしなくてはいけないものではありませんが、抵当権の移転または変更登記をする際には、その前提として登記名義人の表示変更登記がされていなければなりません。したがって、変更が生じた場合には、なるべく早い時期に登記をしておくのがよいでしょう。なお、抵当権等の抹消登記の場合には、変更を証する情報を提供すれば、抵当権等の登記名義人表示変更登記を省略することができます。

この登記の申請は、当該登記の登記名義人が単独で行うことができます（法64条1項）。

▶▶ **記録例1：抵当権者の本店移転**

権利部（乙区）（所有権以外の権利に関する事項）			
順位番号	登記の目的	受付年月日・受付番号	権利者その他の事項
1	抵当権設定	平成○年○月○日 第○号	（一部省略） 抵当権者　○市○町○番○号 　株式会社A銀行 　（取扱店　○○支店）
付記1号	1番登記名義人住所変更	令和○年○月○日 第○号	原因　令和○年○月○日本店移転 本店　○市○町○番○号

記録例1は、抵当権者である会社の本店所在地が変更した例です。会社の本店所在地の変更の場合でも登記の目的は「住所変更」ですが、原因は

「本店移転」となります。

▶ 記録例2：抵当権者の商号変更

権利部（乙区）（所有権以外の権利に関する事項）			
順位番号	登記の目的	受付年月日・受付番号	権利者その他の事項
1	抵当権設定	平成○年○月○日 第○号	（一部省略） 抵当権者　○市○町○番○号 　　株式会社A銀行 　　（取扱店　○○支店）
付記1号	1番登記名義人名称変更	令和○年○月○日 第○号	原因　令和○年○月○日商号変更 商号　株式会社B銀行

　記録例2は、会社の商号が変更した例です。登記の目的は「名称変更」、原因は「商号変更」です。

▶ 記録例3：抵当権者の本店及び商号変更

権利部（乙区）（所有権以外の権利に関する事項）			
順位番号	登記の目的	受付年月日・受付番号	権利者その他の事項
1	抵当権設定	平成○年○月○日 第○号	（一部省略） 抵当権者　○市○町○番○号 　　株式会社A
付記1号	1番登記名義人住所、名称変更	令和○年○月○日 第○号	原因　令和○年○月○日商号変更 　　　令和○年○月○日本店移転 商号本店　○市○町○番○号 　　株式会社B

　記録例3は、会社の商号と本店が変更した例です。登記の目的は「住所、名称変更」であり、原因は、二つの原因を併記して記録されます。

第5章

区分建物に関する登記

区分建物というのは、分譲マンションのような集合住宅のことと思っていただければよいかと思います。もちろん、二世帯住宅のような小さな建物も区分建物として登記することがあります。

　区分建物というためには、二つの要件が必要です。

---

① 一棟の建物に構造上及び利用上独立した建物が数個あること

　構造上独立している、というためには、出入口が独立して在ること、各建物を勝手に行き来できないことなど、独立して利用できることが必要です。マンションの各部屋を考えればわかるかと思います。この各独立した建物を「専有部分」といいます。

② 所有者が区分建物として所有する意思のあること

　構造上及び利用上独立していて、区分所有の建物になり得る建物でも、区分建物といわない建物もあります。たとえば、賃貸用マンション、アパートなどです。区分建物として登記するかどうかは、所有者の自由な意思で決めることができます。

　また、「このマンションは一体化しています」という言葉を登記所の窓口で耳にすることがあるかと思います。これは、マンションの部屋（専有部分）と土地は一体となって取引の対象になっている、という意味であると考えればよいでしょう。

　マンションを購入する人は、その部屋だけではなく、マンションの敷地の何分のいくつかも購入するのが一般的です。この敷地に対する何分のいくつかの所有権を「持分」といいます。マンションを購入すると、たとえば「持分1000分の1」などのように土地の持分も購入しているのが普通です。そして、区分所有者は、原則として、その有する専有部分とそれを所有するための建物の敷地に関する権利（敷地利用権）とを分離して処分することができないものとされています（区分所有法22条1項）。すなわ

ち、専有部分と敷地利用権は一体で売買したり担保に入れたりしなさいということです。ただし、公正証書または規約によって分離処分可能規約を設定して、一体化させないことも可能です。二世帯住宅などは一体化させるメリットも少ないでしょう。

　一体化しているマンションの建物の登記簿には、当該専有部分の敷地に対する持分割合が「敷地権の割合」として記録されますので、一体化している場合には建物の登記事項証明書を取得すれば通常は用が足りることになります。

MEMO　　敷地権と敷地利用権

　建物を建てるためには、その敷地を利用する何らかの権限を有していなければなりません。敷地を利用する権限とはたとえば、敷地の所有権や、敷地の借地権です。これらの権利を「敷地利用権」といいます。敷地利用権には、具体的には、所有権、地上権、賃借権、使用貸借権等があります（ただし、使用貸借権は登記できる権利ではありません）。

　これら敷地利用権のうち、登記された「所有権」「地上権」「賃借権」であって、建物または附属建物と分離して処分することができないものを「敷地権」といいます（法 44 条 1 項 9 号）。

【区分建物の登記簿の構成】

一棟の建物の表題部（一棟の建物の表示）
区分建物の表題部（専有部分の建物の表示）
権利部（甲区）
権利部（乙区）

　区分建物の登記簿の構成は、通常の土地及び建物（非区分建物）の登記簿の構成と異なります。区分建物の登記簿には、「一棟の建物の表題部」、「区分建物の表題部」及び「権利部」があります（規則4条、同別表3）。

　一棟の建物の表題部には、一棟の建物に属する区分建物の家屋番号、一棟の建物の所在、建物所在図の番号、一棟の建物の名称、一棟の建物の構造、一棟の建物の床面積、敷地権の目的である土地の符号、敷地権の目的である土地の所在及び地番、敷地権の目的である土地の地目、敷地権の目的である土地の地積等が記録されます。

　区分建物の表題部には、専有部分の建物の表示として、不動産番号、区分建物の家屋番号、区分建物の名称、区分建物の種類、区分建物の構造、区分建物の床面積、共用部分である旨、団地共用部分である旨、敷地権の目的である土地の符号、敷地権の種類、敷地権の割合等が記録されます。

　権利部には「甲区」と「乙区」があり、それぞれに記録される内容は土地及び非区分の建物と同じです。

1　新築の場合

▶　**記録例1：一棟の建物の表題部（敷地権付き区分建物）**

専有部分の家屋番号	8-1-1　8-1-101～8-1-110　8-1-201～ 8-1-210　8-1-301～8-1-305				
表題部（一棟の建物の表示）		調製	余白	所在図番号	余白
所　在	○区○町三丁目　8番地1		余白		
建物の名称	○○マンション		余白		
①構造	②床面積　　　　㎡			原因及びその日付〔登記の日付〕	
鉄筋コンクリート造陸屋根 地下1階付き3階建	1階　1000：72 　2階　1000：72 　3階　　700：03 地下1階　　700：00			〔令和○年3月6日〕	

表題部（敷地権の目的である土地の表示）					
①土地の符号	②所在及び地番	③地目	④地積　㎡		登記の日付
1	○区○町三丁目8番1	宅地	1000	00	令和○年3月6日
2	○区○町三丁目8番5	宅地	400	00	令和○年3月6日

　記録例1は、一体化されている区分建物における一棟の建物の表題部です。一棟の建物の表題部には、次の事項が記録されています。

〈**専有部分の家屋番号欄**〉

　専有部分の全部の家屋番号が記録されています。

〈**一棟の建物の表示欄**〉

　所在：区分建物が建っている底地（法定敷地）が記録されています。底地が二筆以上ある場合には、その全部を登記します。なお、規約敷地は所在欄には記録しません。

　建物の名称：一棟の建物の名称を定めた場合には、その名称が記録されています。建物の名称としては、記録例のようにマンション名を登記するのが一般的です。

構造：一棟の建物の構造、屋根の種類及び階数が記録されています。

床面積：一棟の建物の床面積が階別に記録されています。この床面積の中には共用部分も含みますので、専有部分の床面積の合計よりも多くなります。

原因及びその日付：新築年月日は記録されません。

登記の日付：登記申請の日ではなく、実際に登記が完了した日が記録されています。

〈敷地権の目的である土地の表示欄〉

土地の符号：敷地権の目的である土地の符号が記録されています。

所在及び地番：敷地権の目的である土地の所在及び地番が記録されています。

地目：敷地権の目的である土地の地目が記録されています。

地積：敷地権の目的である土地の地積が記録されています。

登記の日付：登記申請の日ではなく、実際に登記が完了した日が記録されています。

MEMO	法定敷地と規約敷地

敷地権の目的である土地には、法定敷地と規約敷地があります。

法定敷地とは、区分建物が実際に建っている土地のことです。

規約敷地とは、区分所有者が建物及び法定敷地と一体として管理または使用する庭、通路、広場、駐車場、テニスコート、附属施設の敷地等の土地で、規約により建物の敷地とされた土地をいいます（区分所有法5条）。規約敷地は、法定敷地と隣接していなくてもかまいません。また、他の建物の法定敷地または規約敷地となっている土地を規約敷地とすることもできます。

記録例1では、8番1は所在地（建物が実際に建っている土地）となっていますので法定敷地とわかります。8番5は所在地にはなっていませんので、規約敷地ということになります。

▶ **記録例2：専有部分の表題部**

表題部（専有部分の建物の表示）			不動産番号	（※）
家屋番号	○町三丁目　8番1の101		余白	
建物の名称	101		余白	
①種類	②構造	③床面積　　　　㎡	原因及びその日付〔登記の日付〕	
居宅	鉄筋コンクリート造1階建	1階部分　45｜70	令和○年2月25日新築〔令和○年3月6日〕	
表題部（敷地権の表示）				
①土地の符号	②敷地権の種類	③敷地権の割合	原因及びその日付〔登記の日付〕	
1	所有権	1000分の7	令和○年2月25日敷地権〔令和○年3月6日〕	
2	所有権	1000分の7	令和○年2月25日敷地権〔令和○年3月6日〕	
所有者	甲市乙町二丁目1番5号　株式会社甲建設			

※　13桁の不動産番号が記録されています。

　記録例2は、専有部分の表題部です。専有部分の表題部には、次の事項が記録されています。

〈**専有部分の建物の表示欄**〉

　不動産番号：不動産を識別する13桁の番号が記録されています（法27条、規則90条）。

　家屋番号：非区分建物と異なり、地番区域名（たとえば「○町三丁目」）から登記します。

　建物の名称：専有部分の建物の名称のことで、建物の名称を定めたときに記録されています。部屋番号と同じ番号を建物の名称とするのが便利であり、一般的です。

　種類：「居宅」「事務所」「店舗」等のように、専有部分の利用状況が記録されています。

構造：専有部分の構造と、何階建てなのかが記録されています。次の図1の場合、203の部屋は2階部分と3階部分で一個の専有部分ですので「2階建」（準則90条）、他の部屋は「1階建」です。

階層的に区分してある建物の場合には、屋根の種類は登記しません（準則81条3項）。通常のマンションは階層区分となっていますので屋根の種類は登記しませんが、図2のような縦割り区分の場合には、屋根の種類を登記します。

図1：階層区分の建物　　　　図2：縦割り区分の建物

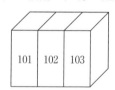

301	302	203
201	202	203
101	102	103

| 101 | 102 | 103 |

床面積：専有部分が建物全体の何階部分にあるのか、たとえば「1階部分」「2階部分」のように記録されています。ただし、縦割り区分の場合には、「部分」という文字は登記しませんので、「1階」「2階」のように記録されています。

専有部分の床面積の算定方法は、各専有部分の壁その他の区画の内側線で囲まれた部分の水平投影面積によります（規則115条）。すなわち、区分建物の専有部分は、内壁で囲まれた部分が床面積となります。また、1平方メートルの100分の1未満の端数は切り捨てます。したがって、登記簿に登記されている床面積は、マンションの宣伝用のパンフレット等に記載してある床面積より少ないのが一般的です。

原因及びその日付：区分建物に係る登記の登記原因及びその日付が記録されています。通常は区分建物の新築年月日です。

登記の日付：登記申請の日ではなく、実際に登記が完了した日が記録されています。

〈敷地権の表示欄〉

土地の符号：一棟の建物の表題部に記録された土地の符号が記録されて

います。

敷地権の種類：敷地権の種類としては、所有権、地上権または賃借権の
いずれかを登記します。登記した種類が記録されています。

敷地権の割合：敷地権の割合が、たとえば「1000 の 7」のように記録さ
れています。

原因及びその日付：敷地権の表示の登記原因及び敷地権発生の日付が記
録されています。敷地権は、敷地と専有部分の両方について所有者が
登記簿上同一人となったときに発生します。したがって、敷地権発生
の日は、区分建物の所有者が土地について敷地利用権の登記をしてい
るのであれば新築の日、または規約によって敷地権割合を定めた場合
にはどちらか遅い日となります。区分建物の所有者が区分建物取得後
に土地について敷地利用権の登記をした場合には、その登記の日とな
ります。

登記の日付：実際に登記が完了した日が記録されています。

〈所有者欄〉

　　所有者欄には、区分建物の最初の所有者（原始取得者）の住所、氏名
または名称が記録されています。所有権の保存登記がされた場合、所有
者の表示に下線が引かれます。

▶▶ **記録例3**

権利部（甲区）（所有権に関する事項）			
順位番号	登記の目的	受付年月日・受付番号	権利者その他の事項
1	所有権保存	令和○年○月○日 第○号	原因　令和○年○月○日売買 所有者　○市○町○番○号 　　甲野太郎

　記録例3は、甲野太郎が表題部に記録されている所有者から直接、敷地
権付きの専有部分を買って、所有権保存登記をした例です。

区分建物の場合には、非区分建物と異なり、表題部に登記してある所有者から取得した者も所有権保存登記を申請することができます（法74条2項）。このことは、敷地権付きの区分建物も敷地権の付いていない区分建物も同じと考えます。

　敷地権化されている建物は、土地と専有部分を分離して処分することができませんので、敷地権化後に所有権を取得した場合には、記録例のように取得原因とその年月日も登記します。

▶▶▶ 記録例4：敷地権である旨の登記

権利部（甲区）（所有権に関する事項）			
順位番号	登記の目的	受付年月日・受付番号	権利者その他の事項
2	所有権移転	令和○年○月○日 第○号	原因　令和○年○月○日売買 所有者　甲市乙町二丁目1番5号 　　　　株式会社甲建設
3	所有権敷地権	余白	建物の表示　○区○町三丁目8番地1 　一棟の建物の名称　○○マンション 令和○年3月6日登記

　記録例4は、土地の登記簿に敷地権の旨を登記した例であり、土地の所有権全部が敷地権の場合です。

　建物について敷地権の表示の登記をしたときは、敷地権の目的になっている土地の登記簿に敷地権である旨の登記をします。敷地権である旨の登記をすると、敷地権の目的となっている土地の登記簿には、敷地権（所有権、地上権、賃借権）の移転の登記をすることができなくなります。敷地権のみを移転することは、一体性の原則に反するからです。

　権利者その他の事項欄には、敷地権の表示をした建物について表示がされています。登記の日は、実際に登記が完了した日となります。これは建物の登記の日と一致しているのが一般的です。

2 共用部分に関する登記

　区分建物は専有部分と共用部分に分けることができます。共用部分はさらに法定共用部分と規約共用部分とに分けることができます。

　法定共用部分とは、専有部分以外の建物の部分、専有部分に属さない建物の附属物をいいます。たとえば、数個の専有部分に通ずる廊下、階段室、エレベーター室等のように構造上区分所有者の全員または一部の者のために利用されるべきものは、区分所有権の目的とならないので、法律上当然に共用部分とされています（区分所有法4条1項）。また、法定共用部分は、建物性がないために登記をすることはできません。

　規約共用部分とは、専有部分としての要件を充たしているもの、すなわち、構造上区分された数個の部分で独立して、住居、店舗、事務所または倉庫その他の建物としての用途に供することができる建物のうち、規約によって共用部分としたものです（区分所有法4条2項）。集会所、管理人室などがあります。

　規約の設定は、区分所有者及び議決権の各4分の3以上の多数による集会の決議によってすることができます（区分所有法31条）。ただし、最初に建物の専有部分の全部を所有する者は、公正証書により規約共用部分とすることができます（同32条、4条2項）。

　通常は、マンション業者があらかじめ公正証書により規約を設定した後、販売するため、マンションを購入した時点では、規約共用部分が定められているのが一般的です。

　なお、規約共用部分の登記をするためには、前提として専有部分の登記をする必要があります。通常は、専有部分の登記と規約共用部分たる旨の登記は連件で申請され、専有部分の登記が完了した後に規約共用部分たる旨の登記手続がされます。したがって、専有部分の登記をした際には表題部に所有者の表示が記録されますので、その後に規約共用部分たる旨の登記をした場合には、登記官は職権で当該建物について表題部所有者の登記

または権利に関する登記を抹消します（法58条4項、規則141条）。

▶ 記録例1：規約共用部分である旨の登記

表題部（専有部分の建物の表示）			不動産番号	（※）
家屋番号	乙町　９９番の2		余白	
①種類	②構造	③床面積	原因及びその日付（登記の日付）	
居宅	鉄筋コンクリート造１階建て	3階部分４０　　００	令和○年○月○日新築〔令和○年○月○日〕	
余白	余白	余白	令和○年○月○日規約設定共用部分〔令和○年○月○日〕	
所有者	○市○町○番○号　甲　某			

※　13桁の不動産番号が記録されています。

権利部（甲区）（所有権に関する事項）			
順位番号	登記の目的	受付年月日・受付番号	権利者その他の事項
1	所有権保存	令和○年○月○日第○号	所有者　○市○町○番○号　甲　某
2	所有権移転	令和○年○月○日第○号	原因　令和○年○月○日売買　所有者　○市○町○番○号　乙　某
3	2番、1番所有権抹消	余白	令和○年○月○日不動産登記法第５８条第４項の規定により抹消

※　法58条4項：登記官は、共用部分である旨の登記又は団地共用部分である旨の登記をするときは、職権で、当該建物について表題部所有者の登記又は権利に関する登記を抹消しなければならない。

　記録例1は、所有権移転の登記がされている建物を規約共用部分とした場合の例です。その場合、職権で、所有権に関する登記が抹消されます。

　なお、記録例では、所有権保存登記、所有権移転登記がされていますが、新しいマンションでは、新築と同時に規約共用部分である旨の登記をするのが一般的であり、その場合には当初から甲区は作成されません。

▶ 記録例2：団地共用部分である旨の登記

表題部（専有部分の建物の表示）			不動産番号	（※）
家屋番号	乙町　30番の31		余白	
①種類	②構造	③床面積	原因及びその日付（登記の日付）	
事務所 集会所	鉄筋コンクリート造1階建て	1階部分91　19	令和○年○月○日新築 〔令和○年○月○日〕	
余白	余白	余白	令和○年○月○日団地規約設定 団地建物の表示 甲市乙町30番地　一棟の建物の名称　ひばりが丘1号棟 同所同番地　一棟の建物の名称ひばりが丘2号棟の団地共用部分 〔令和○年○月○日〕	

　※　13桁の不動産番号が記録されています。

　記録例2は団地内にある建物を規約によって団地共用部分とした例です。

　団地共用部分とは、たとえば、集会室、駐車場、倉庫等の団地建物所有者全員の用に供するために利用されるものです。

　数棟の区分建物がある団地内の附属施設である建物は、団地建物所有者全員で構成する団体の規約により団地共用部分とすることができます（区分所有法67条1項、65条）。また、団地内の数棟の建物の全部を所有する者は、公正証書により、団地共用部分を設定することができます（同67条2項）。

一棟の建物を区分するという場合には、たとえば、賃貸マンションのようにもともと独立した建物が数個あったものを区分建物として登記する場合があります。また、壁や出入口等を設置することによって区分性を持たせた結果、区分建物として登記する場合もあります。いずれにしても、登記簿への記録の方法は同じです。

以下の記録例は、区分建物ではない普通の建物である家屋番号775番2の建物を「775番2の1」と「775番2の2」の二個に区分した例です。区分が行われると、区分する前の建物の登記簿は閉鎖されます。

▶▶ 記録例１：一棟の建物を区分してＡ区分建物・Ｂ区分建物とした場合の一棟の建物の表題部

専有部分の家屋番号	７７５－２－１　７７５－２－２				
表題部（一棟の建物の表示）		調製	余白	所在図番号	余白
所　　在	○区○町五丁目　７７５番地２		余白		
建物の名称	○○マンション		余白		
①構造	②床面積　　　　㎡		原因及びその日付〔登記の日付〕		
鉄筋コンクリート造陸屋根 ２階建	1階　　　６０：００ 2階　　　６０：００		〔令和○年３月６日〕		

記録例１は、区分建物の一棟の建物の表題部です。

▶ 記録例2：一棟の建物を区分してA区分建物・B区分建物とした場合のA区分建物の表題部

表題部（専有部分の建物の表示）			不動産番号	（※）
家屋番号	○町五丁目　７７５番２の１		余白	
建物の名称	１０１		余白	
①種類	②構造	③床面積　　　　㎡	原因及びその日付〔登記の日付〕	
居宅	鉄筋コンクリート造1階建	1階部分　58：26	７７５番２から区分〔令和○年３月６日〕	

※　13桁の不動産番号が記録されています。

　記録例2は、専有部分の表題部です。原因及びその日付欄の「775番2から区分」との記録から、区分によって登記記録が作成されたことがわかります。新築年月日は記録されませんので、新築年月日を知るためには、閉鎖された775番2の登記事項証明書を取得しなければなりません。

　登記の日付は、登記の申請日ではなく、実際に登記が完了した日です。

▶ 記録例3：A区分建物の権利部（甲区）

権利部（甲区）（所有権に関する事項）			
順位番号	登記の目的	受付年月日・受付番号	権利者その他の事項
1	所有権移転	令和○年○月○日第○号	原因　令和○年○月○日相続 所有者　○市○町○番○号 　甲野太郎 順位2番の登記を移記 令和○年３月４日受付 第○号

権利部（乙区）（所有権以外の権利に関する事項）			
順位番号	登記の目的	受付年月日・受付番号	権利者その他の事項
1	抵当権設定	令和○年○月○日 第○号	原因　令和○年７月７日金銭消費貸 　　借同日設定 債権額　金１，０００万円 利息　年１・７５％（年３６５日日 　　割計算） 損害金　年１４・０％ 債務者　○市○町○番○号 　　甲野太郎 抵当権者　○市○町○番○号 　　株式会社A銀行 順位１番の登記を移記 共同担保　目録（あ）第○号 令和○年３月４日受付 第○号

　記録例3・記録例4は、区分により作成された新しい登記簿に、従前の登記簿に登記されていた事項を移記した例です。

　権利者その他の事項欄の「順位○番の登記を移記」とは、従前の登記簿に記録されていた順位番号○番の登記事項を移記しました、という意味です。移記されるのは現在効力のある部分ですので、所有権移転がある場合には、それ以前の所有権の事項は移記されません。また、抵当権等の権利が抹消されている場合には、抹消された抵当権等の権利は移記されません。

　記録例4の抵当権は、区分によって共同担保になったため、共同担保目録の記号と番号が記録されています。

　「令和○年３月４日受付第○号」とは、今回の区分建物の登記の申請年月日と受付番号のことです。

▶ **記録例5：区分前の建物の表題部**

表題部（主である建物の表示）	調製	余白	不動産番号	（※）
所在図番号	余白			
所　在	○区○町五丁目　７７５番地２		余白	
家屋番号	７７５番２		余白	
①種類	②構造	③床面積　　㎡	原因及びその日付〔登記の日付〕	
居宅	鉄筋コンクリート造陸屋根２階建	1階　６０　００ 2階　６０　００	令和○年○月○日新築〔令和○年○月○日〕	
余白	余白	余白	区分により７７５番２の１、７７５番２の２の登記記録に移記〔令和○年３月６日 同日閉鎖〕	

　　※　13桁の不動産番号が記録されています。

　記録例5は、区分する前の建物の表題部です。
　原因及びその日付欄には、区分後の家屋番号と、その登記記録に登記事項が移記された旨が記録されています。また、登記の日付として、登記した日と登記記録を閉鎖した日が記録されています。

4 ┃ 再区分の登記

　再区分の登記とは、既に建物として区分登記されている専有部分をさらに区分する登記です。数個の部屋を一個の専有部分として登記してあったものを再度、区分登記して、そのうちのいくつかを売却する場合などに行われます。

表題部（専有部分の建物の表示）			不動産番号	（※）
家屋番号	○町三丁目　3番12の31		余白	
建物の名称	506		余白	
①種類	②構造	③床面積　　　　㎡	原因及びその日付〔登記の日付〕	
居宅	鉄筋コンクリート造1階建	5階部分　91｜50	令和○年2月25日新築〔令和○年○月○日〕	
余白	余白	5階部分　60｜00	③3番12の68を区分〔令和○年3月6日〕	
表題部（敷地権の表示）				
①土地の符号	②敷地権の種類	③敷地権の割合	原因及びその日付〔登記の日付〕	
1	所有権	1000分の90	令和○年2月25日敷地権〔令和○年○月○日〕	
1	所有権	1000分の60	令和○年3月6日変更〔令和○年3月6日〕	

　※　13桁の不動産番号が記録されています。

　記録例1は、敷地権付き区分建物を二個に区分した場合における元の専有部分の表題部の例です。

　原因及びその日付欄の「③3番12の68を区分」とは、床面積は3番12の68を区分したので変更しました、という意味です。

　敷地権がある場合には、敷地権の割合が変更されます。敷地権の割合は二個の区分建物の床面積割合によります。

▶ **記録例2：A区分建物を区分してA区分建物とB区分建物にする場合の、B区分建物の表題部**

表題部（専有部分の建物の表示）			不動産番号	（※）
家屋番号	○町三丁目　3番12の68		余白	
建物の名称	507		余白	
①種類	②構造	③床面積　　　㎡	原因及びその日付〔登記の日付〕	
居宅	鉄筋コンクリート造1階建	5階部分　30｜00	3番12の31から区分〔令和○年3月6日〕	
表題部（敷地権の表示）				
①土地の符号	②敷地権の種類	③敷地権の割合	原因及びその日付〔登記の日付〕	
1	所有権	1000分の30	令和○年2月25日敷地権〔令和○年3月6日〕	

※　13桁の不動産番号が登記されています。

　記録例2は、区分された部分につき新しく作成された登記記録の例です。

　原因及びその日付欄には、「3番12の31から区分」として、新しく登記記録が作成された原因が記録されています。

　敷地権がある場合には、敷地権の割合等が登記されます。その場合には、原因及びその日付欄に当初の敷地権発生の日が記録されています。

5　区分建物の滅失により通常の建物となった場合

　二個の区分建物のうち、取壊しなどによって一個が滅失した場合には、残りの建物は区分建物ではなくなります。

▶ 記録例１：区分建物の一棟の表題部

専有部分の家屋番号	５０−１−１　５０−１−２			
表題部（一棟の建物の表示）		調製	余白	所在図番号	余白

所　在	○市○町五丁目　５０番地1	余白
建物の名称	○○マンション	余白

①構造	②床面積　　　　㎡	原因及びその日付〔登記の日付〕
木造スレートぶき２階建	1階　　165　26 2階　　165　26	〔令和○年５月６日〕
余白	余白	不動産登記規則第１４０条第４項の規定により移記 〔令和○年７月１９日 同日閉鎖〕

▶ 記録例２：滅失した区分建物

表題部（専有部分の建物の表示）			不動産番号	（※）

家屋番号	○町五丁目　５０番1の1	余白
建物の名称	１０１	余白

①種類	②構造	③床面積　　　㎡	原因及びその日付〔登記の日付〕
居宅	木造スレートぶき２階建	1階　　67　21 2階　　67　21	令和○年４月２０日新築 〔令和○年５月６日〕
余白	余白	余白	令和○年６月１８日取壊し 〔令和○年７月１９日〕

※　13桁の不動産番号が記録されています。

▶ **記録例3：移記する区分建物**

表題部（専有部分の建物の表示）			不動産番号	（※）
家屋番号	○町五丁目　５０番1の2		余白	
建物の名称	１０２		余白	
①種類	②構造	③床面積　　　㎡	原因及びその日付〔登記の日付〕	
居宅	木造スレートぶき2階建	1階　　93：58 2階　　93：58	令和○年4月20日新築 〔令和○年5月6日〕	

　　※　13桁の不動産番号が記録されています。

　記録例3は、残った建物の記録の例です。登記するものはなく、ただ、記録に下線が引かれるだけです。

▶ **記録例4：滅失後の建物の表題部**

表題部（主である建物の表示）		調製	余白	不動産番号	（※）
所在図番号	余白				
所　在	○市○町五丁目　５０番地1			余白	
家屋番号	50番1の2			余白	
①種類	②構造	③床面積　　　㎡		原因及びその日付〔登記の日付〕	
居宅	木造スレートぶき2階建	1階　　93：58 2階　　93：58		令和○年4月20日新築 不動産登記規則第１４０条第4項の規定により移記 〔令和○年7月19日〕	
余白	余白	1階　　96：58 2階　　96：58		③令和○年6月18日区分建物の滅失による変更 〔令和○年7月19日〕	

　　※　13桁の不動産番号が記録されています。

記録例4は、家屋番号50番1の2が、区分建物でなくなり、通常の建物になったので、新しい登記記録に移記した例です。

〈移記の記録〉

　床面積：区分建物と通常の建物とでは床面積の求積方法が異なり、通常の建物となった場合には床面積が増えるのですが、移記するときは、そのまま従前の床面積が移記されます。

　原因及びその日付：従前の登記記録を作成した原因が記録されています。

　登記の日付：移記について定めた条文と、登記した日が記録されています。

〈床面積の変更登記の記録〉

　通常の建物となった場合には床面積の表示が増えるにもかかわらず、移記されるのは従前の床面積ですので、このままでは登記記録と実態が一致していないことになります。そこで、残った建物の床面積の変更登記を申請する必要があります。その場合の原因及びその日付欄の記録方法は、登記所によりまちまちですが、「③令和〇年6月18日区分建物の滅失による変更」などとするのが一般的のようです。

6　建物のみに関する付記

(1)　所有権に係る権利に関する登記に付記する場合

▶ 記録例：専有部分の甲区

権利部（甲区）（所有権に関する事項）			
順位番号	登記の目的	受付年月日・受付番号	権利者その他の事項
1	所有権保存	平成○年○月○日 第○号	（省略）
2	所有権移転	平成○年○月○日 第○号	原因　平成○年○月○日売買 所有者　○市○町○番○号 　　　　甲野太郎
付記1号	買戻特約	平成○年○月○日 第○号	（省略）
付記1号 の付記1号	2番付記1号登記は建物のみに関する	余白	平成○年○月○日付記
3	所有権移転請求権仮登記	平成○年○月○日 第○号	（省略）
	余白	余白	余白
付記1号	3番登記は建物のみに関する	余白	平成○年○月○日付記

　　※　付記登記の年月日は敷地権の登記の年月日です。

　所有権に係る権利に関する登記とは、たとえば、所有権移転の仮登記、買戻特約の登記、差押えの登記などです。この場合、所有権の登記は含まれません。

　建物の表題部の登記事項に関する変更または更正登記によって敷地権の表示の登記をした場合には、土地の登記簿に敷地権である旨の登記をします。そのとき、建物の登記簿に所有権移転仮登記、買戻特約等の所有権に係る権利に関する登記がある場合には、記録例のように「○番登記は建物

のみに関する」として、登記年月日が記録されます（規則 123 条 1 項）。

　敷地権の表示の登記がされると、以後、敷地に対する登記を建物の登記簿にすればその効力は敷地にも及ぶとされています。したがって、敷地権の表示の登記をする以前に建物の登記簿にされた登記はあたかも敷地にも及んでいるような外観を呈します。しかし、敷地権の表示の登記がされる以前のこれらの登記は、敷地には及んでいませんので、そのことを明らかにするために、建物のみに関する旨を付記するのです。

(2) 抵当権等の登記に付記する場合

▶ 記録例

権利部（乙区）（所有権以外の権利に関する事項）			
順位番号	登記の目的	受付年月日・受付番号	権利者その他の事項
1	抵当権設定	平成○年○月○日第○号	（省略）
付記1号	1番登記は建物のみに関する	余白	平成○年○月○日付記
2	賃借権設定	平成○年○月○日第○号	（省略）
3	根抵当権設定	平成○年○月○日第○号	平成○年○月○日付記

　※　敷地権につき、登記の目的、申請の受付の年月日及び受付番号ならびに登記原因及びその日付が同一の登記があるときはその登記を抹消し、建物のみに関する旨の付記はしません（規則 123 条）。

　※　付記登記の年月日は敷地権の登記の年月日です。

　記録例の記録は、1 番抵当権は建物のみについて及び、敷地については及ばないことを意味します。この登記がされる場合としては、次のような場合があります。

① 　敷地権の表示の登記がされる以前に建物についてのみ抵当権の設
　定登記がされていた場合
② 　敷地についてのみ抵当権の設定登記がされていて、敷地権の表示
　の変更登記後に同一債権を担保するために建物について追加設定が
　された場合

②の場合、既に敷地については抵当権が設定されていますので、これが建物のみに関するものである旨の付記をしないと、敷地について同一の抵当権が二重に設定されているような誤解が生じます。

そこで、敷地権の表示の変更登記をした以後は、原則として建物のみを目的とする登記はできないのですが、敷地についてのみ抵当権が設定されている場合に建物に同じ抵当権を追加設定するのは、敷地と建物の一体的処分を目的とする区分所有法の趣旨に合致することなので認められています（昭和 59 年 9 月 1 日民三第 4674 号民事局長回答『登記研究』442 号）。

なお、建物についてされた特別の先取特権（不動産保存の先取特権、不動産工事の先取特権）の登記または賃借権に関する登記には、建物のみに関する旨の付記はしません。これは、敷地権の持分は、特別の先取特権及び賃借権の目的物とならないからであるとされています（『区分所有登記実務一問一答』金融財政事情研究会、252 頁）。また、法文上も、建物のみの付記登記をするのは、建物についての所有権の登記を除く、所有権または一般の先取特権、質権または抵当権に係る権利に関する登記に限定されているからです（規則 123 条 1 項）。

第6章

土地区画整理に関する登記

土地区画整理とは、都市計画区域内の土地において、道路、公園、広場、河川等の公共施設の整備改善を図り、市街地内の宅地が整然と区画されることにより健全な市街地の造成を図ることです。施行地区内の権利者は公共用施設の整備のために公平に土地を出し合うなどをしますが、土地区画整理により環境がよくなり、土地の値段も上がるなど利点も多い制度です。

　土地区画整理は主に換地処分によってされますが、換地処分がされると施行地区内の土地及び建物について変動があるので、施行者は遅滞なく、その変動に係る登記を申請または嘱託しなければなりません（土地区画整理法107条）。土地区画整理による登記は大量であり、また迅速な処理が要求されるため、その登記手続については土地区画整理登記令による特例が認められています。

　換地の型としては、次のような型があります。

一筆型換地：一個の土地に対して一個の土地が与えられる

合併型換地：数個の土地に対して一個の土地が与えられる

分筆型換地：一個の土地に対して数個の土地が与えられる

MEMO　換地処分の効果

　換地とは、土地区画整理事業施行地区内の宅地について、従前の宅地（土地区画整理事業の工事施行前の宅地）に代わるべきものとして交付される宅地をいいます（『よくわかる土地区画整理法改訂版』ぎょうせい、24頁参照）。

　換地を定める処分を「換地処分」といいますが、換地処分が行われると、国土交通大臣または都道府県知事は、換地処分があった旨を公告しなければなりません（土地区画整理法103条4項）。

　換地処分の公告があると、換地計画において定められた換地は、換地処分の公告のあった日の翌日から従前の宅地とみなされ、従前の宅地に存した権利は、地役権を除き換地上に移行します。また、換地計画において換地を定めなかった従前の宅地について存する権利は、その公告があった日が終了した時において消滅します（同法104条1項）。

1　一筆型換地

▶ 記録例1：土地の表題部

表題部（土地の表示）	調製	平成○年○月○日	不動産番号	（※）	
地図番号	余白	筆界特定	余白		
所　在	渋谷区○町一丁目			余白	
①地番	②地目	③地積　　　　　　㎡		原因及びその日付〔登記の日付〕	
4番8	宅地		15|48	4番1から分筆	
余白	余白	余白		昭和63年法務省令第37号附則第2条 第2項の規定により移記 平成○年○月○日	
120番	宅地		12|54	令和○年3月3日土地区画整理法による 換地処分 〔令和○年3月3日〕	

※　13桁の不動産番号が記録されています。

　記録例1は、従前の土地一個に対して一個の換地が定められた例です。

　換地処分の効力が生じると、与えられた換地（120番）は、従前の土地（4番8）と同じにみなされ、従前の宅地に関する権利関係は原則としてそのまま換地に移行します（土地区画整理法104条）。

　登記がされると、従前の土地の登記記録の表題部に、換地の所在する市、区、郡、町、村及び字ならびに当該換地の地番、地目、地積が記録され、従前の表示には下線が引かれます（土地区画整理登記規則6条1項）。

原因及びその日付：土地区画整理による登記の場合、原因は「土地区画整理法による換地処分」です。その日付は換地処分の効力が発生した日、すなわち、換地処分があった旨の公告（土地区画整理法103条4項）があった日の翌日となります（同法104条1項）。

登記の日付：登記完了の日が記録されますが、実際には登記の申請日を記録している例が一般的でしょう。

なお、「昭和63年法務省令第37号附則第2条第2項の規定により移記 平成○年○月○日」とは、平成○年○月○日にコンピュータ化され、従前の登記簿からコンピュータへ移行した、という意味です。

▶▶ 記録例2：共同担保目録

共同担保目録					
記号及び番号	（あ）第○号			調製	平成○年○月○日
番号	担保の目的である権利の表示		順位番号	予　備	
1	渋谷区○町一丁目　4番8 渋谷区○町一丁目　120番		1	令和○年3月3日受付第100号 土地区画整理法による換地処分	

　一筆型換地の場合は、甲区及び乙区に特別の記録はありません。ただし、共同担保目録がある場合には、換地後の土地が記録され、従前の土地に下線が引かれます。予備欄には、変更原因と土地区画整理による換地処分の登記の申請日と受付番号が記録例2のように記録されます。

▶ 記録例3：所在が変更する場合の土地の表題部

表題部（土地の表示）		調製	平成○年○月○日		不動産番号	（※）	
地図番号	余白		筆界特定	余白			
所　在	渋谷区○町一丁目				余白		
	渋谷区○町二丁目				余白		
①地番	②地目	③地積		㎡	原因及びその日付〔登記の日付〕		
4番8	宅地		15	48	4番1から分筆		
余白	余白	余白			昭和63年法務省令第37号附則第2条第2項の規定により移記 平成○年○月○日		
120番	宅地		12	54	令和○年3月3日土地区画整理法による換地処分 〔令和○年3月3日〕		

　※　13桁の不動産番号が記録されています。

　記録例3は、区画整理により換地の所在が変わる場合の例です。その場合には、従前の所在に下線が引かれます。土地区画整理事業にともなって、市区町村の地番区域の名称の変更が行われた場合には、変更の効力と換地処分の効力は同時に生ずるので（地方自治法施行令179条）、所在欄には変更後の所在のみが記録され、変更の原因及びその日付は記録されません。

2 合併型換地

▶▶ 記録例1：合併型換地で換地として定められた土地の表題部

表題部 (土地の表示)	調製	平成○年○月○日	不動産番号	(※)
地図番号	余白	筆界特定	余白	
所　在	渋谷区○町一丁目		余白	
①地番	②地目	③地積　　　　　　㎡	原因及びその日付〔登記の日付〕	
2番4	宅地	13｜22	余白	
余白	余白	余白	昭和63年法務省令第37号附則第2条第2項の規定により移記 平成○年○月○日	
105番	宅地	800｜37	令和○年3月3日土地区画整理法による換地処分 他の従前の土地2番7、2番10 〔令和○年3月3日〕	

※　13桁の不動産番号が記録されています。

　記録例1は、従前の土地の数個（2番4、2番7、2番10）に対して一個の換地（105番）が定められた場合の例です。

　その場合、従前の土地から任意の土地を選んで換地処分を行います（所有権の登記があるものとないものがあるときは、その登記があるものを選びます）。その登記記録の表題部に、換地の所在する市、区、郡、町、村及び字ならびに当該換地の地番、地目及び地積が記録され、従前の表示に下線が引かれます（土地区画整理登記規則7条1項）。他の土地の登記記録は閉鎖されます。

　原因及びその日付：原因は、「令和○年3月3日土地区画整理法による換地処分」です。あわせて、他の従前の土地の表示が記録されています。原因の日付は、換地処分の効力が発生した日、すなわち、換地処分があった旨の公告があった日の翌日となります。

▶ 記録例2：所在が変更する場合

表題部（土地の表示）	調製	平成○年○月○日	不動産番号	（※）
地図番号　余白	筆界特定　余白			
所　在	渋谷区○町一丁目		余白	
	渋谷区○町二丁目		余白	
①地番	②地目	③地積　　　　　㎡	原因及びその日付〔登記の日付〕	
2番4	宅地	13：22	余白	
余白	余白	余白	昭和63年法務省令第37号附則第2条第2項の規定により移記 平成○年○月○日	
105番	宅地	800：37	令和○年3月3日土地区画整理法による換地処分 他の従前の土地　渋谷区○町一丁目2番7、2番10 〔令和○年3月3日〕	

※　13桁の不動産番号が記録されています。

記録例2は、土地区画整理により換地の所在が変わる場合の例です。従前の土地である渋谷区○町一丁目2番4の土地と2番7、2番10に対して、渋谷区○町二丁目105番の換地一個が定められています。

▶▶ 記録例3：換地として定められた土地の甲区

権利部（甲区）（所有権に関する事項）			
順位番号	登記の目的	受付年月日・受付番号	権利者その他の事項
1	所有権移転	平成○年○月○日 第○号	（省略）
	余白	余白	昭和63年法務省令第37号附則第2条第2項の規定により移記 平成○年○月○日
2	所有権移転	平成○年○月○日 第○号	原因　平成○年○月○日売買 所有者　○市○町○番○号 　　甲野太郎
3	土地区画整理法による換地処分による所有権登記	令和○年3月3日 第100号	所有者　○市○町○番○号 　　甲野太郎

　記録例3は、所有権の登記がある数個の土地に照応して一個の土地を換地として定めた例です。この場合、甲区の登記記録に、その登記名義人の住所、氏名または名称、土地区画整理法による換地処分により所有権の登記をする旨ならびに換地処分による登記の申請の受付年月日及び受付番号が記録されます（土地区画整理登記規則7条3項）。

　なお、この登記が完了したときは、登記官は速やかに、換地の登記名義人のために登記識別情報を申請人に通知しなければなりません（土地区画整理登記令11条2項）。登記識別情報の通知を受けた申請人は、遅滞なく、これを換地の登記名義人に通知しなければなりません（同3項）。

記録例4：換地として定められた土地の乙区

権利部（乙区）（所有権以外の権利に関する事項）			
順位番号	登記の目的	受付年月日・受付番号	権利者その他の事項
1	抵当権設定	平成○年○月○日第○号	原因　平成○年○月○日金銭消費貸借同日設定 （一部省略） 共同担保　目録（あ）第○号
付記1号	1番抵当権変更	余白	土地区画整理法による換地処分により共同担保関係消滅 令和○年3月3日付記

　記録例4は、合併型換地により共同担保関係が消滅した場合の例です。すなわち、共同抵当権の登記のある従前の土地数個に対して一個の換地処分がされ、抵当権の目的物件が換地後の土地一筆のみになった場合です。その場合には、付記1号で、土地区画整理法による換地処分により共同担保関係が消滅した旨を職権で付記します（昭和47年2月3日民三第89号第三課長通知『登記研究』293号）。

記録例5：共同担保目録

共同担保目録				
記号及び番号	（あ）第○号		調製	平成○年○月○日
番号	担保の目的である権利の表示	順位番号	予備	
1	渋谷区○町一丁目　2番4	1	土地区画整理法による換地処分により共同担保関係消滅 令和○年3月3日	
2	渋谷区○町一丁目　2番7	1	令和○年3月3日土地区画整理法による換地処分により渋谷区○町二丁目105番に移記	
	余白	余白	令和○年3月3日　全部抹消	
（以下省略）				

記録例5は、共同担保関係が消滅したことにより閉鎖された共同担保目録の例です。

▶▶ 記録例6：他の従前の土地の表題部・合併型換地

表題部（土地の表示）	調製	平成○年○月○日	不動産番号	（※）	
地図番号	余白	筆界特定	余白		
所　在	渋谷区○町一丁目		余白		
①地番	②地目	③地積	㎡	原因及びその日付〔登記の日付〕	
2番7	宅地		69｜42	余白	
余白	余白	余白		令和○年3月3日土地区画整理法による換地処分により105番に移記〔令和○年3月3日同日閉鎖〕	

※　13桁の不動産番号が記録されています。

　記録例6は、記録例1（所在が変更しない場合）に対応するものであり、換地表示をした土地以外の他の従前の土地の閉鎖された登記記録の例です。

　原因及びその日付欄に記録されている地番（105番）は、従前の地番ではなく換地後の地番です。

▶ 記録例7：他の従前の土地の表題部・合併型換地・所在が変更する場合

表題部（土地の表示）		調製	平成○年○月○日	不動産番号	（※）
地図番号	余白	筆界特定	余白		
所　在	渋谷区○町一丁目			余白	
①地番	②地目	③地積　　　　㎡		原因及びその日付〔登記の日付〕	
２番７	宅地	69	42	余白	
余白	余白	余白		令和○年３月３日土地区画整理法による換地処分により渋谷区○町二丁目１０５番に移記〔令和○年３月３日同日閉鎖〕	

　　※　13桁の不動産番号が記録されています。

　記録例7は、記録例2（所在が変更する場合）に対応するものであり、合併型換地により閉鎖された登記記録の例です。換地によって換地後の土地の所在が変更した場合には、記録例のように換地の表示として地番だけではなく変更後の所在も記録されます。

▶ 記録例1：従前の土地の表題部

表題部（土地の表示）	調製	平成○年○月○日	不動産番号	（※）
地図番号	余白	筆界特定	余白	
所　在	渋谷区○町一丁目		余白	
①地番	②地目	③地積　　　　m²	原因及びその日付〔登記の日付〕	
2番1	宅地	100 : 50	余白	
10番1	宅地	50 : 50	令和○年3月3日土地区画整理法による換地処分 他の換地　10番2 〔令和○年3月3日〕	

　※　13桁の不動産番号が記録されています。

　記録例1は、一個の土地（2番1）に対して数個の土地（10番1、10番2）が与えられた例です。

　原因及びその日付：分筆型換地の場合の原因は「令和○年○月○日土地区画整理法による換地処分」であり、あわせて他の換地の表示が記録されています（土地区画整理登記規則8条1項）。合併型換地の場合には他の従前の土地を表示しましたが、分筆型換地の場合には、換地後の地番が記録されます。原因の日付は、換地処分の効力が発生した日、すなわち、換地処分があった旨の公告があった日の翌日となります。

▶ 記録例2：所在が変更する場合の従前の土地表題部

表題部（土地の表示）		調製	平成○年○月○日	不動産番号	（※）
地図番号	余白	筆界特定	余白		
所　在	渋谷区○町一丁目			余白	
	渋谷区○町二丁目			余白	
①地番	②地目	③地積　　　　㎡		原因及びその日付〔登記の日付〕	
2番1	宅地	100 50		余白	
10番1	宅地	50 50		令和○年3月3日土地区画整理法による換地処分 他の換地　渋谷区○町二丁目10番2 〔令和○年3月3日〕	

　　※　13桁の不動産番号が記録されています。

　記録例2は、土地区画整理により換地の所在が変わる場合の例です。従前の土地（渋谷区○町一丁目2番1）に対して渋谷区○町二丁目10番1、同所10番2の土地が与えられています。

▶▶ 記録例3：新たに作成した登記記録

表題部（土地の表示）		調製	令和○年3月3日	不動産番号		（※）
地図番号	余白	筆界特定	余白			
所　在	渋谷区○町二丁目			余白		
①地番	②地目	③地積　　　　　㎡		原因及びその日付〔登記の日付〕		
10番2	宅地	30	20	令和○年3月3日土地区画整理法による換地処分 他の換地　渋谷区○町二丁目10番1 〔令和○年3月3日〕		

　※　13桁の不動産番号が記録されています。

　記録例3は、分筆型換地によって他の換地について新たに登記記録を作成した例です。

　登記官は、分筆型換地の場合には、他の各換地について新たに登記記録を作成し、かつ、当該登記記録の表題部に、換地の所在する市、区、郡、町、村及び字ならびに当該換地の地番、地目及び地積ならびに他の換地の地番を記録しなければなりません（土地区画整理登記規則8条3項）。

▶ 記録例4：10番2の土地の甲区

権利部（甲区）（所有権に関する事項）			
順位番号	登記の目的	受付年月日・受付番号	権利者その他の事項
1	所有権移転	平成○年○月○日 第○号	原因　平成○年○月○日売買 所有者　○市○町○番○号 　　乙野次郎 土地区画整理法による換地処分により渋谷区○町二丁目１０番１の土地 順位１番の登記を転写 令和○年３月３日受付 第１００号

　記録例4は、分筆型換地で従前の土地に所有権の登記がある場合に新しく登記記録を作成した例です。この場合、甲区の登記記録に従前の登記記録から所有権に関する登記が転写されます。また、土地区画整理法による換地処分によって登記をする旨、申請の受付年月日及び受付番号が記録されます（土地区画整理登記規則8条4項）。

▶▶ 記録例5　10番2の土地の乙区

順位番号	登記の目的	受付年月日・受付番号	権利者その他の事項
権利部（乙区）（所有権以外の権利に関する事項）
1	抵当権設定	平成○年○月○日 第○号	（前略） 共同担保　目録（あ）第○号 土地区画整理法による換地処分により渋谷区○町二丁目10番1の土地順位1番の登記を転写 令和○年3月3日
2	賃借権設定	平成○年○月○日 第○号	（前略） 土地区画整理法による換地処分により渋谷区○町二丁目10番1の土地順位2番の登記を転写 共同目的物件　渋谷区○町二丁目10番1の土地 令和○年3月3日

　記録例5は、分筆型換地で従前の土地に抵当権、賃借権の登記がある場合に新しく登記記録を作成した例です。この場合、乙区の登記記録に従前の登記記録から抵当権及び賃借権の登記が転写されます。また、土地区画整理法による換地処分によって登記をする旨及びその年月日が記録されます。ただし、甲区の場合と異なり、申請の受付年月日、受付番号は記録されません（土地区画整理登記規則8条5項）。

　転写をする場合は、先取特権、質権及び抵当権以外の権利については、他の換地が共に当該権利の目的である旨が記録されます。担保権については、既に従前の土地にされた当該担保権に係る共同担保目録が作成されているときを除き、新たに作成した共同担保目録の記号及び目録番号が記録されます。記録例5の順位1番の登記は、既に共同担保目録が作成されている場合の例です。

4 不 換 地

　不換地とは、換地計画において、従前の宅地に対して換地が定められなかった場合であり、従前の宅地に存する権利は、換地処分の公告があった日が終了した時に消滅します（土地区画整理法104条1項）。その場合、従前の土地の登記記録の表題部に土地区画整理法による換地処分により換地が定められなかった旨が記録され、当該土地の表題部の登記事項に下線が引かれて、当該登記記録は閉鎖されます（土地区画整理登記規則11条1項）。

▶ **記録例**

表題部（土地の表示）	調製	平成○年○月○日		不動産番号	（※）
地図番号	余白	筆界特定	余白		
所　在	渋谷区○町一丁目			余白	
①地番	②地目	③地積　　　　　㎡		原因及びその日付〔登記の日付〕	
7番5	宅地	20｜00		余白	
余白	余白	余白		令和○年3月3日土地区画整理法による換地処分による不換地〔令和○年3月3日同日閉鎖〕	

　　※　13桁の不動産番号が記録されています。

　記録例は、換地処分によって従前の土地が消滅し、従前の土地の登記記録を換地に利用しない場合の例です。原因の日付は、換地処分があった旨の公告があった日の翌日となります。

換地を宅地以外の土地に定めた場合

　換地計画において換地を宅地以外の土地に定めた場合、その土地に存する従前の権利は、換地処分の公告があった日が終了した時に消滅します（土地区画整理法105条2項）。その場合、当該土地の登記記録の表題部に土地区画整理法105条2項の規定により権利が消滅した旨が記録され、当該土地の表題部の登記事項に下線が引かれて、登記記録は閉鎖されます（土地区画整理登記規則13条1項）。

▶ **記録例**

表題部（土地の表示）	調製	平成○年○月○日	不動産番号	（※）
地図番号	余白	筆界特定	余白	
所　在	渋谷区○町一丁目		余白	
①地番	②地目	③地積　　　㎡	原因及びその日付〔登記の日付〕	
27番5	宅地	11 | 00	余白	
余白	余白	余白	令和○年3月3日土地区画整理法第105条第2項により権利消滅〔令和○年3月3日同日閉鎖〕	

　※　13桁の不動産番号が記録されています。

　記録例は、換地を宅地以外の土地に定めた例です。

6 保留地等

　一定の土地は、換地と定めないで、その土地を当該施設の用に供すべき宅地として定めることができます。この場合、この土地は、換地計画において換地とみなされます（土地区画整理法95条3項）。

　また、換地計画において、土地区画整理事業の施行の費用に充てるため、または、基準、規約もしくは定款で定める目的のため、一定の土地を換地として定めないで、その土地を保留地として定めることができます（土地区画整理法96条）。

　以上の土地は、新たに土地が生じた場合と同じに、土地の表示の登記がされます（法36条）。

▶　**記録例：保留地・新設換地**

表題部（土地の表示）		調製	平成○年○月○日	不動産番号	（※）	
地図番号	余白	筆界特定	余白			
所　在		渋谷区○町二丁目			余白	
①地番	②地目	③地積　　　　㎡		原因及びその日付〔登記の日付〕		
100番	宅地	120 | 00		令和○年3月3日土地区画整理法による換地処分〔令和○年3月3日〕		
所有者		渋谷区○町二丁目○番○号　○町土地区画整理組合				

　　※　13桁の不動産番号が記録されています。

　記録例は、換地計画によって換地とみなされた土地または保留地等の場合の例です。

第7章

破産に関する登記

1 保全処分に関する登記

1 債務者の財産に関する保全処分

　破産手続開始の申立てがされ、その決定がされるまでの間に、債務者が財産を隠匿したりすることがあります。そうした処分行為によって破産財団の財産になりうる財産が減少するのを防ぐために、裁判所は、破産手続開始の申立てがあった場合には、利害関係人の申立てにより、または職権で、破産手続開始決定前に、債務者の財産に関し、その財産の処分禁止の仮処分その他必要な保全処分を命ずることができます（破産法28条1項）。

　保全処分の効果は相対的なものですが、それは、破産開始決定があった場合には、債務者の処分行為は破産財団に対しては主張できないということです。

▶ 記録例：債務者の財産に関する保全処分の場合

権利部（甲区）（所有権に関する事項）			
順位番号	登記の目的	受付年月日・受付番号	権利者その他の事項
3	保全処分	令和○年○月○日第○号	原因　令和○年○月○日東京地方裁判所破産財団保全の仮処分命令 禁止事項　譲渡、質権、抵当権、賃借権の設定その他一切の処分

　※　不動産に関する保全処分は、処分禁止の仮処分の形式でされます。
　　なお、所有権以外の権利の登記についての保全処分の場合は、当該所有権以外の権利の登記に付記してします。

　裁判所書記官は、債務者の財産に関する保全処分があった場合には、職権で、遅滞なく、当該保全処分の登記を嘱託しなければならないとされています（破産法 259 条 1 項 1 号）。記録例は、その場合の例です。

原因：「令和○年○月○日○地方裁判所（○支部）破産財団保全の仮処分命令」とするとされています（平成 16 年 12 月 16 日民二第 3554 号民事局長通達（以下、本章では「本通達」という）第 3, 1, (3)『改訂先例・通達集』220 頁、『登記研究』687 号）。登記原因の日付は、当該仮処分命令がされた日です。

2　否認権のための保全処分

　破産債権者を害する行為は、破産手続が開始しないと否認はできないため（破産法 160 条）、破産手続が開始する前に債務者の財産が散逸しないように処分を禁止しておく必要があります。

▶　記録例：否認権のための保全処分の場合

権利部（甲区）（所有権に関する事項）			
順位番号	登記の目的	受付年月日・受付番号	権利者その他の事項
3	保全処分	令和○年○月○日 第○号	原因　令和○年○月○日東京地方裁判所否認権保全の仮処分命令 禁止事項　譲渡、質権、抵当権、賃借権の設定その他一切の処分

　※　不動産に関する保全処分は、処分禁止の仮処分の形式でされます。

　裁判所は、破産手続開始の申立てがあった時から、当該申立てについての決定があるまでの間において、否認権を保全するために必要があると認めるときは、利害関係人（保全管理人が選任されている場合にあっては、保全管理人のみが申立てをすることができます）の申立てにより、または

職権によって、仮差押え、仮処分その他必要な保全処分を命ずることができます（同法 171 条 1 項）。裁判所書記官は、否認権のための保全処分があった場合には、職権で、遅滞なく、当該保全処分の登記を嘱託しなければなりません（破産法 259 条 1 項 2 号）。記録例は、その場合の例です。

　原因：「令和○年○月○日○地方裁判所（○支部）否認権保全の仮処分

　　　（または仮差押）命令」とするとされています（本通達第 3, 1,（3））。

　　　登記原因の日付は、当該仮処分（または仮差押え）命令がされた日です。

MEMO　否認権とは

　否認権は次のように定義することができます。以下、『例題解説新破産法』法曹会、280 頁の引用です。

　「否認とは、破産手続開始前に破産者に属する財産を減少させて破産債権者を害し、又は破産債権者間に不平等をもたらす行為があった場合に、破産財団との関係でその行為の効力を否定して、減少した財産の回復を図る制度であり、そのために破産管財人に与えられた権利が否認権です。」

3 役員の財産に対する保全処分

▶ 記録例 1：破産法 177 条 1 項の保全処分の場合

権利部（甲区）（所有権に関する事項）			
順位番号	登記の目的	受付年月日・受付番号	権利者その他の事項
3	保全処分	令和○年○月○日 第○号	原因　令和○年○月○日東京地方裁 　　判所役員財産保全の仮差押命令 債権者　○市○町○番○号 　　甲野太郎

※　不動産に関する保全処分は、処分禁止の仮処分の形式でされます。

　裁判所は、法人である債務者について破産手続開始決定があった場合、必要があると認めるときは、破産管財人の申立てにより、または職権で、当該法人の役員（理事、取締役、執行役、監事、監査役、清算人またはこれらに準ずる者）の責任に基づく損害賠償請求権につき、当該役員の財産に対して保全処分をすることができます（破産法 177 条 1 項）。裁判所書記官は、役員の財産に対する保全処分があった場合には、職権で、遅滞なく、当該保全処分の登記を嘱託しなければなりません（破産法 259 条 1 項 2 号）。記録例 1 は、その場合の例です。

　原因：「令和○年○月○日○地方裁判所（○支部）役員財産保全の仮処分（または仮差押）命令」とするとされています（本通達第 3, 1,(1)）。
　　　登記原因の日付は、当該仮処分（または仮差押）命令がされた日です。

▶▶▶ 記録例 2：破産法 177 条 2 項の保全処分の場合

権利部（甲区）（所有権に関する事項）			
順位番号	登記の目的	受付年月日・受付番号	権利者その他の事項
3	保全処分	令和○年○月○日 第○号	原因　令和○年○月○日東京地方裁 　　判所開始前役員財産保全の仮差押 　　命令 債権者　○市○町○番○号 　　甲野太郎

※　不動産に関する保全処分は、処分禁止の形式でされます。

　裁判所は、破産手続開始の申立てがあった時から破産手続開始決定があるまでの間においても、緊急の必要があると認めるときは、債務者である法人（保全管理人が選任されている揚合にあっては、保全管理人）の申立てによりまたは職権で、当該法人の理事、取締役、執行役、監事、監査役、清算人またはこれらに準ずる者の責任に基づく損害賠償請求権につき、当該役員の財産に対する保全処分をすることができます（破産法 177 条 2 項）。この場合、まだ破産手続開始決定がされていませんから、破産管財人は選任されていません。したがって、債務者である法人が申立人となります。ただし、保全管理人が選任されている場合にあっては、保全管理人のみが申立人となります。裁判所書記官は、役員の財産に対する保全処分があった場合には、職権で、遅滞なく、当該保全処分の登記を嘱託しなければなりません（同法 259 条 1 項 2 号）。記録例 2 は、その場合の例です。

原因：「令和○年○月○日○地方裁判所（○支部）開始前役員財産保全の仮処分（または仮差押命令）」として、破産手続開始前の保全処分であることがわかるように記録されています（本通達第 3, 1,（1））。登記原因の日付は、当該仮処分（または仮差押）命令がされた日です。

●破産法 177 条（役員の財産に対する保全処分）

1　裁判所は、法人である債務者について破産手続開始の決定があった場合において、必要があると認めるときは、破産管財人の申立てにより又は職権で、当該法人の理事、取締役、執行役、監事、監査役、清算人又はこれらに準ずる者（以下この節において「役員」という。）の責任に基づく損害賠償請求権につき、当該役員の財産に対する保全処分をすることができる。

2　裁判所は、破産手続開始の申立てがあった時から当該申立てについての決定があるまでの間においても、緊急の必要があると認めるときは、債務者（保全管理人が選任されている場合にあっては、保全管理人）の申立てにより又は職権で、前項の規定による保全処分をすることができる。

（3 項から 7 項は省略）

2 | 保全処分の登記の変更または抹消

1 保全処分の登記の変更または取消しの場合

　破産手続開始の決定前の保全処分及び法人の役員の財産に対する保全処分があった場合において、裁判所は、職権で保全処分の変更または取消しの決定をすることができます（破産法28条2項、177条3項）。また、否認権のための保全処分があった場合には、裁判所は、申立てまたは職権によって、保全処分の変更または取消しの決定をすることができます（同法171条3項）。

　保全処分の変更または取消しがあった場合または保全処分が効力を失った場合には、裁判所書記官は、職権で、遅滞なく、当該保全処分の登記の変更または当該保全処分の登記の抹消を嘱託しなければなりません（同法259条2項）。

 記録例1：保全処分の登記の変更

権利部（甲区）（所有権に関する事項）			
順位番号	登記の目的	受付年月日・受付番号	権利者その他の事項
2	保全処分	令和○年○月○日 第○号	原因　令和○年○月○日東京地方裁判所破産財団保全の仮処分命令 禁止事項　譲渡、質権、抵当権、賃借権の設定その他一切の処分
3	2番保全処分変更	令和○年○月○日 第○号	原因　令和○年○月○日東京地方裁判所変更 禁止事項　譲渡、質権、抵当権の設定

※　保全処分の変更の登記は主登記によってされます。

※　変更前の禁止事項には下線が引かれます。

　記録例1は、保全処分の登記に関し、変更があった場合の例です。

　原因：この場合の原因は、「○地方裁判所（○支部）変更」です。登記原因の日付は、当該保全処分を変更する旨の決定がされた日です。

　なお、保全処分の登記の変更は、主登記によってされます。その場合、従前の取扱いでは変更前の事項には下線を引きませんでしたが（『民事月報』60巻7号93頁）、現在では下線を引く取扱いに変更されています（記録例集No.732参照）。

権利部（甲区）（所有権に関する事項）			
順位番号	登記の目的	受付年月日・受付番号	権利者その他の事項
<u>2</u>	<u>保全処分</u>	<u>令和○年○月○日 第○号</u>	<u>原因　令和○年○月○日東京地方裁 　　判所破産財団保全の仮処分命令 禁止事項　譲渡、質権、抵当権、賃 　　借権の設定その他一切の処分</u>
3	2番保全処 分抹消	令和○年○月○日 第○号	原因　令和○年○月○日東京地方裁 　　判所取消

　記録例2は、保全処分の登記について裁判所の取消しの決定がされた場合（破産法28条2項）の例です。保全処分の登記の抹消登記がされると、当該保全処分の登記事項には下線が引かれます。

　　原因：この場合の原因は、「○地方裁判所（○支部）取消」です（本通達第3, 2, (1), イ）。登記原因の日付は、当該保全処分を取り消す旨の決定がされた日です。

２　保全処分が効力を失った場合

　保全処分が効力を失った場合とは、保全処分が取消し以外の原因によって失効した場合です。裁判所書記官は、保全処分が効力を失った場合は、当該保全処分の登記の抹消登記を嘱託しなければなりません（破産法259条2項）。

　保全処分が効力を失う主な例とその場合の登記原因・日付は、次のとおりです（破産法各条項）。

① **破産手続開始の申立てが取り下げられた場合（29 条）**

　　登記原因：「破産手続開始申立取下」

　　登記原因の日付：取下げの日

② **破産手続開始決定の取消しが確定した場合（33 条 3 項）**

　　登記原因：「破産手続開始決定取消」

　　登記原因の日付：決定の確定の日

③ **破産手続廃止の決定が確定した場合（217 条 1 項、218 条 1 項）**

　　登記原因：「破産手続廃止」

　　登記原因の日付：決定の確定の日

④ **破産手続終結の決定がされた場合（220 条 1 項）**

　　登記原因：「破産手続終結」

　　登記原因の日付：決定の日

⑤ **債務者の財産に関する保全処分が命じられた場合、否認権のための保全処分が命じられた場合または破産手続開始決定前に役員の財産に対する保全処分がされた場合において、破産手続開始の申立てを棄却する決定がされた場合（30 条 1 項参照）**

　　登記原因：「破産手続開始申立棄却」

　　登記原因の日付：決定の日

⑥ **債務者の財産に関する保全処分が命じられた場合において、破産管財人がその権利を放棄した場合（78 条 2 項 12 号参照）**

　　登記原因：「権利放棄」

　　登記原因の日付：申立ての日

⑦ **破産管財人が破産手続開始の決定後 1 か月以内に当該保全処分に係る手続を続行しない場合（172 条 2 項）**

　　登記原因：「保全処分効力消滅」

　　登記原因の日付：破産手続開始決定から 1 か月を経過した日

▶▶ 記録例：破産手続開始の申立てが取り下げられた場合

権利部（甲区）（所有権に関する事項）			
順位番号	登記の目的	受付年月日・受付番号	権利者その他の事項
3	○番保全処分抹消	令和○年○月○日第○号	原因　令和○年○月○日破産手続開始申立取下

※　保全処分の登記を抹消する記号（下線）が記録されます。

　破産手続開始の申立てをした者は、破産手続開始決定前に限り、当該申立てを取り下げることができます（破産法29条）。記録例は、破産手続開始の申立てが取り下げられた結果、保全処分の登記が抹消された場合の例です。

　原因：この場合の原因は、「破産手続開始申立取下」です。その日付は、取下げの日です。

---

③　破産手続開始の申立てを棄却する決定が確定した場合

▶▶ 記録例：破産手続開始の申立てを棄却する決定が確定した場合

権利部（甲区）（所有権に関する事項）			
順位番号	登記の目的	受付年月日・受付番号	権利者その他の事項
3	○番保全処分抹消	令和○年○月○日第○号	原因　令和○年○月○日破産手続開始申立棄却

※　保全処分の登記を抹消する記号（下線）が記録されます。

　記録例は、破産手続の開始の申立てを棄却する決定が確定した結果、保全処分の登記が抹消された場合の例です。

　原因：この場合の原因は、「破産手続開始申立棄却」です。その日付は、決定の日です。

4 | 否認権のための保全処分に係る手続を続行しない場合

▶ 記録例：否認権のための保全処分に係る手続を続行しない場合

権利部（甲区）（所有権に関する事項）			
順位番号	登記の目的	受付年月日・受付番号	権利者その他の事項
3	○番保全処分抹消	令和○年○月○日第○号	原因　令和○年○月○日保全処分効力消滅

　　※　保全処分の登記を抹消する記号（下線）が記録されます。

　記録例は、破産管財人が破産手続開始の決定後 1 か月以内に当該保全処分に係る手続を続行しなかった結果、保全処分の登記が抹消された場合の例です（破産法 172 条 2 項）。

　　原因：この場合の原因は、「保全処分効力消滅」です。その日付は、破産手続開始決定から 1 か月を経過した日です。

3 | 個人の破産手続に関する登記

　新破産法が平成16年5月25日に成立、平成17年1月1日から施行されています。その際に、「破産宣告」という用語が廃止され、「破産手続開始」と改められました。

　旧破産法においては、破産財団に属する権利で登記されたものについては、破産者が法人であるか個人であるかにかかわらず、破産の登記をしなければならないものとされていました。

　しかし、破産者が法人の場合には、法人登記簿に破産手続開始の登記等がされますから（破産法257条1項・7項）、第三者は、これにより当該法人が破産手続開始の決定等を受けた事実を知ることができます。そこで、新破産法では、破産者が法人である場合における破産財団に属する権利で登記がされたものに関する破産の登記または破産取消、破産廃止もしくは破産終結の登記の制度が廃止されました。よって、現在、破産財団に属する権利で登記がされたものについて行う破産手続開始の登記等は、破産者が個人である場合に限って行われます。

　裁判所書記官は、個人である債務者について破産手続開始の決定があった場合において、破産財団に属する権利で登記がされたものがあることを知ったときは、職権で、遅滞なく、破産手続開始の登記を登記所に嘱託しなければなりません（同法258条1項2号）。

　※　破産手続開始の登記は、対抗要件ではなく、破産者と取引をしようとする第三者に対する警告的な意味にとどまり、登記がされなくても破産管財人の換価に全く支障がないことなどから、東京地裁では、原則として破産手続開始の登記嘱託を留保する取扱いのようです（『例題解説　新破産法』法曹会、72頁参照）。

(1)　破産手続の開始の内容

次の場合には、破産手続開始の原因となります（破産法各条）。

> ①　債務者が自然人の場合は支払不能にあるとき（15 条）
> ②　債務者が法人（ただし、存立中の合名会社及び合資会社を除く）の場合は支払不能または債務超過（債務者が、その債務につき、その財産をもって完済することができない状態をいう）にあるとき（16 条）

破産原因がある場合には、債務者または債権者の申立てにより、裁判所は、破産法 30 条 1 項の規定に基づき、決定で、破産手続を開始します（同法 15 条 1 項、16 条 1 項）。

破産手続が開始されると、破産法 34 条 3 項に掲げる財産を除き破産者が破産手続開始の時において有する一切の財産（日本国内にあるかどうかは問いません）は破産財団に属し（同法 34 条 1 項）、その管理及び処分をする権利は裁判所が選任した破産管財人に専属するものとされています（同法 78 条 1 項）。破産者が破産手続開始後に破産財団に属する財産に関してした法律行為は、破産手続の関係においては、その効力を主張することができません（同法 47 条 1 項）。その場合、破産者が破産手続開始の日にした法律行為は、破産手続開始後にしたものと推定されます（同 2 項）。そして、裁判所は、破産開始の決定と同時に、一人または数人の破産管財人の選任をします（同法 31 条 1 項）。

破産の登記とは、不動産または不動産上の権利が破産財団に属したことを公示するものです。

(2) 破産手続開始の効果

　破産手続が開始されると、破産者は、その自由に対して一定の制約を受けたり、一定の資格を失ったりします。

〈破産者に対する自由の制約〉

①　説明義務

　　破産者は、破産管財人もしくは債権者委員会の請求または債権者集会の決議に基づく請求があったときは、破産に関し必要な説明をしなければなりません（破産法40条1項）。

②　重要財産の開示義務

　　破産者は、破産手続開始の決定後遅滞なく、その所有する不動産、現金、有価証券、預貯金その他裁判所が指定する財産の内容を記載した書面を裁判所に提出しなければなりません（破産法41条）。

③　居住制限

　　破産者は、その申立てにより裁判所の許可を得なければ、その居住地を離れることができません（破産法37条1項）。

④　引致

　　裁判所は、必要と認めるときは、破産者の引致（いんち）を命ずることができます（破産法38条1項）。引致とは、債務者を強制的に一定の場所に出頭させる措置をいいます。

⑤　郵便物等の受信の制限

　　裁判所は、破産管財人の職務遂行のため必要があると認めるときは、信書の送達の事業を行う者に対し、破産者にあてた郵便物または民間事業者による信書の送達に関する法律に規定する信書便物を破産管財人に配達すべき旨を嘱託することができます（破産法81条1項）。破産管財人は、受け取った郵便物を開いて見る

ことができます（同法 82 条 1 項）。

〈破産者に対する資格制限〉

① 　後見人（民法 847 条 3 号）、保佐人（同法 876 条の 2 第 2 項）、後見監督人（同法 852 条）、遺言執行者（同法 1009 条）などになることはできない

　なお、破産者は、旧信託法では受託者となることができない者とされていましたが、新信託法では、破産者も受託者となることができるようになりました（信託法 7 条）。ただし、受託者の破産は、受託者の任務終了の原因となります（同法 56 条 1 項 3 号）。

② 　公証人（公証人法 14 条）、弁護士（弁護士法 7 条）、公認会計士（公認会計士法 4 条）、弁理士（弁理士法 8 条）、司法書士（司法書士法 5 条）等にはなることができない

③ 　人事官（国家公務員法 5 条）、検察審査員（検察審査法 5 条）などの公的職務に就くことができない

④ 　持分会社（合名会社、合資会社、合同会社）の社員は、破産手続開始の決定によって退社しなければならない（会社法 607 条 1 項 5 号）

　ただし、持分会社は、その社員が破産手続開始の決定によっては退社しない旨を定めることができます（会社法 607 条 2 項）。

⑤ 　株式会社の取締役は、破産手続開始の決定を受けたことによって委任関係が終了するため解任される（会社法 330 条、民法 653 条 2 号）

▶▶▶ **記録例1：保全処分のない場合の破産手続開始の登記**

権利部（甲区）（所有権に関する事項）			
順位番号	登記の目的	受付年月日・受付番号	権利者その他の事項
2	所有権移転	平成○年○月○日 第○号	原因　平成○年○月○日売買 所有者　○市○町○番○号 　　　　甲野太郎
3	破産手続開始	令和○年○月○日 第○号	原因　令和○年○月○日午後3時東京地方裁判所破産手続開始決定

　　※　所有権以外の権利の登記についての破産手続開始の登記の場合は、当該所有権以外の権利の登記に付記してします。

　記録例1の順位番号3番の登記は、甲野太郎の破産手続開始の決定がされて、裁判所書記官の嘱託によってされる登記です（破産法258条1項2号）。この登記記録は、この不動産が破産財団に属しており、甲野太郎は処分権限を持っていないことを公示しています。したがって、破産手続開始決定の登記がある場合には、破産管財人が関与しない所有権移転の登記、抵当権設定の登記などの申請は受理されないものと考えます。

　なお、仮登記義務者の承諾書を添付して仮登記権利者が単独でする仮登記の申請について、その承諾書が破産開始決定前のものであっても、破産手続開始決定の取消し、破産管財人の同意等がない限り、その申請は受理されないとする考えが有力です（平成5年2月4日民三第1182号民事局長通達『登記研究』547号、藤原勇喜『倒産法と登記実務　第3版』民事法研究会、194頁）。

　破産手続開始の登記の嘱託書には、登記の目的として、「破産手続開始」とします。原因は「○地方裁判所（○支部）破産手続開始決定」であり、その日付として、破産手続開始決定の年月日と時間が記録されます（破産規則19条2項）。これは、破産手続開始の決定が判決の効力と異なり、確

定を待たずに決定の時から効力が生じるからです（破産法30条2項）。したがって、原因欄には、破産手続開始決定の日時が記録されます。

　なお、破産手続開始決定の登記の登録免許税は、非課税とされています（同法261条）。

▶ **記録例2：保全処分の登記がある場合の破産手続開始の登記**

権利部（甲区）（所有権に関する事項）			
順位番号	登記の目的	受付年月日・受付番号	権利者その他の事項
2	所有権移転	平成○年○月○日 第○号	原因　平成○年○月○日売買 所有者　○市○町○番○号 　甲野太郎
3	保全処分	令和○年○月○日 第○号	原因　令和○年○月○日横浜地方裁判所川崎支部破産財団保全の仮処分命令 禁止事項　譲渡、質権、抵当権、賃借権の設定その他一切の処分
4	所有権移転	令和○年○月○日 第○号	原因　令和○年○月○日売買 所有者　○市○町○番○号 　乙川次郎
5	2番所有権登記名義人甲野太郎に対する破産手続開始	令和○年○月○日 第○号	原因　令和○年○月○日午後3時横浜地方裁判所川崎支部破産手続開始決定

　記録例2は、破産手続開始決定前の保全処分がされた後、第三者（乙川次郎）に売買し、その旨の登記がされた後に破産手続開始の決定がされた場合の例です。登記の目的欄の記録（「○番所有権登記名義人何某に対する破産手続開始」）により、順位番号何番の登記の誰に対する破産手続開始なのかがわかります。

　破産手続開始決定前の保全処分がされた後の処分行為は絶対的に無効と

なるものではないので、記録例の順位番号4番のような所有権移転登記が申請されれば登記所では受理せざるをえません。しかし、破産手続開始決定がされ、破産財団が構成されると、乙川次郎は破産財団に対しては自己の権利を主張することができません（相対的無効）。しかし、破産手続開始の登記がされても、順位番号4番の登記は抹消されることなく残ります。その理由は、破産手続が廃止されることもあるからです。破産手続が廃止されると、順位番号4番の登記は有効なものとなります。

2 所有権以外の権利に対する破産の登記

所有権以外の権利についての破産の登記は、付記登記によってされます。

▶▶ **記録例：地上権に対する破産の登記**

権利部（乙区）（所有権以外の権利に関する事項）			
順位番号	登記の目的	付年月日・受付番号	権利者その他の事項
2	地上権	平成○年○月○日 第○号	（省略）
付記1号	破産手続開始	令和○年○月○日 第○号	原因　令和○年○月○日午後3時東京地方裁判所破産手続開始決定

記録例は、破産者が他人の土地に対する地上権について破産の登記をした例です。すなわち、この登記記録は、この土地上の権利である地上権が破産財団に属したことを意味しています。

4 | 破産手続開始決定の取消し等の登記

　裁判所書記官は、個人である債務者について破産手続開始の決定があり、その旨の登記がされている場合において、次に掲げるときは、職権で遅滞なく、それぞれに定める登記または登記の抹消を嘱託しなければなりません（破産法258条各項）。

---

① 　**破産手続開始の決定の取消しもしくは破産手続廃止の決定が確定した場合、または破産手続終結の決定があったとき（2項）**
　○ 　破産手続開始決定取消の登記
　○ 　破産手続廃止の登記
　○ 　破産手続終結の登記

② 　**破産手続開始の登記がされた権利について、破産法34条4項の決定により破産財団に属しないこととされたとき（3項前段）**
　○ 　破産手続開始登記の抹消

③ 　**破産手続開始の登記がされた権利について、破産管財人がその権利を放棄し、その登記の抹消の嘱託の申立てをしたとき（3項後段）**
　○ 　破産手続開始登記の抹消

破産手続開始決定に対して利害関係人から不服申立てがされ（破産法9条、33条1項）、それによって破産開始決定が取り消されて、破産手続開始決定の効果がさかのぼって消滅することを、「破産手続開始の決定の取消し」といいます。破産手続開始の原因その他の破産手続開始の要件が不存在であると認められる場合は、破産手続開始決定は取り消されます。

破産手続開始の決定の取消しが確定すると、そのことが公示され、その旨の登記の嘱託がされます（同法258条2項）。

▶▶ **記録例：破産手続開始決定の取消しの決定が確定した場合**

権利部（甲区）（所有権に関する事項）			
順位番号	登記の目的	受付年月日・受付番号	権利者その他の事項
3	破産手続開始	令和○年○月○日第○号	原因　令和○年○月○日午後3時東京地方裁判所破産手続開始決定
4	破産手続開始決定取消	令和○年○月○日第○号	原因　令和○年○月○日破産手続開始決定取消

記録例は、破産手続開始決定に対して不服申立てがされ、それによって破産手続開始決定が取り消された例です。

　原因：この場合の原因は、「破産手続開始決定取消」です。その日付は、決定の確定の日となります。

なお、破産手続開始決定取消（記録例では順位番号4番）の登記をしても、破産手続開始（記録例では順位番号3番）の登記には下線は引かれません。

2　破産手続廃止の場合

　破産手続開始決定により開始された破産手続を、その目的が達成されないまま廃止し、終結することを「破産手続廃止」といいます。これは、将来に向かって破産手続を止めるものであって、さかのぼって破産の効力を消滅させるものではありません。

　破産手続廃止決定の確定により、破産者は破産財団に属する財産の管理処分を回復します。その結果、破産手続が行われている間にした破産者の行為で破産債権者に対抗することができない行為は有効となります。

　破産廃止には、①破産手続の費用不足により破産手続開始決定と同時に破産廃止決定する同時破産廃止（破産法216条1項）、②破産手続開始決定後に破産財団に十分な費用がないことが判明した場合に破産廃止決定をする異時破産廃止（同法217条1項）、③債権届出期間内に届出をした破産債権者の全員の同意による破産廃止（同法218条1項）があります。

　なお、破産手続開始決定と同時に破産廃止の決定をした同時破産廃止の場合には、破産の登記も破産廃止の登記もする必要はありません。

▶　記録例：異時破産廃止の場合

権利部（甲区）（所有権に関する事項）			
順位番号	登記の目的	受付年月日・受付番号	権利者その他の事項
3	破産手続開始	令和○年○月○日第○号	原因　令和○年○月○日午後3時東京地方裁判所破産手続開始決定
4	破産手続廃止	令和○年○月○日第○号	原因　令和○年○月○日破産手続廃止

　記録例は、破産手続開始決定後に破産財団に十分な費用がないことが判明したために破産手続廃止の決定をした場合の例です。

　原因：この場合の原因は、「破産手続廃止」です。その日付は、決定の確定の日となります（破産法217条8項）。

なお、破産廃止の登記により破産の登記は失効しますが、破産手続廃止（記録例では順位番号4番）の登記をしても、破産手続開始（記録例では順位番号3番）の登記には、下線は引かれません。

3 破産手続終結の登記

破産手続は、配当によりその目的を達成します。そこで、裁判所は、最後配当、簡易配当または同意配当が終了した後、計算報告のための債権者集会が終結したとき（破産法88条4項）、または利害関係人による異議申述の期間が経過したときは（同法89条2項）、破産手続終結の決定をしなければなりません（同法220条1項）。これにより破産手続は終了します。裁判所は、破産手続終結の決定をしたら、ただちに、その主文及び理由の要旨を公告し、かつ、これを破産者に通知しなければなりません（同2項）。そして、裁判所書記官は、職権で、遅滞なく、破産手続終結の登記を登記所に嘱託しなければなりません（同法258条2項）。

破産手続終結の終了により、居住や通信の秘密などの制限は解除されます。また、破産財団に残余財産があれば、破産者はこれら財産についての管理処分を回復します。

▶▶ 記録例：破産手続終結の場合

権利部（甲区）（所有権に関する事項）			
順位番号	登記の目的	受付年月日・受付番号	権利者その他の事項
3	破産手続開始	令和〇年〇月〇日第〇号	原因　令和〇年〇月〇日午後3時東京地方裁判所破産手続開始決定
4	破産手続終結	令和〇年〇月〇日第〇号	原因　令和〇年〇月〇日破産手続終結

記録例は、破産手続が終結した場合の例です。

原因：この場合の原因は、「破産手続終結」です。その日付は、破産手
　　　続終結の決定があった日です。

4　破産手続開始の登記の抹消

　裁判所書記官は、個人である債務者について破産手続開始の決定があっ
た場合において、次の場合には、職権で、遅滞なく、破産手続開始の登記
の抹消を嘱託しなければなりません（破産法各条項）。

> ①　破産手続開始の登記がされた権利について、破産手続開始の登記
> がされた権利が自由財産（破産財団に属さない財産）となり、破産
> 財団に属しないこととされたとき（34 条 4 項、258 条 3 項前段）。
> ②　破産手続開始の登記がされた権利について、破産管財人がその権
> 利を放棄し、その登記の抹消の嘱託の申立てをしたとき（258 条 3
> 項後段）。

▶　記録例 1 ：破産財団に属しないこととされた場合

権利部（甲区）（所有権に関する事項）			
順位番号	登記の目的	受付年月日・受付番号	権利者その他の事項
<u>3</u>	破産手続開始	令和○年○月○日第○号	原因　令和○年○月○日午後 3 時東京地方裁判所破産手続開始決定
4	3 番破産手続開始登記抹消	令和○年○月○日第○号	原因　令和○年○月○日破産財団除外

　裁判所は、破産手続開始の決定があった時から決定が確定した日以後 1
か月を経過する日までの間、破産者の申立てによりまたは職権で、破産者

の生活の状況、破産手続開始の時において破産者が有していた財産の種類及び額、破産者が収入を得る見込みその他の事情を考慮して、破産財団に属さない財産を拡張することが決定できます。その場合、裁判所書記官は、職権で破産手続開始の登記の抹消を嘱託しなければなりません（破産法258条3項前段）。

記録例1は、破産法258条3項前段の規定により破産手続開始の登記を抹消する場合の例です。

原因：この場合の原因は、「破産財団除外」です。その日付は、破産財団に属しないこととされた決定の日です。

なお、この抹消登記をしたときは、当該破産手続開始の登記事項（記録例では順位番号3番）に下線が引かれます。

▶ **記録例2：破産管財人がその権利を放棄した場合**

権利部（甲区）（所有権に関する事項）			
順位番号	登記の目的	受付年月日・受付番号	権利者その他の事項
<u>3</u>	破産手続開始	令和○年○月○日第○号	原因　令和○年○月○日午後3時東京地方裁判所破産手続開始決定
4	3番破産手続開始登記抹消	令和○年○月○日第○号	原因　令和○年○月○日権利放棄

記録例2は、破産法258条3項後段の規定により破産手続開始の登記を抹消する場合の例です。

原因：この場合の原因は、「権利放棄」です。その日付は、権利放棄の申立ての日となります。

なお、この抹消登記をしたときは、当該破産手続開始の登記事項（記録例では順位番号3番）に下線が引かれます。

▶ 記録例 3 ：破産管財人が任意売却した場合

権利部（甲区）（所有権に関する事項）			
順位番号	登記の目的	受付年月日・受付番号	権利者その他の事項
<u>3</u>	破産手続開始	令和○年○月○日第○号	原因　令和○年○月○日午後 3 時東京地方裁判所破産手続開始決定
4	所有権移転	令和○年○月○日第○号	原因　令和○年○月○日売買 所有者　○市○町○番○号 　　　　甲野太郎
5	3 番破産手続開始登記抹消	令和○年○月○日第○号	原因　令和○年○月○日売却

　順位番号 4 番の登記は、破産管財人による任意売却（破産法 78 条 2 項 1 号）による登記です。この登記をしても、職権による破産手続開始の登記の抹消は行われません。

　破産財団に属する不動産を破産管財人が裁判所の許可を得て任意売却した場合には、破産手続開始の登記の効果が失われることから、裁判所書記官は、破産管財人の申立てにより（同法 258 条 3 項後段）、当該破産手続開始の登記の抹消の嘱託をすることができます（昭和 32 年 3 月 20 日民甲第 542 号民事局長通達参照）。

　順位番号 5 番の登記の原因は「売却」であり、その日付は、任意売却の日付と一致しています。

　なお、この抹消登記をしたときは、当該破産手続開始の登記事項（記録例では順位番号 3 番）に下線が引かれます。

5 | 否認の登記

　否認権とは、破産者が破産手続開始の前に破産債権者を害する行為の効力を破産財団との関係で失わせ、いったん財団から失われた財産を財団に回復する権利のことです。

　否認の類型には、次のものがあります（破産法各条）。

〈否認の一般的な類型〉
　①　破産債権者を害する行為の否認（160 条）
　②　相当の対価を得てした財産処分行為の否認（161 条）
　③　特定の債権者に対する担保の供与等の否認（162 条）

〈否認の特殊な類型〉
　①　手形債務支払の否認（163 条）
　②　権利変動の対抗要件の否認（164 条）
　③　執行行為の否認（165 条）
　④　転得者に対する否認（170 条）

　否認の登記について、破産法 260 条１項は、登記原因である行為が否認されたとき、または登記が否認されたときは、破産管財人は否認の登記を申請しなければならないと規定しています。

　申請は、破産管財人が、否認訴訟における勝訴の判決書の正本及び確定証明書または否認の請求を認容する決定の裁判書の正本及びその確定証明書を添付して、単独で行います。また、破産管財人の選任を証する書面ま

たは破産者が法人である場合には破産法 257 条 2 項の事項が記録された当
該法人の会社法人等番号または登記事項証明書を提供します。

　なお、否認の登記の申請については、登録免許税を納付する必要はあり
ません（破産法 261 条）。その場合、申請書の登録免許税の記載は「破産
法第 261 条」と記載すれば足ります。

　否認の登記がされている不動産または不動産上の権利の登記名義人が登
記義務者となって新たな登記ができるかどうかという問題については、登
記実務では否定されています（昭和 33 年 7 月 18 日民甲第 1472 号民事局
長心得通達、昭和 33 年 8 月 8 日民甲第 1624 号民事局長心得電報回答）『登
記研究』129・130 号。これは、否認の登記がされると当該不動産または
不動産上の権利は破産財団に属したことが公示されることになり、登記記
録上、当該登記名義人がその不動産または不動産上の権利を管理し、及び
処分する権利を喪失していることが明らかとなるからであるとされていま
す。

1 　登記の原因である行為の否認の場合

▶ 記録例 1 ：登記の原因である行為の否認の場合

権利部（甲区）（所有権に関する事項）			
順位番号	登記の目的	受付年月日・受付番号	権利者その他の事項
5	２番所有権移転登記原因の破産法による否認	令和○年○月○日第○号	原因　令和○年○月○日判決

　記録例 1 は、登記原因である行為が否認された場合の例です。すなわち、
破産手続開始前にされた所有権移転登記の原因である「売買」、「贈与」な
どが否認された場合です。登記の目的欄の記録（「○番所有権移転登記原

因の破産法による否認」）により、登記原因である行為の否認であることがわかります。

　　原因：この場合の原因は、「令和○年○月○日判決」または「令和○年
　　　　○月○日決定」です。その日付は、判決または決定が確定した日です。

　　なお、否認の登記をしても、否認される登記（記録例では順位番号2番の登記）には下線は引かれません。

▶ 記録例2：登記の原因である行為の転得者に対する否認の場合

権利部（甲区）（所有権に関する事項）			
順位番号	登記の目的	受付年月日・受付番号	権利者その他の事項
3	所有権移転	令和○年○月○日 第○号	原因　令和○年○月○日売買 所有者　○市○町○番○号 　　　　甲野太郎
4	所有権移転	令和○年○月○日 第○号	原因　令和○年○月○日売買 所有者　○市○町○番○号 　　　　乙川次郎
5	4番所有権登記名義人乙川次郎に対する3番所有権移転登記原因の破産法による否認	令和○年○月○日 第○号	原因　令和○年○月○日判決

　　記録例2は、転得者（乙川次郎）に対する否認の登記の例です。

　　否認権の行使は、転得者に対してもすることができるとされています（破産法170条）。登記記録上、破産者から所有権移転登記がされ、さらに転得者に所有権移転の登記がされている場合、転得者のみに対する否認の登記をすれば、当該権利が破産財団に復したことを公示することができます。したがって、登記記録上、転得者に係る登記がある場合には、転得者に対する否認の登記の申請のみが受理されます（本通達第4, 1, (3), ア）。

登記の目的：「○番所有権登記名義人何某に対する○番所有権移転登記
　原因の破産法による否認」です。

原因：この場合の原因は、「令和○年○月○日判決」または「令和○年
　○月○日決定」です。その日付は、判決または決定が確定した日です。

2　登記の否認の場合

　支払いの停止等があった後、権利の設定、移転または変更をもって第三
者に対抗するために必要な行為、すなわち登記（仮登記を含む）申請行為
をした場合において、その行為が権利の設定、移転または変更があった日
から 15 日を経過した後、支払いの停止等のあったことを知ってしたもの
であるときは、破産手続開始後、破産財団のために否認することができま
す（破産法 164 条 1 項本文）。ただし、当該仮登記以外の仮登記があった
後に、これらに基づいて本登記をした場合は、この限りではありません
（同条ただし書）。

▶　**記録例 1：登記の否認の場合**

権利部（乙区）（所有権以外の権利に関する事項）			
順位番号	登記の目的	受付年月日・受付番号	権利者その他の事項
2	1 番抵当権設定登記の破産法による否認	令和○年○月○日第○号	原因　令和○年○月○日判決

　記録例 1 は、登記原因は有効ですが、権利変動の対抗要件を充足する登
記を否認された場合の例です。登記の目的欄の記録（「○番抵当権設定登
記の破産法による否認」）により、登記申請行為の否認であることがわか
ります。

　原因：この場合の原因は、「令和○年○月○日判決」または「令和○年

○月○日決定」です。その日付は、判決または決定が確定した日です。

　なお、否認の登記をしても、否認される登記（記録例では順位番号１番の登記）には下線は引かれません。

▶▶ **記録例２：登記の転得者に対する否認の場合**

権利部（甲区）（所有権に関する事項）			
順位番号	登記の目的	受付年月日・受付番号	権利者その他の事項
3	所有権移転	令和○年○月○日 第○号	原因　令和○年○月○日売買 所有者　○市○町○番○号 　　　　甲野太郎
4	所有権移転	令和○年○月○日 第○号	原因　令和○年○月○日売買 所有者　○市○町○番○号 　　　　乙川次郎
5	４番所有権登記名義人乙川次郎に対する３番所有権移転登記の破産法による否認	令和○年○月○日 第○号	原因　令和○年○月○日判決

　記録例２は、登記の否認の場合における転得者に対する否認の登記の例です。登記の目的欄の記録（「○番所有権登記名義人何某に対する○番所有権移転登記の破産法による否認」）により、登記申請行為の否認であることがわかります。

　原因：この場合の原因は、「令和○年○月○日判決」または「令和○年
　　　○月○日決定」です。その日付は、判決または決定が確定した日です。

6 | 登記官の職権による否認の登記の抹消

　旧破産法では、たとえば破産管財人による任意売却がされても、否認の登記及び否認された登記がそのまま抹消されずに残っていました。しかし、これでは、あたかも否認された登記が残っているような外観を呈し、公示上、不適切であるという指摘がされていました。

　そこで、否認の登記がされている場合において、否認の登記に係る権利に関する登記をするときは、登記官は、職権で、次に掲げる登記を抹消しなければならないとされました（破産法260条2項）。

---

(1) **抹消される登記**

　① 当該否認の登記

　② 否認された行為を登記原因とする登記または否認された登記

　③ ②の登記に後れる登記があるときは、当該登記

(2) **否認の登記に係る権利に関する登記**

　否認の登記に係る権利に関する登記とは、否認の効果が確定することとなる次の場合をいいます。

　○ 破産管財人による当該権利の任意売却に伴う破産者から第三者への権利の移転登記をする場合（破産法78条2項1号参照）

　○ 民事執行法その他強制執行の手続に関する法令の規定によってされた競売による売却に伴う破産者から第三者への権利の移転の登記をする場合（破産法184条1項参照）

登記官は、否認された行為を登記原因とする登記または否認された登記に後れる登記が、否認による当該不動産の破産財団への復帰に対抗することができないものであることを登記記録の記録から客観的に判断することができることから、職権で、次の登記を抹消することとされました（破産法 260 条 2 項）。

① **当該否認の登記**

　抹消すべき「当該否認の登記」（破産法 260 条 2 項 1 号）とは、受益者（破産者から利益を受けた者）に係る登記についての否認の登記のほか、転得者に対する否認の登記も含まれます（本通達第 4, 2, (2)）。

② **否認された行為を登記原因とする登記**

　抹消すべき「否認された行為を登記原因とする登記または否認された登記」（破産法 260 条 2 項 2 号）とは、登記原因である行為が否認された場合または登記が否認された場合における当該否認の登記の対象となった登記をいいます。たとえば、破産者から受益者に不動産が売却された場合における当該売買が否認されたときの当該受益者への所有権の移転の登記等です（本通達第 4, 2, (3)）。

③ **②の登記に後れる登記があるときはその登記**

　抹消すべき「前号の登記（否認された行為を登記原因とする登記または否認された登記）に後れる登記」（破産法 260 条 2 項 3 号）とは、②の否認された行為を登記原因とする登記または否認された登記の後にされた登記のうち、破産手続の関係においてその効力を主張することができるものを除いたものであって、当該登記について否認の登記がされているものをいいます。たとえば、破産者から受益者へ所有権の移転の登記がされた後、さらに、転得者へ所有権の移転登記がされている場合において、当該転得者に対する否認の

登記がされているときの当該転得者への所有権移転登記等です（本
通達第 4, 2, (4)）。

> ### 記録例：職権により、否認された行為を登記原因とする登記または否認の登記を抹消する場合

権利部（甲区）（所有権に関する事項）			
順位番号	登記の目的	受付年月日・受付番号	権利者その他の事項
<u>3</u>	所有権移転	令和○年○月○日 第○号	原因　令和○年○月○日売買 所有者　○市○町○番○号 　　甲野太郎
<u>4</u>	所有権移転	令和○年○月○日 第○号	原因　令和○年○月○日売買 所有者　○市○町○番○号 　　乙川次郎
<u>5</u>	<u>4番所有権登記名義人乙川次郎に対する3番所有権移転登記原因の破産法による否認</u>	令和○年○月○日 第○号	原因　令和○年○月○日判決
6	4番、3番所有権、5番否認登記抹消	余白	令和○年2月1日売買により破産法第260条第2項に基づき令和○年2月2日登記
7	所有権移転	令和○年2月2日 第○号	原因　令和○年2月1日売買 所有者　○市○町○番○号 　　株式会社A

　記録例は、破産管財人による任意売却に伴う破産者から第三者（株式会社A）への移転登記（順位番号7番）をするときに、否認の登記（順位番号5番）、否認された行為を登記原因とする登記（順位番号3番）、転得者への移転登記（順位番号4番）が登記官の職権で抹消された例です。

7 | 裁判所書記官の嘱託による否認の登記の抹消

　裁判所書記官は、否認の登記がされている場合において、次に掲げるときは、職権で遅滞なく、当該否認の登記の抹消を嘱託しなければなりません（破産法260条4項）。この場合、登記官は、職権で否認の登記を抹消することはできません（本通達第4, 4, (1)）。

---

① **破産手続開始決定の取消しまたは破産手続廃止の決定が確定したとき**

　　　登記原因：「破産手続開始決定取消」または「破産手続廃止」

　　　登記原因の日付：決定の確定の日

② **破産手続終結の決定があったとき**

　　　登記原因：「破産手続終結」

　　　登記原因の日付：決定の日

③ **破産管財人が否認された行為を登記原因とする登記または否認された登記に係る権利を放棄し、否認の登記の抹消の嘱託の申立てをしたとき**

　　　登記原因：「権利放棄」

　　　登記原因の日付：否認の登記の抹消の嘱託の申立ての日

▶ **記録例1：破産手続開始決定の取消の決定が確定した場合**

権利部（甲区）（所有権に関する事項）			
順位番号	登記の目的	受付年月日・受付番号	権利者その他の事項
<u>4</u>	2番所有権移転登記原因の破産法による否認	令和○年○月○日第○号	原因　令和○年○月○日判決
5	4番否認登記抹消	令和○年○月○日第○号	原因　令和○年○月○日破産手続開始決定取消

　記録例1は、否認の登記がされている場合に、破産手続開始決定の取消しの決定が確定した場合の例です。この場合の否認の抹消登記は、裁判所の書記官の嘱託によって行われます。

▶ **記録例2：破産手続廃止の決定が確定した場合**

権利部（甲区）（所有権に関する事項）			
順位番号	登記の目的	受付年月日・受付番号	権利者その他の事項
<u>4</u>	2番所有権移転登記原因の破産法による否認	令和○年○月○日第○号	原因　令和○年○月○日判決
5	4番否認登記抹消	令和○年○月○日第○号	原因　令和○年○月○日破産手続廃止

　記録例2は、否認の登記がされている場合に、破産手続廃止の決定が確定した場合の例です。この場合の否認の抹消登記は、裁判所の書記官の嘱託によって行われます。

8 | 登記官の職権による 所有権移転登記

　次の場合には、登記官は、職権で、当該否認の登記を抹消するとともに、否認された行為を原因とする登記等の抹消に代えて、受益者から破産者への当該登記に係る権利の移転の登記をしなければなりません（破産法260条3項）。

　すなわち、否認の登記に係る権利に関する登記をするときに、否認された行為の後、否認の登記がされるまでの間に、否認された行為を登記原因とする登記または否認された登記に係る権利を目的とする第三者の権利に関する登記であって、破産手続の関係においてその効力を主張することができるものがされている場合——この場合の「否認された行為を登記原因とする登記または否認された登記に係る権利を目的としてされた第三者の権利に関する登記であって、破産手続の関係においてその効力を主張することができるもの」とは、当該第三者に対する否認の登記がされていない場合をいい、たとえば、破産者から受益者へ所有権の移転登記がされた後、当該所有権を目的とする抵当権設定の登記がされている場合において、当該抵当権の登記名義人に対する否認の登記がされていないときの当該抵当権設定の登記等をいうとされています（本通達第4, 3）。

▶ 記録例 1：登記官の職権による所有権移転登記をする場合

順位番号	登記の目的	受付年月日・受付番号	権利者その他の事項
権利部（甲区）（所有権に関する事項）			
2	所有権移転	令和○年○月○日 第○号	原因　令和○年○月○日売買 所有者　○市○町○番○号 　甲野太郎
3	所有権移転	令和○年2月1日 第○号	原因　令和○年○月○日売買 所有者　○市○町○番○号 　乙川次郎
<u>4</u>	<u>3番所有権移転登記原因の破産法による否認</u>	<u>令和○年4月1日</u> <u>第○号</u>	<u>原因　令和○年○月○日判決</u>
5	4番否認登記抹消	余白	令和○年5月1日売買により破産法 　第260条第3項に基づき令和○ 　年○月○日登記
6	所有権移転	余白	所有者　○市○町○番○号 　甲野太郎 令和○年5月1日売買により破産法 　第260条第3項に基づき令和○ 　年○月○日登記
7	所有権移転	令和○年○月○日 第○号	原因　令和○年5月1日売買 所有者　○市○町○番○号 　株式会社A

▶ 記録例2：乙区

権利部（乙区）（所有権以外の権利に関する事項）			
順位番号	登記の目的	受付年月日・受付番号	権利者その他の事項
1	抵当権設定	令和○年3月1日 第○号	原因　令和○年○月○日金銭消費貸借同日設定 債権額　金1,000万円 利息　年○% 損害金　年○% 債務者　○市○町○番○号 　　株式会社B 抵当権者　○市○町○番○号 　　甲　某

　記録例1は、令和○年2月1日に破産者（甲野太郎）から受益者（乙川次郎）への移転登記（順位番号3番）がされ、それに対する否認の登記（順位番号4番）がされるまでの間に受益者を設定者とする抵当権設定の登記（記録例2の乙区順位番号1番）がされた場合の例です。本来ならば、この場合において、登記官は、職権で、当該否認の登記を抹消するとともに、順位番号3番の登記を抹消するのですが、乙川次郎を設定者とする抵当権（破産手続の関係において、その効力を主張することができるものに限る）が設定されているため、順位番号3番の登記を抹消することができません。そこで、否認の登記に係る権利に関する登記（順位番号7番）、たとえば破産管財人による任意売却による破産者から第三者への移転登記をする際に、否認された行為を原因とする登記の抹消に代えて、受益者から破産者への移転の登記をしなければなりませんが（破産法260条3項）、記録例1の順位番号6番の登記はその場合の例です。

●破産法 260 条（否認の登記）

1　登記の原因である行為が否認されたときは、破産管財人は、否認の登記を申請しなければならない。登記が否認されたときも、同様とする。

2　登記官は、前項の否認の登記に係る権利に関する登記をするときは、職権で、次に掲げる登記を抹消しなければならない。

　　一　当該否認の登記

　　二　否認された行為を登記原因とする登記又は否認された登記

　　三　前号の登記に後れる登記があるときは、当該登記

3　前項に規定する場合において、否認された行為の後否認の登記がされるまでの間に、同項第二号に掲げる登記に係る権利を目的とする第三者の権利に関する登記（破産手続の関係において、その効力を主張することができるものに限る。）がされているときは、同項の規定にかかわらず、登記官は、職権で、当該否認の登記の抹消及び同号に掲げる登記に係る権利の破産者への移転の登記をしなければならない。

（4 項省略）

第8章

所有者不明土地の利用の円滑化等に関する特別措置法等の施行に伴う登記

1 | 相続登記の促進

　長期間相続登記がされずに放置されたため、所有者が不明のままの土地が多数存在するようになり、その面積が九州の面積を超え、いずれは北海道と同じくらいの面積の土地が、所有者不明の土地になろうとしています。そして、そのことが土地収用、災害復旧などの足かせにもなっていました。法務省はこれまで、相続登記の促進を図るために相続登記の手続を簡略化するなどのいくつかの方策を打ち出してきました。しかし、それらの方策は、相続の発生が比較的新しくて相続人が判明している場合の方策であり、相続人が判明しない場合には、手の打ちようがない状態でした。そこで、長期にわたり相続登記が未了の土地を解消するために、登記官は所有権の登記名義人について相続が発生しているかどうか等の調査をできることとし、その調査結果を登記簿に記録することになりました。

特定登記未了の土地の相続登記の特例

(1) 特定登記未了の土地

　所有者不明土地の利用の円滑化等に関する特別措置法（以下本章において「特措法」という）40条で、特定登記未了土地の相続登記等に関して不動産登記法の特例が設けられました。

　特定登記未了土地とは、所有権の登記名義人の死亡後に相続による所有権移転の登記その他の所有権の登記がされていない土地であって、土地収用法3条各号に掲げるものに関する事業（27条1項及び39条1項において「収用適格事業」という）を実施しようとする区域の適切な選定その他の公共の利益となる事業の円滑な遂行を図るため当該土地の所有権の登記名義人となり得る者を探索する必要があるものをいいます（特措法2条4項）。

　不動産登記は、不動産の権利者（所有者等）を公示して安全かつ円滑な不動産取引に供するものですが、特例による登記は、相続が発生していることはわかるが、誰が相続したのかわからない場合にされる登記であり、また、権利に関する登記は権利者の申請によってされるのが原則ですが、この登記は、登記官が立件して行う登記です。

(2) 相続登記の申請の勧告

　登記官は、相続登記が長期間（30年（所有者不明土地の利用の円滑化等に関する特別措置法施行令（以下本章において「施行令」という）10

条)) されていない土地について特措法 40 条 1 項による探索の結果、登記名義人となり得る者を知ったときは、その者に対し、長期相続登記等未了土地（特定登記未了土地に該当し、かつ、当該土地の所有権の登記名義人の死亡後 30 年間を超えて相続登記等がされていない土地をいう）についての相続登記の申請を勧告することができます（特措法 40 条 2 項前段）。

3 | 具体的な登記の手続

(1) 法定相続人情報の作成

登記官は、所有権の登記名義人となり得る者の探索を行った場合には、その長期相続登記等未了土地の所有権の登記名義人に係る法定相続人情報※（法定相続人を一覧にした図）を作成して（所有者不明土地の利用の円滑化等に関する特別措置法に規定する不動産登記法の特例に関する省令（以下本章において「省令」という）1条1項）、その作成番号を登記簿に記録します。法定相続人情報に記録される内容（省令1条2項1号から7号）は、以下のとおりです。

① 被相続人である所有権の登記名義人の氏名、出生の年月日、最後の住所、登記簿上の住所及び本籍並びに死亡の年月日

なお、被相続人の最後の住所が判明しないときは、当該住所を記録することは要しないとされています。

② 上記①の登記名義人の相続人（被相続人またはその相続人の戸籍及び除かれた戸籍の謄本または全部事項証明書により確認することができる相続人となり得る者をいう。以下同じ）の氏名、出生の年月日、住所及び当該登記名義人との続柄（当該相続人が死亡しているときにあっては、氏名、出生の年月日、当該登記名義人との続柄及び死亡の年月日）

③ 上記①の登記名義人の相続人（以下「第一次相続人」という）が死亡している場合には、第一次相続人の相続人（以下「第二次相続人」という）の氏名、出生の年月日、住所及び第一次相続人との続柄（当該第二次相続人が死亡しているときにあっては、氏名、出生の生年月日、当該

第一次相続人との続柄及び死亡の年月日）

④　第二次相続人が死亡しているときは、第二次相続人を第一次相続人と、第二次相続人を第一次相続人の相続人とみなして、上記③を適用するものとされました。当該相続人（その相続人を含む）が死亡しているときも、同様とするものとされました。

⑤　相続人の全部または一部が判明しないときは、その旨

⑥　作成番号

　　作成番号は、12桁の番号とし、登記所ごとに法定相続人情報を作成する順序に従って付するものとされました。12桁の番号のうち、最初の4桁は各登記所に付された庁名符号であり、次の4桁の番号は作成年の西暦、最後の4桁は当該作成年度における法定相続人情報の作成順に付された番号です。

⑦　作成の年月日

　　作成の年月日は、登記官が法定相続人情報の内容について、上記①から⑤までの事項につき、提出された資料から確認した内容と合致していないなどの誤りや遺漏がないことを確認した日を記録するものとされています。

　　※　「法定相続情報」ではなく「法定相続人情報」ですので、法定相続情報と記載事項が一部異なります。

(2)　長期相続登記等未了土地の旨の付記

　　登記官は起業者（土地収用法8条1項に規定する起業者をいう）その他の公共の利益となる事業を実施しようとする者からの求めに応じ、当該事業を実施しようとする区域内の土地（以下「対象土地」という）につきその所有権の登記名義人に係る死亡の事実の有無を調査した場合において、対象土地が特定登記未了土地に該当し、かつ、対象土地につきその所有権

の登記名義人の死亡後 30 年（施行令 10 条）を超えて相続登記がされていないと認めるときは、対象土地の所有権の登記名義人となり得る者を探索したうえ、職権で、所有権の登記名義人の死亡後長期間にわたり相続登記等がされていない土地である旨その他当該探索の結果を確認するために必要な事項として法務省令で定めるものをその所有権の登記に付記することができるものとされました。

4 | 法定相続人情報の閲覧

　登記官は、法定相続人情報を電磁的記録で作成し、これを保存するものとされています（省令1条4項）。

　所有権の登記名義人の相続人または特措法40条1項の申出をした公共の利益となる事業を実施しようとする者から、法定相続人情報の閲覧の請求（法121条2項）がされた場合には、当該電磁的記録に記録された情報の内容を書面に出力して表示するものとされています（規則202条2項）。その場合、証明文を付すことは相当ではないとされています。その理由は、法定相続人情報は、登記所以外の場所において転々流通することを予定しているものでないからとされています（『登記研究』852号38頁）。

　以下の記録例は、平成30年11月15日民二第612号民事局長通達「所有者不明土地の利用の円滑化等に関する特別措置法等の施行に伴う不動産登記事務の取扱いについて」（『民事月報』平成30年11月号、『登記研究』852号）に基づくものです。

【法令】
● 「所有者不明土地の利用の円滑化等に関する特別措置法」（抄）
2条4項
　この法律において「特定登記未了土地」とは、所有権の登記名義人の死亡後に相続登記等（相続による所有権の移転の登記その他の所有権の登記をいう。以下同じ。）がされていない土地であって、土地収用法第3条各号に掲げるものに関する事業（第27条第1項及び第39条第1項において

「収用適格事業」という。）を実施しようとする区域の適切な選定その他の
公共の利益となる事業の円滑な遂行を図るため当該土地の所有権の登記名
義人となり得る者を探索する必要があるものをいう。

40条1項

　登記官は、起業者その他の公共の利益となる事業を実施しようとする者
からの求めに応じ、当該事業を実施しようとする区域内の土地につきその
所有権の登記名義人に係る死亡の事実の有無を調査した場合において、当
該土地が特定登記未了土地に該当し、かつ、当該土地につきその所有権の
登記名義人の死亡後10年以上30年以内※において政令で定める期間を超
えて相続登記等がされていないと認めるときは、当該土地の所有権の登記
名義人となり得る者を探索した上、職権で、所有権の登記名義人の死亡後
長期間にわたり相続登記等がされていない土地である旨その他当該探索の
結果を確認するために必要な事項として法務省令で定めるものをその所有
権の登記に付記することができる。

　　※　政令で定める期間は、30年とされました（所有者不明土地の利用
　　　の円滑化等に関する特別措置法施行令10条）。

● 「所有者不明土地の利用の円滑化等に関する特別措置法に規定する
　不動産登記法の特例に関する省令」（抄）

7条（登記の抹消）

　登記官は、法第40条第1項の事項の登記がされた所有権の登記名義人
について所有権の移転の登記をしたとき（これにより当該登記名義人が所
有権の登記名義人でなくなった場合に限る。）は、職権で、当該法第40条
第1項の事項の登記の抹消の登記をするとともに、抹消すべき登記を抹消
する記号を記録しなければならない。

▶▶ 記録例 1：所有権の保存の登記がされている場合

権利部（甲区）（所有権に関する事項）			
順位番号	登記の目的	受付年月日・受付番号	権利者その他の事項
1	所有権保存	昭和○年○月○日 第○号	所有者　何市何町何番地 　甲　某
付記1号	長期相続登記 等未了土地^{※1}	余白	作成番号　第5100−2018− 　0019号 平成30年○月○日付記
2	所有権移転	平成30年○月○日 第○号	原因　昭和○年○月○日相続^{※2} 所有者　何市何町何番地 　丙　某
3	1番付記1号 長期相続登記 等未了土地の 抹消	余白	2番の登記をしたので順位1番付記 　1号の付記を抹消 平成30年○月○日登記

※1　「長期相続登記等未了土地」である旨を付記します。

※2　または「売買」

　記録例1の順位番号1番の付記1号は、所有権保存登記の登記名義人に相続が発生しているが、30年を超える期間、相続登記が未了の土地であることを公示しています。具体的な相続関係は、登記官が作成した「法定相続人情報」に記録されています。作成番号は、法定相続人情報を特定するために付された番号です。

　順位番号2番は、特措法40条1項の事項が登記された後、相続を原因とする所有権の移転の登記がされた場合（これにより当該登記名義人が所有権の登記名義人でなくなった場合に限る）の例です。その場合、登記官は職権で当該特措法40条1項の事項の登記の抹消の登記をするとともに、抹消すべき登記を抹消する記号（下線）を記録します（省令7条）。

▶ 記録例2：所有権保存の登記がされている場合（相続人の全部または一部が判明しないとき）

権利部（甲区）（所有権に関する事項）			
順位番号	登記の目的	受付年月日・受付番号	権利者その他の事項
1	所有権保存	昭和○年○月○日 第○号	所有者　何市何町何番地 　　甲　某
付記1号	長期相続登記 等未了土地	余白	作成番号　第5100−2018− 　0002号 （相続人の全部不掲載） 平成30年○月○日付記

　相続人の全部または一部が判明しないときは、その旨を記録します（省令1条2項5号）。

　記録例2は、相続人の全部が判明しない場合の例です。相続人の一部が判明しない場合には、（相続人の一部不掲載）と記録します。

記録例3：所有権の移転の登記（単有）がされている場合

権利部（甲区）（所有権に関する事項）			
順位番号	登記の目的	受付年月日・受付番号	権利者その他の事項
2	所有権移転	昭和○年○月○日 第○号	原因　昭和○年○月○日売買 所有者　何市何町何番地 　　　甲　某
付記1号	長期相続登記等未了土地	余白	作成番号　第5100−2018−0020号 平成30年○月○日付記
3	所有権移転	平成30年○月○日 第○号	原因　昭和○年○月○日相続※ 所有者　何市何町何番地 　　　丙　某
4	2番付記1号長期相続登記等未了土地の抹消	余白	3番の登記をしたので順位2番付記1号の付記を抹消 平成30年○月○日登記

※　または「売買」

　記録例3の順位番号2番の付記1号は、売買によって所有権移転登記がされている登記名義人に相続が発生しているが、30年を超える期間、相続登記が未了の土地であることを公示しています。具体的な相続関係は、登記官が作成した「法定相続人情報」に記録されています。

　順位番号3番は、特措法40条1項の事項が登記された土地について所有権の移転の登記がされた場合（これにより当該登記名義人が所有権の登記名義人でなくなった場合に限る）の例です。その場合、登記官は職権で当該特措法40条1項の事項の登記の抹消の登記をするとともに、抹消すべき登記を抹消する記号（下線）を記録します（省令7条）。

▶ 記録例4：共有の登記がされている場合

権利部（甲区）（所有権に関する事項）			
順位番号	登記の目的	受付年月日・受付番号	権利者その他の事項
2	所有権移転	昭和○年○月○日 第○号	原因　昭和○年○月○日売買 共有者 　何市何町何番地 　持分2分の1 　甲　某 　何市何町何番地 　2分の1 　乙　某
付記1号	2番共有者乙某につき長期相続登記等未了土地	余白	作成番号　第5100−2018− 　　0004号 平成30年○月○日付記
付記2号	2番共有者甲某につき長期相続登記等未了土地	余白	作成番号　第5100−2018− 　　0005号 平成30年○月○日付記

　記録例4は、共有者のいずれもが長期相続登記等が未了の場合の例です。法定相続人情報は、被相続人別に作成されますので、記録例のように各別に付記します。

▶▶ 記録例5：共有者の一人につき相続登記がされた場合

権利部（甲区）（所有権に関する事項）

順位番号	登記の目的	受付年月日・受付番号	権利者その他の事項
2	所有権移転	昭和○年○月○日 第○号	原因　昭和○年○月○日売買 共有者 　何市何町何番地 　持分2分の1 　甲　某 　何市何町何番地 　2分の1 　乙　某
付記1号	2番共有者乙某につき長期相続登記等未了土地	余白	作成番号　第5100−2018− 　　　　　0021号 平成30年○月○日付記
3	乙某持分全部移転	平成30年○月○日 第○号	原因　昭和○年○月○日相続※ 共有者 　何市何町何番地 　持分2分の1 　丁　某
4	2番付記1号長期相続登記等未了土地の抹消	余白	3番の登記をしたので順位2番付記 　1号の付記を抹消 平成30年○月○日登記

　※　または「売買」

　記録例5の順位番号2番の付記1号は、共有者の一人が長期相続登記等未了の場合の例です。

　順位番号3番は、特措法40条1項の事項が登記された土地について乙某持分全部移転の登記がされた場合（これにより当該登記名義人が所有権の登記名義人でなくなった場合に限る）の例です。その場合、登記官は職権で当該特措法40条1項の事項の登記の抹消の登記をするとともに、抹消すべき登記を抹消する記号（下線）を記録します（省令7条）。

▶ **記録例6：持分移転の登記がされた場合**

権利部（甲区）（所有権に関する事項）			
順位番号	登記の目的	受付年月日・受付番号	権利者その他の事項
2	所有権移転	昭和○年○月○日 第○号	原因　昭和○年○月○日売買 共有者 　何市何町何番地 　持分2分の1 　甲　某 　何市何町何番地 　2分の1 　乙　某
付記1号	2番共有者乙某につき長期相続登記等未了土地	余白	作成番号　第5100－2018－ 　0006号 平成30年○月○日付記
3	甲某持分全部移転	昭和○年○月○日 第○号	原因　昭和○年○月○日売買 所有者　何市何町何番地 　持分2分の1 　乙　某
付記1号	長期相続登記等未了土地	余白	作成番号　第5100－2018－ 　0006号 平成30年○月○日付記

　記録例6は、乙某が2回にわたり所有権を取得し単有となっている場合の例です。その場合、長期相続登記等未了土地の旨の記録方法として、2番付記1号の場合、登記記録上はすでに乙某の単有ですが、2番登記は形式上共有となっているため、「2番共有者乙某につき……」と記録します。

　なお、相続人情報は一つ作成されますので、作成番号は同じになります。

2 変更または更正の付記

▶ 記録例1：所有者の保存の登記（包括許可による承認（平成17年4月18日民二第1009号民事局長通達第2）の場合

権利部（甲区）（所有権に関する事項）			
順位番号	登記の目的	受付年月日・受付番号	権利者その他の事項
1	所有権保存	昭和○年○月○日 第○号	所有者　何市何町何番地 　甲　某
付記1号	長期相続登記 等未了土地	余白	作成番号　第5100−2018− 　0007号 平成30年○月○日付記
付記1号 の付記1号	1番付記1号 長期相続登記 等未了土地更 正	余白	作成番号　第0100−2018− 　0008号 平成30年○月○日受付 第○号 登記官の過誤につき職権更正

　記録例1は、登記官の過誤による登記を更正した場合の記録例です。この場合には、新たな法定相続人情報を作成して、更正前の法定相続人情報が閉鎖されるものと考えられます（『民事月報』平成30年11月号29頁）。

▶ 記録例 2：所有権の移転の登記（単有）

権利部（甲区）（所有権に関する事項）			
順位番号	登記の目的	受付年月日・受付番号	権利者その他の事項
2	所有権移転	昭和○年○月○日 第○号	原因　昭和○年○月○日売買 所有者　何市何町何番地 　　甲　某
付記1号	長期相続登記 等未了土地	余白	作成番号　第5100−2018− 　0009号 平成30年○月○日付記
付記1号 の付記1号	2番付記1号 長期相続登記 等未了土地変 更	余白	作成番号　第5100−2018− 　0010号 平成30年○月○日付記

　記録例2は、法定相続人情報に変更があった場合の記録例です。たとえば、特措法40条1項の事項の登記を行った後に、相続人の失踪の宣告の取消しがされた事案などが考えられています（『民事月報』平成30年11月号29頁、『登記研究』852号25頁）。

▶▶ 記録例3：所有者の移転登記（共有）

権利部（甲区）（所有権に関する事項）			
順位番号	登記の目的	受付年月日・受付番号	権利者その他の事項
2	所有権移転	昭和○年○月○日 第○号	原因　昭和○年○月○日売買 共有者 　何市何町何番地 　持分2分の1 　甲　某 　何市何町何番地 　2分の1 　乙　某
付記1号	2番共有者乙某につき長期相続登記等未了土地	余白	作成番号　第5100−2018−0011号 平成30年○月○日付記
付記1号の付記1号	2番付記1号長期相続登記等未了土地変更	余白	作成番号　第5100−2018−0012号 平成30年○月○日付記

　記録例3は、共有者の一人につき特措法40条1項の事項の登記を行った後に、法定相続人情報に変更があった場合の記録例です。

3 　合　　筆

▶ 記録例1：作成番号が同一の場合（国土調査の成果により、甲地に乙地を合筆する場合）

（甲地）

権利部（甲区）（所有権に関する事項）			
順位番号	登記の目的	受付年月日・受付番号	権利者その他の事項
2	所有権移転	昭和○年○月○日 第○号	原因　昭和○年○月○日売買 所有者　何市何町何番地 　　甲　某
付記1号	長期相続登記 等未了土地	余白	作成番号　第5100-2018- 　　0023号 平成30年○月○日付記
3	合併による所 有権登記	余白	所有者　何市何町何番地 　　甲　某 平成30年○月○日登記
付記1号	長期相続登記 等未了土地	余白	作成番号　第5100-2018- 　　0023号 平成30年○月○日付記

　※　合併前にされた甲地の付記について、職権による抹消は行わない。

（乙地）

権利部（甲区）（所有権に関する事項）			
順位番号	登記の目的	受付年月日・受付番号	権利者その他の事項
5	所有権移転	昭和○年○月○日 第○号	原因　昭和○年○月○日売買 所有者　何市何町何番地 　　甲　某
付記1号	長期相続登記 等未了土地	余白	作成番号　第5100-2018- 　　0023号 平成30年○月○日付記

記録例1は、特措法40条1項の事項が登記された土地を合筆した場合の記録例です。

▶▶ **記録例2：作成番号が相違する場合（国土調査の成果により、甲地に乙地を合筆する場合）**

（甲地）

権利部（甲区）（所有権に関する事項）			
順位番号	登記の目的	受付年月日・受付番号	権利者その他の事項
2	所有権移転	昭和○年○月○日 第○号	原因　昭和○年○月○日売買 所有者　何市何町何番地 　　甲　某
付記1号	長期相続登記 等未了土地	余白	作成番号　第5100－2018－ 　　0024号 平成30年○月○日付記
3	合併による所 有権登記	余白	所有者　何市何町何番地 　　甲　某 平成30年○月○日登記
付記1号	長期相続登記 等未了土地	余白	作成番号　第5100－2018－ 　　0024号 作成番号　第5100－2018－ 　　0025号 平成30年○月○日付記

※　合併前にされた甲地の付記について、職権による抹消は行わない。

（乙地）

権利部（甲区）（所有権に関する事項）			
順位番号	登記の目的	受付年月日・受付番号	権利者その他の事項
5	所有権移転	昭和○年○月○日 第○号	原因　昭和○年○月○日売買 所有者　何市何町何番地 　　甲　某
付記1号	長期相続登記 等未了土地	余白	作成番号　第5100−2018− 　　0025号 平成30年○月○日付記

　記録例2は、特措法40条1項の事項が登記された土地（ただし、作成番号が異なる）を合筆した場合の記録例です。その場合には、各作成番号を記録例のように併記します。

▶▶ 記録例3：作成番号が一筆にしか付されていない場合（国土調査の成果により、甲地に乙地を合筆する場合）

（甲地）

権利部（甲区）（所有権に関する事項）			
順位番号	登記の目的	受付年月日・受付番号	権利者その他の事項
2	所有権移転	昭和○年○月○日 第○号	原因　昭和○年○月○日売買 所有者　何市何町何番地 　　甲　某
付記1号	長期相続登記等未了土地	余白	作成番号　第5100－2018－0026号 平成30年○月○日付記
3	合併による所有権登記	余白	所有者　何市何町何番地 　　甲　某 平成30年○月○日登記
付記1号	長期相続登記等未了土地	余白	作成番号　第5100－2018－0026号 平成30年○月○日付記

※　合併前にされた甲地の付記について、職権による抹消は行わない。

（乙地）

権利部（甲区）（所有権に関する事項）			
順位番号	登記の目的	受付年月日・受付番号	権利者その他の事項
5	所有権移転	昭和○年○月○日 第○号	原因　昭和○年○月○日売買 所有者　何市何町何番地 　　甲　某

　記録例3は、作成番号が記録された土地（甲地）に作成番号が記録されていない土地（乙地）を合筆した場合の記録例です。

▶ **記録例4：作成番号が　筆にしか付されていない場合（国土調査の成果により、乙地に甲地を合筆する場合）**

（甲地）

権利部（甲区）（所有権に関する事項）			
順位番号	登記の目的	受付年月日・受付番号	権利者その他の事項
2	所有権移転	昭和○年○月○日 第○号	原因　昭和○年○月○日売買 所有者　何町何町何番地 　　甲　某
付記1号	長期相続登記 等未了土地	余白	作成番号　第5100－2018－ 　　0027号 平成30年○月○日付記

（乙地）

権利部（甲区）（所有権に関する事項）			
順位番号	登記の目的	受付年月日・受付番号	権利者その他の事項
5	所有権移転	昭和○年○月○日 第○号	原因　昭和○年○月○日売買 所有者　何市何町何番地 　　甲　某
6	合併による所 有権登記	余白	所有者　何市何町何番地 　　甲　某 平成30年○月○日登記
付記1号	長期相続登記 等未了土地	余白	作成番号　第5100－2018－ 　　0027号 平成30年○月○日付記

　記録例4は、作成番号が記録された土地（甲地）を作成番号が記録されていない土地（乙地）に合筆した場合の記録例です。

権利部（甲区）（所有権に関する事項）			
順位番号	登記の目的	受付年月日・受付番号	権利者その他の事項
2	所有権移転	昭和○年○月○日 第○号	原因　昭和○年○月○日売買 所有者　何市何町何番地 　　甲　某
付記1号	長期相続登記 等未了土地	余白	作成番号　第5100－2018－ 　　0023号 平成30年○月○日付記
3	合併による所 有権登記	余白	所有者　何市何町何番地 　　甲　某 平成30年○月○日登記
付記1号	長期相続登記 等未了土地	余白	作成番号　第5100－2018－ 　　0023号 平成30年○月○日付記
4	所有権移転	平成30年○月○日 第○号	原因　昭和○年○月○日相続※ 所有者　何市何町何番地 　　丙　某
5	2番付記1 号、3番付記 1号長期相続 登記等未了土 地の抹消	余白	4番の登記をしたので順位2番付記 1号、3番付記1号の付記を抹消 平成30年○月○日登記

※　または「売買」

　記録例5は、特措法40条1項の事項が登記された土地につき合筆がされ、その後、相続による移転の登記がされた場合の記録例です。その場合、登記官は職権で当該特措法40条1項の事項の登記の抹消の登記をするとともに、抹消すべき登記を抹消する記号（下線）を記録します（省令7条）。

4　分　　筆

▶ 記録例 1：所有権の保存の登記がされている土地の分筆（甲地から乙地を分筆する場合）

（甲地）

権利部（甲区）（所有権に関する事項）			
順位番号	登記の目的	受付年月日・受付番号	権利者その他の事項
1	所有権保存	昭和○年○月○日 第○号	所有者　何市何町何番地 　甲　某
付記 1 号	長期相続登記 等未了土地	余白	作成番号　第５１００−２０１８− 　００２８号 平成３０年○月○日付記

（乙地）

権利部（甲区）（所有権に関する事項）			
順位番号	登記の目的	受付年月日・受付番号	権利者その他の事項
1	所有権保存	昭和○年○月○日 第○号	所有者　何市何町何番地 　甲　某 順位 1 番の登記を転写 平成 30 年○月○日受付 第○号
付記 1 号	長期相続登記 等未了土地	余白	作成番号　第５１００−２０１８− 　００２８号 平成３０年○月○日付記 順位 1 番付記 1 号の登記を転写 平成３０年○月○日受付 第○号

　記録例 1 は、所有権保存の登記しかされていない土地について特措法40条1項の事項が登記され、その土地について分筆の登記をした場合の記録例です。

記録例2：所有権の移転の登記がされている土地の分筆（単有・甲地から乙地を分筆する場合）

（甲地）

権利部（甲区）（所有権に関する事項）			
順位番号	登記の目的	受付年月日・受付番号	権利者その他の事項
2	所有権移転	昭和○年○月○日 第○号	原因　昭和○年○月○日売買 所有者　何市何町何番地 　甲　某
付記1号	長期相続登記 等未了土地	余白	作成番号　第5100－2018－ 　0029号 平成30年○月○日付記

（乙地）

権利部（甲区）（所有権に関する事項）			
順位番号	登記の目的	受付年月日・受付番号	権利者その他の事項
1	所有権移転	昭和○年○月○日 第○号	原因　昭和○年○月○日売買 所有者　何市何町何番地 　甲　某 順位2番の登記を転写 平成30年○月○日受付 第○号
付記1号	長期相続登記 等未了土地	余白	作成番号　第5100－2018－ 　0029号 平成30年○月○日付記 順位2番付記1号の登記を転写 平成30年○月○日受付 第○号

　記録例2は、所有権移転の登記がされている土地について特措法40条1項の事項が登記され、その土地について分筆の登記をした場合の記録例です。

▶▶ 記録例3：所有権の移転の登記がされている土地の分筆（共有・甲地から乙地を分筆する場合）

(甲地)

権利部（甲区）（所有権に関する事項）			
順位番号	登記の目的	受付年月日・受付番号	権利者その他の事項
2	所有権移転	昭和○年○月○日 第○号	原因　昭和○年○月○日売買 共有者 　何市何町何番地 　持分2分の1 　甲　某 　何市何町何番地 　2分の1 　乙　某
付記1号	2番共有者乙某につき長期相続登記等未了土地	余白	作成番号　第5100−2018− 　0030号 平成30年○月○日付記
付記2号	2番共有者甲某につき長期相続登記等未了土地	余白	作成番号　第5100−2018− 　0031号 平成30年○月○日付記

（乙地）

権利部（甲区）（所有権に関する事項）			
順位番号	登記の目的	受付年月日・受付番号	権利者その他の事項
1	所有権移転	昭和○年○月○日 第○号	原因　昭和○年○月○日売買 共有者 　何市何町何番地 　持分2分の1 　甲　某 　何市何町何番地 　2分の1 　乙　某 順位2番の登記を転写 平成30年○月○日受付 第○号
付記1号	1番共有者乙某につき長期相続登記等未了土地	余白	作成番号　第5100−2018−0030号 平成30年○月○日付記 順位2番付記1号の登記を転写 平成30年○月○日受付 第○号
付記2号	1番共有者甲某につき長期相続登記等未了土地	余白	作成番号　第5100−2018−0031号 平成30年○月○日付記 順位2番付記2号の登記を転写 平成30年○月○日受付 第○号

　記録例3は、共有の土地について各共有者につき特措法40条1項の事項が登記され、その土地について分筆の登記をした場合の記録例です。

▶ 記録例4：持分の移転の登記がされている土地の分筆（所有・甲地から乙地を分筆する場合）

（甲地）

\multicolumn{4}{l}{権利部（甲区）（所有権に関する事項）}
順位番号	登記の目的	受付年月日・受付番号	権利者その他の事項
2	所有権移転	昭和○年○月○日 第○号	原因　昭和○年○月○日売買 共有者 　何市何町何番地 　持分2分の1 　甲　某 　何市何町何番地 　2分の1 　乙　某
付記1号	2番共有者乙某につき長期相続登記等未了土地	余白	作成番号　第5100－2018－0032号 平成30年○月○日付記
3	甲某持分全部移転	昭和○年○月○日 第○号	原因　昭和○年○月○日売買 所有者　何市何町何番地 　持分2分の1 　乙　某
付記1号	長期相続登記等未了土地	余白	作成番号　第5100－2018－0032号 平成30年○月○日付記

(乙地)

権利部（甲区）（所有権に関する事項）			
順位番号	登記の目的	受付年月日・受付番号	権利者その他の事項
1	所有権移転	昭和○年○月○日 第○号	原因　昭和○年○月○日売買 共有者 　何市何町何番地 　持分２分の１ 　甲　某 　何市何町何番地 　２分の１ 　乙　某 順位２番の登記を転写 平成３０年○月○日受付 第○号
付記１号	１番共有者乙某につき長期相続登記等未了土地	余白	作成番号　第５１００−２０１８− 　００３２号 平成３０年○月○日付記 順位２番付記１号の登記を転写 平成３０年○月○日受付 第○号
2	甲某持分全部移転	昭和○年○月○日 第○号	原因　昭和○年○月○日売買 所有者　何市何町何番地 　持分２分の１ 　乙　某 順位３番の登記を転写 平成３０年○月○日受付 第○号
付記１号	長期相続登記等未了土地	余白	作成番号　第５１００−２０１８− 　００３２号 平成３０年○月○日付記 順位３番付記１号の登記を転写 平成３０年○月○日受付 第○号

　記録例４は、乙某が２回にわたり所有権を取得し単有となった土地につき特措法40条１項の事項が登記され、その土地について分筆の登記をし

た場合の記録例です。

▶ **記録例5：更正の登記（包括許可による承認）がされている土地の分
筆（所有権保存・甲地から乙地を分筆する場合）**

（甲地）

権利部（甲区）（所有権に関する事項）			
順位番号	登記の目的	受付年月日・受付番号	権利者その他の事項
1	所有権保存	昭和○年○月○日 第○○号	所有者　何市何町何番地 　甲　某
付記1号	長期相続登記等未了土地	余白	作成番号　第5100－2018－0033号 平成30年○月○日付記
付記1号の付記1号	1番付記1号長期相続登記等未了土地更正	余白	作成番号　第5100－2019－0001号 令和1年○月○日受付 第○号 登記官の過誤につき職権更正

（乙地）

権利部（甲区）（所有権に関する事項）			
順位番号	登記の目的	受付年月日・受付番号	権利者その他の事項
1	所有権保存	昭和○年○月○日 第○○号	所有者　何市何町何番地 　甲　某 順位1番の登記を転写 令和1年○月○日受付 第○号
付記1号	長期相続登記等未了土地	余白	作成番号　第5100－2019－0001号 平成30年○月○日付記 順位1番付記1号の登記を転写 令和1年○月○日受付 第○号

記録例 5 は、特措法 40 条 1 項の事項が登記されている土地につき更正の登記がされ、その土地について分筆の登記をした場合の記録例です。

▶▶ **記録例 6 ：変更の登記がされている土地の分筆（所有権移転・甲地か ら乙地を分筆する場合）**

(甲地)

権利部（甲区）（所有権に関する事項）			
順位番号	登記の目的	受付年月日・受付番号	権利者その他の事項
2	所有権移転	昭和○年○月○日 第○号	原因　昭和○年○月○日売買 所有者　何市何町何番地 　　甲　某
付記 1 号	長期相続登記 等未了土地	余白	作成番号　第 5 1 0 0 － 2 0 1 8 － 　　0 0 3 4 号 平成 3 0 年○月○日付記
付記 1 号 の付記 1 号	2 番付記 1 号 長期相続登記 等未了土地変 更	余白	作成番号　第 5 1 0 0 － 2 0 1 9 － 　　0 0 0 2 号 令和 1 年○月○日付記

（乙地）

権利部（甲区）（所有権に関する事項）			
順位番号	登記の目的	受付年月日・受付番号	権利者その他の事項
1	所有権移転	昭和○年○月○日 第○号	原因　昭和○年○月○日売買 所有者　何市何町何番地 　　甲　某 順位2番の登記を転写 令和1年○月○日受付 第○号
付記1号	長期相続登記等未了土地変更	余白	作成番号　第5100－2019－0002号 平成30年○月○日付記 順位2番付記1号の登記を転写 令和1年○月○日受付 第○号

　記録例6は、特措法40条1項の事項が登記されている土地につき変更の登記がされ、その土地について分筆の登記をした場合の記録例です。

[5訂版] わかりやすい
不動産登記簿の見方・読み方

平成 15 年 11 月 20 日　初版発行
令和 2 年 8 月 10 日　5 訂初版

日本法令 ®

〒 101-0032
東京都千代田区岩本町 1 丁目 2 番 19 号
https://www.horei.co.jp/

検印省略

編　者	日　本　法　令 不動産登記研究会
発行者	青　木　健　次
編集者	岩　倉　春　光
印刷所	倉　敷　印　刷
製本所	国　宝　社

（営　業）　TEL　03-6858-6967　　Eメール　syuppan@horei.co.jp
（通　販）　TEL　03-6858-6966　　Eメール　book.order@horei.co.jp
（編　集）　FAX　03-6858-6957　　Eメール　tankoubon@horei.co.jp

（バーチャルショップ）　https://www.horei.co.jp/iec/
（お 詫 び と 訂 正）　https://www.horei.co.jp/book/owabi.shtml
（書籍の追加情報）　https://www.horei.co.jp/book/osirasebook.shtml

※万一、本書の内容に誤記等が判明した場合には、上記「お詫びと訂正」に最新情報を掲載
　しております。ホームページに掲載されていない内容につきましては、FAX または E
　メールで編集までお問合せください。